■衣の科学シリーズ

# 衣服製作の科学

編著■松山容子
共著■猪又美栄子／川上　梅／高部啓子
　　　林　隆子

建帛社
KENPAKUSHA

# はじめに

　今，私たちをとりまく社会状況は急激に変化している。人口構成では高齢・少子化が急速に進み，同時に人々の生き方は従来の仕事重視から個人生活重視へと傾いている。また，自然環境や資源に限りがある事実は，誰の目にも明らかとなってきた。それ故，衣生活は人間生活の大切な部分であるとはいえ，これまでのような大量消費型は許されなくなっている。これからの被服構成学，つまり衣服設計・製作の科学は，これらの変化を受けとめ，未来の人間生活を向上させるものでなければならない。

　現代においては，衣服生産は「着用者」を目前に見ることがないままに消費者のニーズを満たさねばならない。そのためには，生産者の個人的な経験に頼るだけでは不十分で，判断の基礎となる理論が求められている。衣服設計・製作の科学はこの求めに応え，「ヒトの着用する衣服が，どんな構造をもち，どう作られ，どう性能を実現するか」を明らかにしようとするものである。衣生活とは衣服を作り，着ることがその中心をなすと思われる。それ故，衣服設計・製作の科学は，衣服の設計・生産の場だけにとどまらず，衣服に関する各研究分野において足場や基盤を提供するものと考えられる。また現代の衣服生産は，手作り時代とは全く異なった新しいシステムを編み出している。これらに対する十分な理解は，衣服設計・製作の問題追求に欠くことができないし，さらに衣服設計・製作の理論と突き合わせることで，マーケティングや商品企画などでの判断力にもつながるものとなろう。

　そこで本書は，衣服学を学び将来ファッション産業で製品企画・製品設計・販売，消費生活のコーディネーター，家庭科教員など衣生活にかかわる分野で活躍しようとする人々のための，衣服設計・製作の理論とアパレル生産システムに関する入門書，概説書として書かれている。

　本書は，Ⅰ，Ⅱ，Ⅲの3部構成となっている。

　「Ⅰ．衣服製作の基礎理論」では，衣服の機能と具体的な形・構造について基礎的な理解を与え，衣服の体型や動作への適合を中心として最新の研究成果を含めて示している。また衣服縫製の基本的技術について解説している。

　「Ⅱ．アパレルの生産」では，現代の衣服生産のシステムと消費を分かりやすく示し，既製服産業について基礎的知識を与え，現実の衣生活やビジネス分野での問題点を理解させる。

　ⅢはⅠ，Ⅱで扱った学習内容の実習と演習編である。衣服学の学習では実際に布地を裁断し，縫い上げ，着用して初めて会得する点が多いのは衆目の一致するところである。このような実習に加えて演習や実験的な実習形式は，理論を検証し理解を深めるために効果的であり，むしろ必要な方法である。本書の演習・実習課題はオリジナルな視点から選ばれたものであり，学ぶ人々に新たな興味をもたらすものと期待している。

本書では，資料，図，表などを多く収録し，説明は分かりやすいように心掛けた。また重要な事柄には，なるべく学術用語やJIS用語を使用し，曖昧さや混乱を避け，さらに重要な項目にはそれに対応する英語をつけた。また，各章末の文献は一層の学習に役立つと思われる。これらが活用されることを期待している。

　刊行に当たり，「第1章　人と衣服，第2節　衣服の祖型」の部分は，建帛社刊『基礎被服構成学』から引用させていただいている。お許しくださったこの部分の著者祖父江茂登子氏に心からの感謝を捧げますとともに，論文，著書，資料を引用させていただいた多くの方々に御礼申し上げます。

　2001年3月

編著者　松 山 容 子

---

「衣の科学シリーズ」は最新の情報と資料をもとに，衣服学を総合科学の立場から解説し，新しい時代に対応する知識が習得できる，大学・短期大学の教科書として企画・編集された新シリーズです。

●はじめに

# 目次

## I　衣服製作の基礎理論

### 第1章　人と衣服－人はなぜ衣服を着るのか－　…………… 3

1. 衣服の機能 …………………………………………………… 3
   - 1.1　生活活動と衣服の機能 ………………………… 4
   - 1.2　衣服の表現機能 ………………………………… 4
   - 1.3　着心地 …………………………………………… 5
2. 衣服の祖型 …………………………………………………… 6
3. ライフサイクルと衣服 ……………………………………… 7
   - 3.1　乳児期 …………………………………………… 8
   - 3.2　幼児期 …………………………………………… 8
   - 3.3　児童期 …………………………………………… 9
   - 3.4　青年期 …………………………………………… 9
   - 3.5　成人期 …………………………………………… 10
   - 3.6　高齢期 …………………………………………… 10
   - 3.7　身体障害者 ……………………………………… 11

### 第2章　衣服を着る人体　……………………………………… 13

1. 人体の構造と運動機構 ……………………………………… 13
   - 1.1　人体の部分 ……………………………………… 13
   - 1.2　骨格 ……………………………………………… 14
   - 1.3　筋 ………………………………………………… 15
   - 1.4　身体各部の構造と運動 ………………………… 16
   - 1.5　皮膚と皮下脂肪 ………………………………… 18
2. 人体形態の把握 ……………………………………………… 19
   - 2.1　形態の把握法 …………………………………… 19
   - 2.2　計測の基準点と基準線 ………………………… 20
   - 2.3　JIS人体計測法 …………………………………… 21
   - 2.4　計測値の扱い方 ………………………………… 30

3. 体型と衣服設計 ……………………………………………… 33
　　　　3.1　体型の特徴 ……………………………………………… 33
　　　　3.2　既製服サイズシステム ………………………………… 45
　　　　3.3　現行既製服サイズシステム …………………………… 47

# 第3章　洋服の設計 …………………………………… 53

1. 体表展開図と衣服の形 ………………………………………… 53
2. 動作への適応 …………………………………………………… 57
3. 衣服原型とデザイン …………………………………………… 65
　　3.1　衣 服 原 型 ……………………………………………… 65
　　3.2　デザインの展開 ………………………………………… 78
4. 衣服の適合性評価 ……………………………………………… 86
　　4.1　感覚による評価 ………………………………………… 86
　　4.2　キネシオロジー的評価 ………………………………… 90
　　4.3　衣服圧による評価 ……………………………………… 92

# 第4章　和服の構成と着装 …………………………… 95

1. 和服の種類と着装 ……………………………………………… 95
　　1.1　種　　　類 ……………………………………………… 95
　　1.2　着　　　装 ……………………………………………… 98
2. 和服の構成 ……………………………………………………… 102
　　2.1　和服の形状と名称 ……………………………………… 102
　　2.2　長着の構成と製作方法 ………………………………… 104

# 第5章　衣服の素材と製作技法 …………………… 109

1. 布地の造形性 …………………………………………………… 109
　　1.1　織物と編物の組織 ……………………………………… 110
　　1.2　造形にかかわる布地の性能 …………………………… 111
2. 衣服作りの技法 ………………………………………………… 111
3. 衣服の構造 ……………………………………………………… 113
4. 布地の接合 ……………………………………………………… 114
　　4.1　縫　　　合 ……………………………………………… 114
　　4.2　接　　　着 ……………………………………………… 118

5. 衣服縫製用具と副素材 ……………………………………… 119
　　　　5.1　手縫い針とミシン針 …………………………………… 119
　　　　5.2　副　素　材 ……………………………………………… 120

## Ⅱ　アパレルの生産

## 第6章　アパレル産業 …………………………………… 125

1. 産業の特徴 ……………………………………………………… 125
2. 製品の品質と価格 ……………………………………………… 128
3. 新しいシステム ………………………………………………… 128
4. 生産の管理 ……………………………………………………… 129
　　4.1　縫製工場における生産システム ……………………… 129
　　4.2　工程分析表 ……………………………………………… 130

## 第7章　アパレル製品の設計と生産 ………………… 131

1. 企画と設計 ……………………………………………………… 131
　　1.1　企　　画 ………………………………………………… 131
　　1.2　デザイン ………………………………………………… 132
　　1.3　設　　計 ………………………………………………… 132
2. 裁断と縫製 ……………………………………………………… 135
　　2.1　裁　　断 ………………………………………………… 135
　　2.2　縫　　製 ………………………………………………… 137
　　2.3　検　　査 ………………………………………………… 141
　　2.4　仕　上　げ ……………………………………………… 142

## 第8章　衣服生産の将来 ………………………………… 143

1. 消費者の視点から ……………………………………………… 143
2. 個別ニーズへの対応－個人対応の既製服－ ………………… 145
3. 衣服と環境 ……………………………………………………… 147
　　3.1　繊維消費量の変化 ……………………………………… 147
　　3.2　衣服生産に要するエネルギー量 ……………………… 149
　　3.3　衣服の廃棄 ……………………………………………… 149
　　3.4　衣服のリサイクル ……………………………………… 149

## Ⅲ 衣服製作の実習と演習

実習1　人体計測と体型観察 ………………………………… *153*
実習2　シャツ類の設計と製作 ………………………………… *157*
実習3　スラックス類の設計と製作 …………………………… *162*
実習4　ゆかたの製作 …………………………………………… *166*
実習5　アパレルの分析－Ｔシャツを例として－ ………… *172*
実習6　体表展開図からのデザイン …………………………… *174*

索　　引 ………………………………………………… *178*

# I 衣服製作の基礎理論

# 人と衣服
## 人はなぜ衣服を着るのか

　現代に生きる私たちは，衣服なしで生活することは考えられない。人がいつ頃から，なぜ衣服を身に着けるようになったのか。人類がこの地球上に出現したときは，その身体は体毛に覆われていたと考えられている。しかし，気候や生活環境の変化により次第に体毛を失い，やがて気候調節，身体保護のために体毛に代わる衣服を発明し，利用するようになったのではないかといわれている[1]。それを知るために原始時代に洞窟に描かれた壁画やわずかに残された発掘資料からこれまで多くの人々がいろいろと推考している。

　その結果，初めて身体にまとう衣服をもったのは，25〜5万年前の旧石器時代に生活していたネアンデルタール人であるといわれている。すなわち，中部ヨーロッパの洞窟で人骨と一緒に皮剥ぎ用の石製のナイフや骨製のスクレイパーおよび顔料が発見され，彼らが獣皮をまとい，ボディペインティングをしていたのではないかと想像された[2]。また，紀元前1万5千〜8千年頃の中部ヨーロッパに栄えたマドレーヌ文化期には，すでに骨製の針を使用していたことがその遺品から明らかにされている[3]。その針によって，当時の人々が衣服を縫ったり装飾品を作って身に着けていたことが想像される。

## 1. 衣服の機能

　以上のことから，人が衣服を身に着ける理由がいくつか挙げられているが，今日では寒暑などの自然現象に適応したり，人の生理的機能を助長することが大切なポイントであると考えられている。しかし，創世記のアダムとイヴの話にみられるように，羞恥心から体を覆うことも一つの機能であり，ボディペインティングに見られるように，身体を飾り自己を誇示することも重要な機能であると考えられている。人は，体を覆う道具として衣服を作り，着装を繰り返すうちに，衣服材料や着やすい形にするための改良を重ね，同時に衣服に自己表現の媒体としての機能を付加してきたと考えられる。ここでは，前者の生活活動にかかわる衣服機能と，衣服の自己表現機能とに分けて概略を述べる。

　以上の点に関して，近藤[4]は着装という視点にたって服飾（被服および装身具の総称として）の起源について多くの例を挙げながら述べている。すなわち，人が衣服を着る意味を，世界のある地域に今も伝統的に残されている衣生活習慣から多角的にとらえていて興味深い。

## 1.1　生活活動と衣服の機能

　私たちは，生まれるとすぐおむつを当てられ，産着(うぶぎ)を着せられ，成長に伴う生活活動にふさわしい衣服を着て一生のほとんどの時間を過ごす。その衣服には次節で述べるように，人々の活動状況に応じていろいろな種類があり，時と場合に応じて着分けている。例えば，一日の生活を眺めても，寝間着から家庭着，通勤着，仕事着，部屋着など何度も着替えをする。すなわち，生活活動にふさわしい衣服を着装することによって生活のリズムを刻み，文化的な環境作りの道具として衣服を利用しているとも考えられる。それには，人のみがもつ文化としての衣服の意味があるともいえる。

　また，これらの衣服は，人々のさまざまな生活活動に伴って生じる生理的機能や運動機能（身体の動き）を助長するためにふさわしい材料が選ばれ，体型に合わせて形作られている。例えば，服種を着方から**表着，中着，下着**に分類しているが，表着は，外観も考慮した上で季節に応じた保温性や通気性などをもつ材料を選んで作られる。また，下着は吸湿性を重視した材料が選ばれ，季節にかかわらず快適な衣服気候が確保されるように作られている。形の上でも，身体を覆う面積の異なるものや，生活活動によって構造（例えば，着脱しやすい開きと留め具，作業時に動きを拘束しないためのゆとり）の異なるものなどがある。

　また，服種の中には，運動機能のみに焦点を当てて作られたスポーツウェアがある。例えば，競泳用の水着は，少しでも記録を縮めることを目的として皮膚よりも摩擦抵抗の小さい素材で身体に密着するように作られている。一方，社交服などの晴れ着や特殊な目的をもつ衣服などでは，むしろ装飾性および社会生活上の習慣を重視して作られ，活動的，生理的機能は最小限にとどめられる場合もある。そのような例には，婚礼衣装や礼服が挙げられる。

## 1.2　衣服の表現機能

　現在，私たちが身に着けている衣服には，体温の調節および運動機能および着やすさといった面からだけでは説明できないものがある。例えば，ネクタイは，男性のスーツには欠かせない小物であるが，それを着ける目的については誰も明快な答は出せず，スーツを着た時の形を整え，わずかな面積で自分の好みを表現するための装飾的な意味があるとしかいえないのではないだろうか[5]。また，私たちは，道で人々に出会った時，その服装で性別，年齢，教養，職業，ライフスタイルなどその人に関する主要なポイントを即座に把握することができる。すなわち，衣服は，それを着る人を表現する一種の言葉であり，人の意志を表現する記号であるという考え方がある[6]。

　この衣服の記号としての意味は，人と衣服との長い間の交わりの中から生まれてきたものである。それは言葉が国や地域の生活環境に根ざし，多くのバリエーションがあるのと同じように，衣服はそれぞれの地域の限られた資源と技

術の中で作られ，言葉と同じように地域や生活環境に根ざした人々の思想に基づいて表現するものの一つとなっている．したがって，着るものを表す用語にはいろいろなものがあり，衣服のほかに着物，衣裳，衣装，装束，服飾など多くの表現がある．英語に例をとってみても同様で，clothes, clothing, wear, garment, apparel, dress, attire, robe, costume などがある．社会生活の変化とともに衣服の機能や着装目的が多様化して，さまざまな表現が現れてきたものと考えられる．

おびただしい種類と量の衣服が氾濫する今日，衣服は，情報や流通の発達と相まって地域性が薄れ，インターナショナルになったと同時に居住環境の改善もあって，むしろ自己表現の道具，人同士のコミュニケーションをとる道具としての役割が大きな地位を占めてきているといえる．

## 1.3 着 心 地

衣服を作るに当たってのキーワードの一つに「着心地」がある．広辞苑によれば着心地とは，"着物を着た時の体になじむ感じ"とある．身体になじむという表現の意味のとらえ方は難しいが，着心地のよい衣服は，1.1で述べた機能が満たされ，動きやすく心地よい衣服気候を作り出してくれる衣服であると定義できそうである．

しかし，小池[7]は，「着心地は，着ている衣服によって左右される心の状態である」と述べている．また，森[8]は，「…シャネルの服を着ると本当に気分がいい．その気分が，いい女にするのかも知れない．身に着けてしみじみ着心地を楽しむ自己陶酔が，女を内側から魅力的にするのだろう」と書いている．この背景には，女性が女性のための衣服作りを長年手がけてきた結果，着る人が心身ともに楽な気分になる衣服を作ることができるという意識があり，その例としてシャネルの服を挙げている．ここには，ファッション界で多くの男性デザイナーが活躍し，女性の服作りを行っているが，着用者の求める本当の着心地よりもそれを見る周りの人々の心地よさを追求しているのではないかと思わせるものが感じられる．このように着装を内面的，心理的な面からとらえるという考え方もある．

衣服を作る立場でいうならば，着る人の体型および動作に適合した形に，生理的条件を満たす材料で作ることが一つの目的であろう．しかし，そのような条件を満たしていることが最上の着心地を実際に生み出しているとは言い難い．例えば，私たちは，毎日の衣服をその日の気象や予定されている行動によって選んで着装している．それは，選んだものが場違いであった場合，大変着心地の悪いものになってしまうことを何度も経験しているからである．

衣服の着心地は，活動性，生理的な条件を満たすだけでは十分とはいえず，自分が属している社会との調和を図りながら自己表現をし，自分のアイデンテ

ィティを主張することによって，心身ともに快いものとなる。このことは，衣服を作る，選ぶ，着るといういずれの過程においても重要なポイントであり，ファッションが存在する所以だといえるだろう。

## 2. 衣服の祖型

これまでの衣服型の分類には，文化地理学的な視点や服飾史の立場などから行われた。着装法から，輪巻型，肩掛け型，緊纏型に分けるもの，形態と美的表現性から懸衣(かけぎぬ)，寛衣(かんい)，窄衣(さくい)に分けるものなどがある。ここでは，被服構成学の視点から構造的に衣服型を分類した5種類の祖型の概要を述べ，現代の洋服や和服がどこに位置づけられるかを考察する手掛りとする。

現在，世界の人々が着ている衣服の原初的な形や構造を求めてさかのぼりたどってみると，図1-1の①〜⑤の5種類に分類することができる。これを**祖型**とよぶ。図1-1は，祖型の今日の衣服への系譜を示したものである。

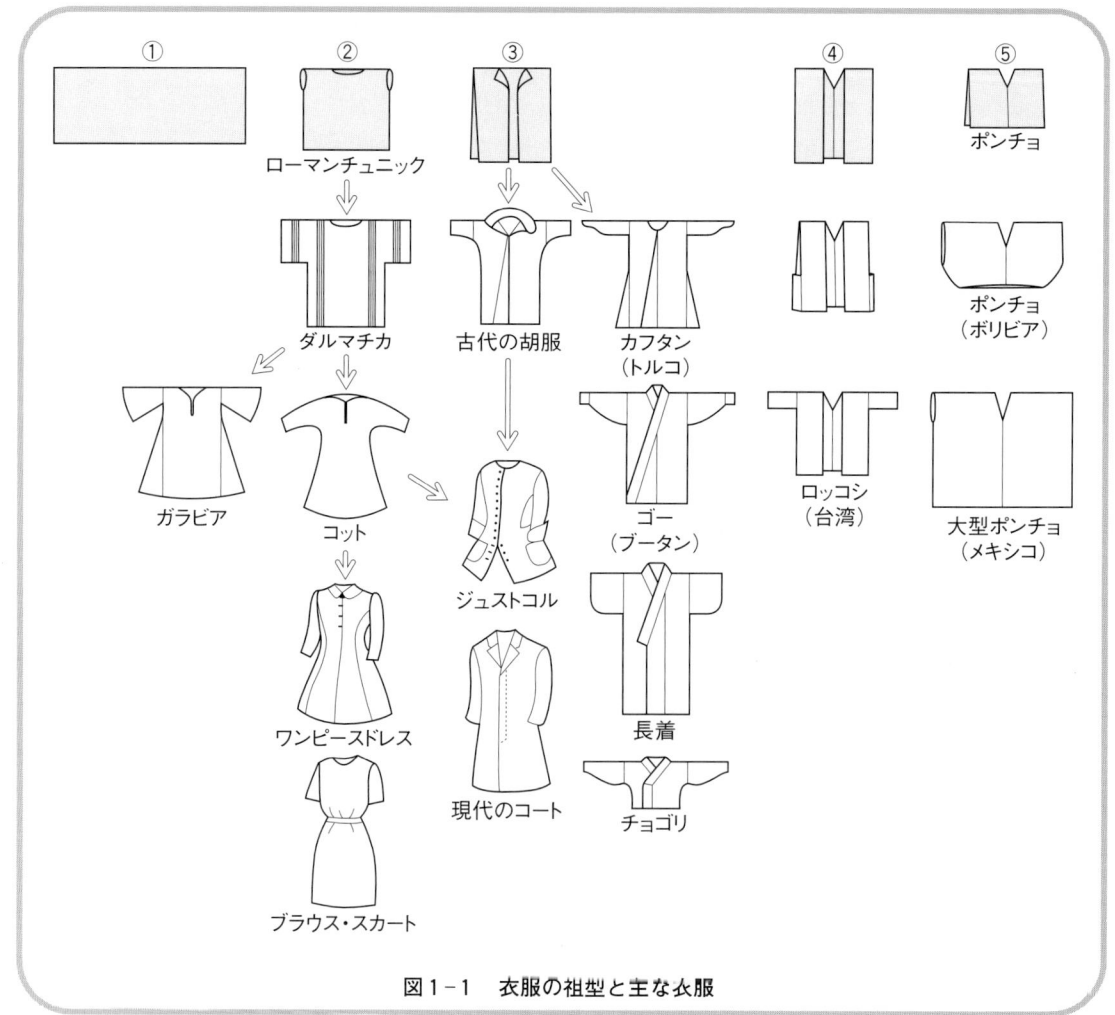

図1-1　衣服の祖型と主な衣服

祖型①　裁縫をしていない大小の巻き付け衣で、今もインド（サリー）やアフリカ各地（ガーナのケンテなど）で着用している人は多い。

祖型②　古代ローマの市民がトーガ*¹の下に着たローマンチュニック*²で、東ローマのダルマチカに合流して西ヨーロッパ服の基礎になったと考えられている。一方、アラブ系の人々のガラビア*³などの大型チュニックも構造上この系統と考えられる。

祖型③　前開き服で、ユーラシア大陸に広く見られる型で、袖が付き、衽（おくみ）と衿が付くと古代の壁画に見られる騎馬民族の活動的な上衣となる。近代西欧の男性のコート類は、この系統と共通の構造である。和服、トルコのカフタンなどアジア各地で見られる前あわせ服は、この祖型に衽、まち、衿が付いたものである。

祖型④　前開き形であるが、衿肩あきを横に切らずに、後ろの背をかがり残したもので、台湾などの原住民が伝承している。

祖型⑤　南アメリカ各地の原住民固有の服で、大小さまざまあり、ポンチョとして知られている。脇を縫い合わせた大型袋状のものは、メキシコのマヤ族などにみられる。

次に下半身用の衣服についてみると、寒い地域では密着形のズボンを、温帯や乾暑の地域ではあぐらや立て膝の生活がしやすく、また砂漠地帯では砂が入るのを防ぐために足元をしっかりと閉じ、ゆったりとしたズボンをはく。一方、高温多湿の地域では、男女とも巻スカートを着用している。

図1-2に下半身衣の例を示す。⑨のズボン（trousers）だけは洋服型の立体構成によるもので、他は、布のままか、ゆとりの多い平面構成によるものである。

布帛型から立体構成まで（①→⑨）

図1-2　下半身衣の例

## 3. ライフサイクルと衣服

人は生まれるとすぐに産着を着せられてから、生を終えるまで何らかの形で衣服を身に着けて生活している。人の一生を加齢に伴う発達過程ととらえたとき、各人に共通の周期変化が見られ、これを**ライフサイクル**（life cycle）という。

一方、昔から人々は生活にリズムやアクセントを付けるために、また子どもの健やかな成長を願って、人生の節目節目に儀式を行ってきた。それらを**通過**

---

*1　トーガ（toga）は古代ローマの服を代表するもので史上最大の衣服である。形は弓形または半円形で丈は身丈の3倍あまり、幅は2倍もあった。

*2　チュニック（tunic）は下着を意味するラテン語のtunicaからきた語である。古代ギリシャやローマで男女ともに下着として用いた。中世以降は表着化し、婦人用の衣服として用いられるようになった。

*3　ガラビア（galabeya）はエジプトのベドウィン（遊牧民）が着用する服。丸衿ぐり、筒袖、床丈のゆったりしたワンピース形式のローブで、木綿、麻、モスリンなどが用いられる。

**儀礼**といい，衣服が大きな役目を果たしている。宮参り，七五三，入学式，卒業式，成人式，結婚式，法事，還暦，古希，喜寿，傘寿，米寿，白寿などであり，衣服着用上の慣習がある。ここでは人の一生を次の6段階に区分して，それぞれの段階で求められる衣服について考えてみたい。

### 3.1 乳児期

生まれて間もない乳児は寝かせると，肘を曲げた両腕を頭の左右におき，脚は膝をくの字に曲げた独特のスタイルをする。手足を動かし乳を飲む以外自らのからだを動かすことはできない。

それが，その後の1～2年間で，頭を上げる，肩を上げる，つかもうとする，支えられて座る，物を握る，独りで座る，支えられて立つ，つかまって立つ，はう，支えられて歩く，階段をはって上がる，独りで立つ，独りで歩くなど機能が急速に発達し，2歳頃には転ばずに走ることもできるようになる。また身体の温度調節機能が未発達なために汗をかきやすく，新陳代謝も激しい。体型的には頭が大きく頸部が細く手足が短い（⇨第2章 p.41）。排便の自立ができないためにおむつをつけている。衣服の着脱は保護者による。

以上のことを考えると，乳児期の衣服の素材としては吸湿性，通気性，保温性があり，柔らかく伸縮性のある，洗濯に耐えられる布がよい。形態としては子どもの身体の動きを妨げずに，着脱させやすい衣服が望まれる。一般に出生直後はワンピース形式の衣服を用いることが多い。成長するにつれて，運動のしやすさや着せ替えやすさから二部形式の衣服が使われるようになる。

服種としては，パンツ，アンダーシャツ，おむつ，おむつカバー，よだれかけ，ベビードレス，レギンス，ロンパス，Tシャツ，セーター，ズボン，カーディガン，パジャマ，おくるみ，などである。また通過儀礼の宮参り（生後，男児32日目，女児33日目に神社に参詣すること）ではひろ袖の一つ身（小裁ち，⇨ p.95）の着物やワンピースドレスが着せられる。

### 3.2 幼児期

この時期になると幼児は自我が芽生え，独りで靴を履く，衣服の着脱をする，衣服をたたむ，衣服を選ぶなど何事も自分でしようとしたり，好きな色にこだわったりする。身体機能もさらに発達し，走る，しゃがむ，階段を上がる，取っ組み合いをするなど，動きも活発になる。

衣服としては，動きやすく，洗濯に耐える素材で，着脱の自立を支援するような形が望まれる。例えばボタンの大きさや位置，かぶりやすさを工夫するとよい。また幼児体型ではウエストのくびれがないので，ズボンやスカートに吊り紐をつけたり，サロペットやジャンパーのように肩からつながった形にするとよい。服種としてはパンツ，アンダーシャツ，スリップ，Tシャツ，Yシャ

---

**Tシャツ**（T-shirt）
広げるとT字型になることからこの名称がある。丸首，半袖のかぶり式シャツ。

図1-3　乳幼児の衣服

ツ，ズボン，スカート，セーター，カーディガン，ジャケット，ワンピース，ツーピース，コート，ジャンパー，パーカー，靴下，タイツ，帽子など大人と同じくらい多様な衣服が着用されている。ニット素材が多く使われ，動きやすさが重視されている。

### 3.3　児童期

　小学生になると，場合によっては制服を着用するようになる。通学や遊び，外出やくつろぎなど生活場面も一段と多様化してくる。からだつきは1年生頃の幼児体型から高学年の成人に近い体型まで変化が大きい。特に女児では小学校高学年になると思春期的成長の最盛期に入り，心身共に成長が著しい。友達の衣服や自己のからだつきが気になり，ブランドに興味を示したり，おしゃれに関心が高まり自己表現にもこだわり始める。その傾向は男子生徒より女子生徒の方が，晩熟の子どもより早熟の子どもの方がより高い[9]。

　服の種類としては大人とほぼ同じくらいさまざまなものが着られ始める。しかし主流は動きやすく，丈夫で頻繁な洗濯に耐えるカジュアルな服である。素材としては綿やポリエステル，アクリルなどの織物とともにニットが多く用いられる。

### 3.4　青年期

　中学生になるとほとんどの子どもが制服を着る。制服は多くの場合小学生にとって憧れの衣服であり，それを着ることによって一歩大人に近づいたという意識や実感をもつようである。中学時代，男子生徒は思春期的成長の最盛期を迎え，わずか3年間で子どもらしいからだつきから大人らしい体型へと急速に発達する。そのため多くの男子生徒は1着の制服を3年間着用することは難し

い。女子生徒では身長の成長がほぼ止まり，皮下脂肪が沈着してきて丸みを帯びた女性らしいからだつきへと変化する。ファウンデーションの着用が始まり，おしゃれへの関心も一段と高まる。しかし一方では制服があるが故に，また部活に明け暮れる生活から制服とジャージーだけで過ごす生徒もおり，衣服の選択やコーディネートなど，衣生活の自立が危惧される。

　高校生以降，男女ともにほとんど大人のからだつきに近づき，衣服の選択購入，維持管理も一人でするようになる。アイデンティティも確立されてくるので自分自身の好みの服装やスタイルが決まってくる。しかし，就職活動などでは社会的規制も自覚するようになり，最近ではリクルートスーツに身を固め，皆同じようなスタイルをする傾向がある。生活活動では勉学，遊び，アルバイトなど日常的なものが多くフォーマルな場面は少ない。

　したがってこの時期に着用される服種は，カジュアルで，着ていて楽なものが多い。しかし時には収入を思い切りおしゃれにつぎ込んで，ファッションを楽しむ若者もいる。

### 3.5　成　人　期

　社会人となり，やがて結婚し子どもを生み育てる時期である。この時期は育児や子どもの教育，子どもの独立など，年とともに家族の機能や構成員が変化し，それぞれの段階で，多く着用される衣服は異なる。しかしどの段階においても，衣服には非言語コミュニケーション的働きが求められたり，職業上あるいは社会生活上の制約は避けられない。例えば，ビジネスマンは多少窮屈でもスーツを着用して，相手にきちんとした人，仕事ができそうな人等のイメージを与える。一方では着用者に今から仕事に就くのだという気持ちの切り替えを促す働きもする。また，育児に真っ最中の専業主婦で，カジュアルな衣服で日常を過ごす人でも，結婚式や法事などフォーマルな場面ではそれなりの服装が求められる。

　このように，仕事や社会的慣習に従うために，ビジネス，フォーマル，カジュアルなど多様な用途の衣服が必要となる。

　また，この頃，中年太りなどと称されるように，加齢に伴う体型変化も顕著である。女性では妊娠による急激な体型変化も生じる。これらに対する衣服の設計上の工夫が必要となる。服種や素材などがライフサイクルの中で最も数多く展開される時期である。

### 3.6　高　齢　期

　高齢社会となった日本では生活のいろいろな場面で高齢者対策が講じられてきている。しかし現状はまだまだ十分ではない。長年働いて退職した高齢者は，自己の存在感や人間関係，社会とのつながりなど大きな変化を経験する。ま

た視覚，聴覚，記憶力，筋力や敏捷性(びんしょうせい)なども加齢とともに衰えてくる。このような環境の中では心身共に満足される状況をつくることが元気に生活していく上で大切である。

　衣服は精神的満足を与え，生活上の刺激ともなりうる。例えば，体型をカバーして若々しく見せるデザインの衣服はおしゃれ心を満足させ，気分を若返らせる。毎朝きちんと外衣に着替えることは生活にリズムと規則性をもたらす。外衣は着用者にパジャマなどの休養着とは違った一種の緊張感を与える。このような刺激が生活に変化を与え，元気な生活を営む糧(かて)となる。

　高齢期に入ると体型の変化や身体機能の変化に著しい個人差がみられるようになる。情報技術の進歩によって，リーズナブルな価格の個人対応の衣服が提供されるよう期待される。そのためにも高齢者体型の研究が必要である。

　衣服は動きやすく軽いもの，開口部が大きく，着脱の容易なものが望まれる。またボタンよりファスナーの方が扱いやすく，ボタンを使う場合には大きさに工夫が必要である。素材としては肌触りがよく，吸湿性，保温性に優れ，軽いものがよい。

### 3.7　身体障害者

　パラリンピック等各種スポーツ大会では身体障害者が目覚しい活躍をする。その陰には義手や義足に対する高度な技術開発があり，衣服でも同じような環境づくりが必要である。

　身体障害者では体型のみならず，身体機能にも個人差が大きい。そのため，個別的に製作した衣服に頼る面が大きく，不十分なもので間に合わせる場合もある。しかし最近では，障害者，高齢者，健常者のいずれにも合う製品がユニバーサルウェアとして売り出されている。これは高齢や障害という壁をなくし，高齢者や障害者にとって良いものは健常者にとっても良いものになるとの思想による。一品製作や個人対応では経済的負担が大きい商品も，使用対象を広げ，生産数を上げることで価格を引き下げることが可能となる。

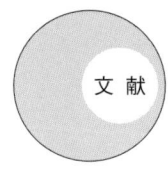
文 献

1) 小川安朗:『体系 被服学』, 光生館, 東京 (1979)
2) Marilyn J Horn : The Second Skin, Houghton Mifflin, Boston (1981)
3) Hilaire Hiler:『An Introduction to the Study of Costume From Nudist to Raiment』, Foyle, London (1929)
4) 柳澤澄子, 近藤四郎編:『着装の科学』, 光生館, 東京 (1996)
5) 鷲田精一:『NHK人間大学 ひとはなぜ服を着るのか』日本放送出版協会, 東京, (1997)
6) Alison Lurie : The Language of Clothing, Vintage Books, New York (1981)
7) 小池三枝:『服飾文化論』, 光生館, 東京 (1998)
8) 森英恵:『ファッション―蝶は国境をこえる―』, 岩波新書 (新赤版), 岩波書店, 東京, 307, 187 (1998)
9) 高部啓子, 桐原美保, 布施谷節子:身体発達にともなう被服行動の変化, 日本家政学会第49回大会研究発表要旨集, 215 (1995)

# 第2章 衣服を着る人体

## 1. 人体の構造と運動機構

　衣服には，着心地よく身体に適合し，美しく着用できることが求められる。このような衣服を設計・製作するために，まず**着衣基体**としての人体の骨格，筋，皮膚と皮下脂肪の主な構造をとらえることが必要である。ここでは，それらが体形や身体の動きとどうかかわるかを学ぶ。

### 1.1 人体の部分

　人体は，解剖学的には**頭，頸，胸，腹，背，上肢，下肢**の各部に大別され，さらにいくつかの部位に細分される（図2-1）。**体幹**とは胸，腹，背，腰を含めた部分である。なお一般的に用いられる用語で**肩**とよぶのは，鎖骨・肩甲骨・上腕骨がそれぞれ関節を作っている部位であり，また**腰**とよぶのは，寛骨から股関節に相当する部位である。各部位を表す用語や形などを実際に各自の身体を観察して理解しておくことが大切である（図2-2）*1。

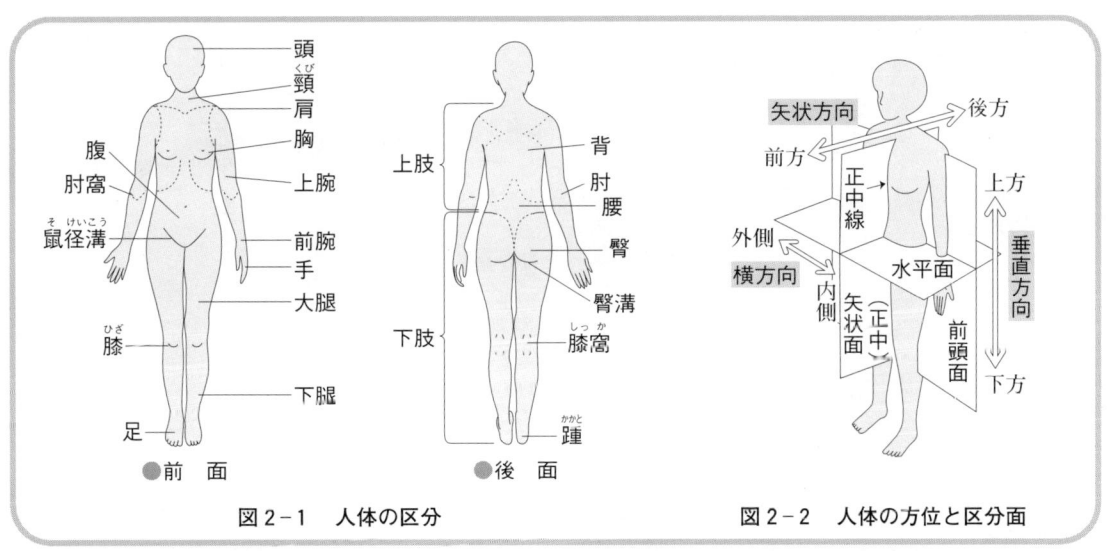

図2-1　人体の区分　　　　　　図2-2　人体の方位と区分面

---

*1　人体における位置や方向を明確に表すために，きまった用語が用いられている。姿勢が直立位のとき地面に平行な面が**水平面**（horizontal plane）である。身体を前後に貫く方向を**矢状方向**（sagittal）といい，この方向を含む鉛直な面で身体を左右に分ける面を**正中矢状面**（median sagittal plane）という。矢状方向に垂直な鉛直面を**前頭面**（frontal plane）という。2点のうち正中矢状面に近いものは**内側**，遠いものは**外側**という。

## 1.2 骨　　格

骨格は体を支える柱の役割を果たし，臓器を入れて保護する器でもある。全身の骨格を図2-3に示した。骨格系は，200個あまりの**骨**，**軟骨**，それに**靭帯**などで構成される。骨のうち，上腕，前腕，大腿，下腿などの骨は管状で両端が太くなっている。頭蓋骨や骨盤は臓器を入れるのにふさわしく平らな骨で構成されている。脊柱を構成している椎骨のように不規則な形の骨もある。これらの骨の形や大小は身体の形とサイズ，つまり体型を決定する重要な一要素となっている。

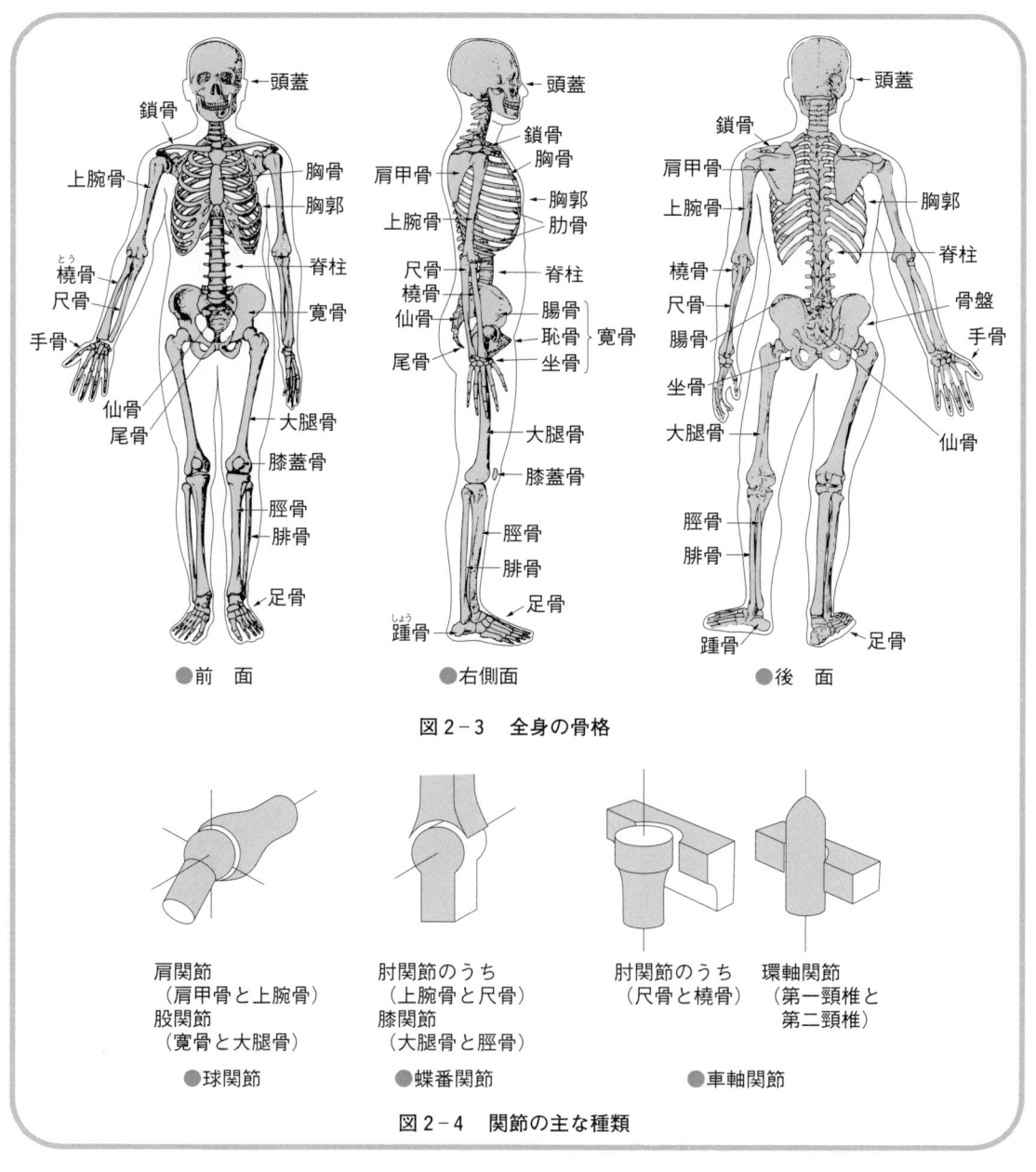

図2-3　全身の骨格

図2-4　関節の主な種類

骨格は骨と骨とが連結して成り立っているが，連結の部分には可動性のないもの（例：頭蓋の縫合結合），多少の運動性のあるもの（例：脊柱），なめらかに動くもの（いわゆる**関節**．(図2-4)）がある。なめらかに動く関節では，多くの場合，一方の関節面は凸，他方は凹となっている。**関節包**がこの結合を包み，さらに外側をベルト状の靭帯が結合を助け，同時に過度の動きを制限している（図2-5）。

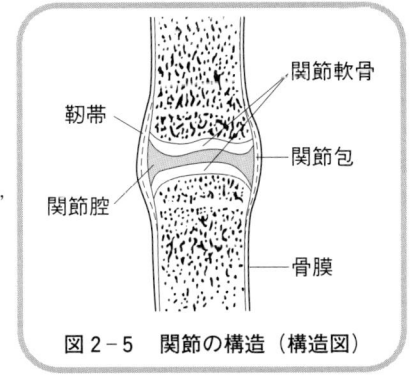

図2-5 関節の構造（構造図）

## 1.3 筋

筋には，骨格に付いてこれを動かす**骨格筋**と，血管，心臓などの内臓壁に付く**内臓筋**がある。ここでは骨格筋を扱う。

身体の運動は筋の収縮の結果で，そのため筋は能動的運動器，骨格は受動的運動器ともいわれる。図2-6は表層の主な筋である。筋の形はさまざまであるが，一つの典型は紡錘形である（図2-7）。中央の太い部分は収縮を担い，両端は細くなり腱となって骨に付く。筋が収縮すると，関節をはさむ骨と骨が引き寄せられ，運動が行われる。

実際の身体運動ではいくつかの筋が協同して働く。このような筋を**協力筋**という。またある運動を行う筋にはそれと反対の運動を行う**拮抗筋**が存在する。屈筋と伸筋はその例である（図2-8）。

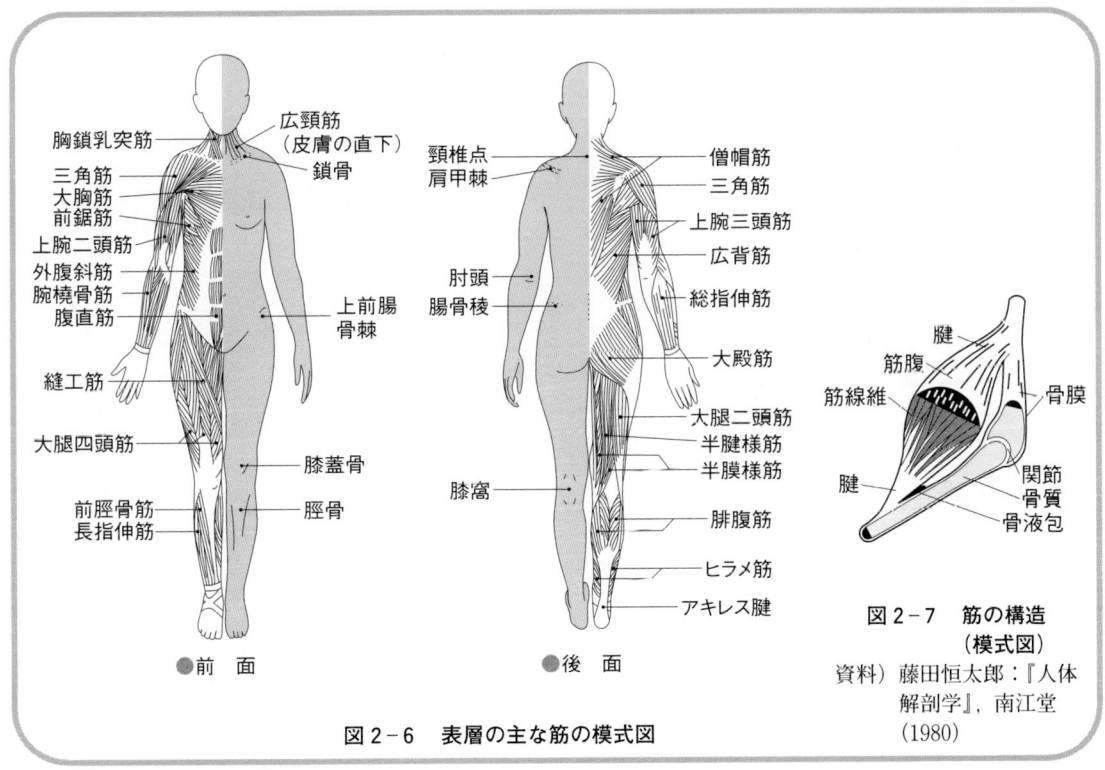

図2-6 表層の主な筋の模式図

図2-7 筋の構造（模式図）

資料）藤田恒太郎：『人体解剖学』，南江堂 (1980)

1. 人体の構造と運動機構●

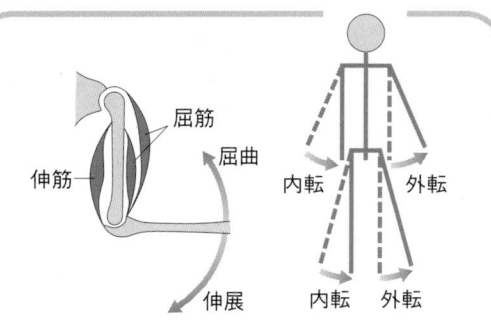

**図2-8 筋の運動（模式図）**
資料）図2-7と同じ。

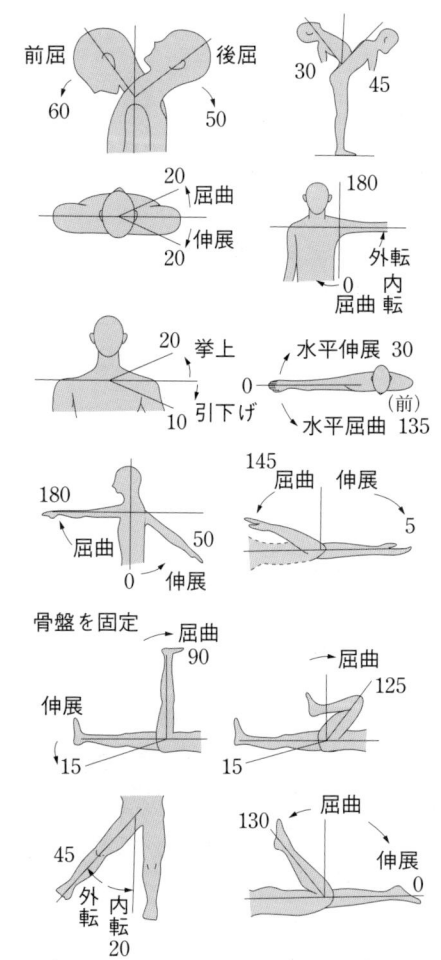

**図2-9 主な関節の可動域**（単位：度）
資料）日本整形外科学会身体障害委員会，日本リハビリテーション医学会評価基準委員会（1974）

筋の形やその発達の程度もまた，からだつきやその印象に影響を与える。特に成人した男性が，女性や子どもと著しく異なった印象を与えるのは筋の発達の差によるところが大きい。体表に近い筋のレリーフは，皮下脂肪が少ない場合には見たり触れたりすることができる。

## 1.4 身体各部の構造と運動

身体各部ごとに，その構造と運動の方向，範囲などを見よう。図2-9に人体各部位の可動角度を示した。

### 1）脊　柱

脊柱は体幹の支柱であり，**頸椎・胸椎・腰椎・仙椎・尾椎**から成る。図2-10はこれを左側方から見たもので，頸椎と腰椎では前方に湾曲し，胸椎と仙・尾椎では後方に湾曲している様子が示されている。これらの湾曲はヒトが直立して歩くようになって形成されるものであり，これによって頭と体幹はバランスよく支えられ，同時に歩行の衝撃が頭へ波及するのを緩和している。脊柱の形状は姿勢に大きく関与し，また年齢的変化と個人差が著しい。

### 2）頭　と　頸

頭は前後左右に傾けることができ，また回旋することができる。これらの運動には，頸部前外側面の胸鎖乳突筋と後側面の僧帽筋が，それぞれ深部にある筋とともに働いている。

### 3）肩

体幹の前面の鎖骨と背面の肩甲骨とは肩の部分を構成し，体幹と上肢を結んでいる。すなわち，鎖骨は胸骨と連結すると同時に肩先で肩甲骨と連結し，さらに肩甲骨は上腕骨と肩関節を成す。僧帽筋などは肩を頭と体幹に結びつけ，同時に動かし，大胸筋・三角筋などは上肢を肩に結びつけ，同時に動かしている。

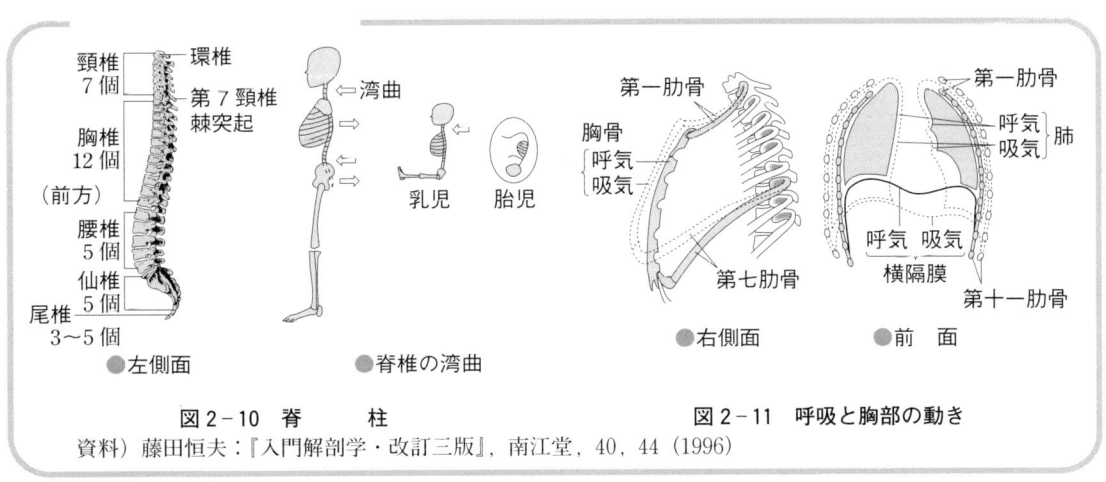

図2-10 脊　柱　　　　　　　　　　図2-11　呼吸と胸部の動き

資料）藤田恒夫：『入門解剖学・改訂三版』，南江堂，40，44（1996）

### 4）胸

胸郭は胸椎，肋骨，胸骨で篭状に形作られており，その内側には肺・心臓が収められている。呼吸は胸郭の拡大と横隔膜の緊張によって行われる（図2-11）。

### 5）腹と背

直立姿勢は脊柱起立筋により保たれる。脊柱を中心として体幹は前屈・側屈・回旋・伸展（背屈）などの運動を行う（図2-12）。そのうち前屈・側屈・回旋などに働くのは主として腹筋等であり，伸展では背側にある脊柱起立筋である。また腹部では，三層になった腹筋と腹直筋の緊張によって腹部内臓が保護され形を保っている。

### 6）上　肢

肩関節は，球関節（図2-4）で可動範囲が極めて広く，ヒト独特の上肢の多様な動きを可能にしている（図2-9）。肘の屈伸には上腕の筋（上腕二頭筋，

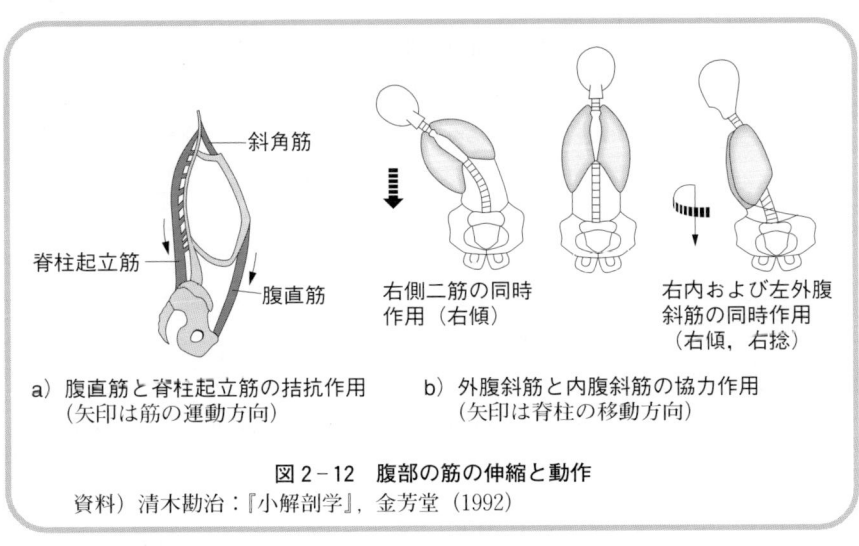

図2-12　腹部の筋の伸縮と動作

資料）清木勘治：『小解剖学』，金芳堂（1992）

1．人体の構造と運動機構

上腕三頭筋など）が働く。前腕では，橈骨と尺骨との間には上下2か所に車軸関節（図2-4）があって手の回旋が行われる。

### 7）下　肢

　骨盤は，左右の寛骨（腰の骨）と第五腰椎より下の脊椎骨とですりばち型（図2-3）に形作られている。女性の骨盤は男性に比べて浅く広い。寛骨の外側中央のくぼみには大腿骨の頭がはまり込んで股関節を構成する。下腿骨は脛骨と腓骨の2骨から成るが，脛骨は著しく太く，体重を支える軸としての働きにふさわしい。膝関節は屈伸だけが可能な蝶番関節で，前腕にみられたような回旋のための構造はない。このような特徴は，体重の保持と歩行のための安定性が強く求められているためであって，下肢の筋が上肢の筋よりも強く大きいのも同じ理由による。

　臀部にある大殿筋は股関節の伸筋で，ヒトが直立歩行することに適応して著しく発達したものである。

　膝を伸ばすのは大腿前面にある大腿四頭筋など，膝を曲げるのは後面の大腿二頭筋などである。下腿の後面には，いわゆる「ふくらはぎ」を形作る下腿三頭筋（腓腹筋・ヒラメ筋）があり，歩行の際につま先で蹴り出す強い力を生み出す。

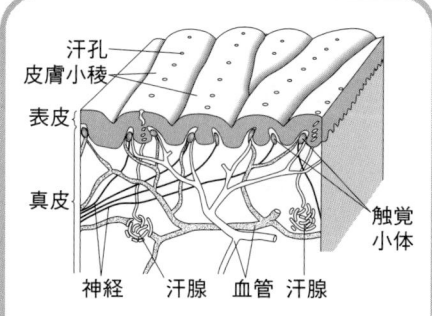

図2-13　皮膚の構造（無毛部の模式図）

## 1.5　皮膚と皮下脂肪

　皮膚は身体の表面を覆う被膜で，体表の保護，汗や水蒸気の排泄作用，体温調節などを営み，触覚・圧覚，温覚・冷覚，痛覚の感覚器を含んでいる。図2-13は皮膚の模式図である。最表層，表皮は絶えず増殖し，表面では角化してはげ落ちる。表皮の下にある真皮はやや厚い丈夫な層で，血管・神経・触覚小体などが分布している。真皮の下には皮下組織がある。これは，部位によっても異なるが，一般にまだらな，ゆるい組織でよく伸縮し，皮膚と筋などの組織とを結びつけている。この部位に皮下脂肪が沈着する。

　皮下脂肪層の発達の程度は人体形態に大きな影響を与える。一般に子どもや女性でよく発達し（図2-14），からだつきを丸みのあるものにしている。いわゆる肥満では，皮下脂肪は特に体幹を中心として全身に沈着する。皮下脂肪の部位ごとの厚い薄い，つまり分布パターンには体幹型，四肢型，上半身型，下半身型などがあることが知られ，個人による特徴や，年齢的な変化，性別による差が見られる。

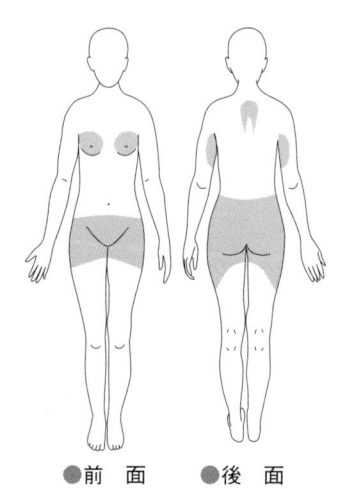

図2-14　思春期女子における皮下脂肪の多い部位

資料）D. Sinclair : Human Growth After Birth, Oxford Univ. Press, 49（1978）

## 2. 人体形態の把握

　衣服の設計・製作にあたっては，着衣基体である人体の大きさや形を数量的にとらえる必要がある。特に既製服利用が主流の今日にあっては，形態適合性の高い衣服生産のためにも人体形態データベースが求められている。一定の方法に従って得られた計測値は，データベースを構築し，個体間の比較や集団間の比較，集団の中の個の位置などを的確に把握することを可能にする。

### 2.1　形態の把握法

　一般に人体の大きさをとらえる寸法計測には**マルチン式人体計測法**が，人体の形状計測には**三次元計測法，モアレ法，石膏法**などが用いられる。計測の目的や状況に応じて適切な方法を選ぶ。表2-1にさまざまな人体形態の把握法について，得られる情報や特徴などを記した。また図2-15〜18に三次元計測のシステム例およびワイアフレームモデル，その他の形態把握法を示した。JISによる人体計測法については後に詳述する。

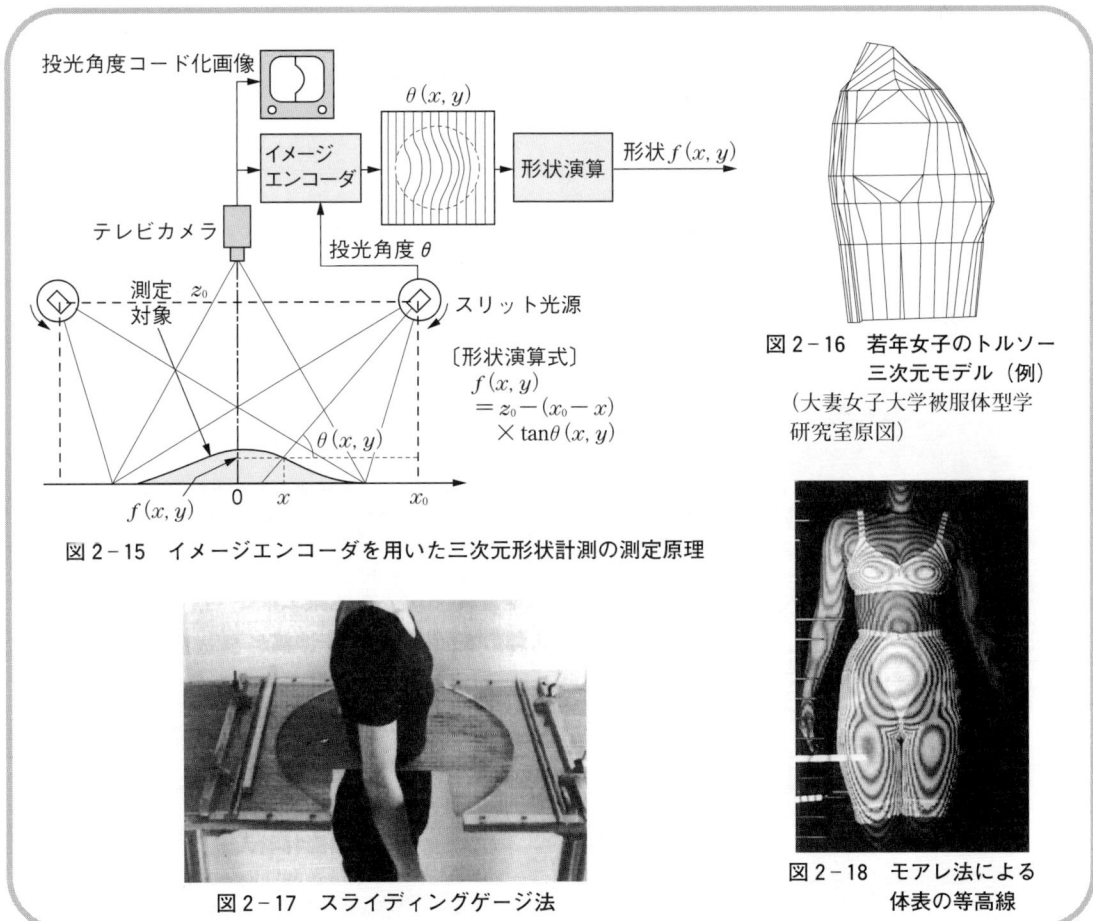

図2-15　イメージエンコーダを用いた三次元形状計測の測定原理

図2-16　若年女子のトルソー三次元モデル（例）
（大妻女子大学被服体型学研究室原図）

図2-17　スライディングゲージ法

図2-18　モアレ法による体表の等高線

表2-1　いろいろな人体形態の把握法

| 計測法 | 一次情報 | 二次情報 | 機器 | 特徴 |
|---|---|---|---|---|
| a．マルチン式人体計測法 | 投影距離，体表長，周長，角度など | プロポーション，指数 | マルチン式人体計測器，皮下脂肪厚計，角度計 | 直接計測である<br>計測者間の誤差や時間経過に伴う姿勢変化による誤差が生じやすい |
| b．スライディングゲージ法 | 断面形状 | 投影距離，体表長，周長，角度，三次元座標値，体表展開図 | スライディングゲージ | 実物大の断面形状を採取できる<br>計測者間の誤差や被験者の時間経過に伴う姿勢変化による誤差が生じやすい<br>採取に時間と労力がかかる |
| c．石膏包帯法 | 体表のレリーフ | 各部位の寸法と面積，形状，体表展開図 | 石膏包帯 | 採取に時間を要する |
| d．単写真法 | シルエット | 投影距離，角度 | カメラ，105 mm以上の望遠レンズ | 瞬時の映像を撮るので，姿勢の揺れによる誤差が少ない<br>しかしレンズの歪みや中心投影誤差（焦点距離が無限大の平行光が理想であるが，焦点距離が短いと近い部分が大きくなる）が生じる<br>シルエットは最外郭線とは限らない |
| e．シルエッター法 | シルエット | 投影距離，角度 | シルエッター | |
| f．モアレ等高線法 | 三次元座標値，等高線図 | ワイアフレームモデル，断面形状，体表展開図，投影距離，垂直距離，直線距離，体表長，周長，角度 | モアレカメラ | 平面上に写し出された写真から立体的に観察できる<br>腋下など写し出されない部分がある<br>近年開発が進み，デジタル化されたものもある |
| g．レーザー光などによる三次元計測法 | 三次元座標値，明暗による画像 | ワイアフレームモデル，断面形状，体表展開図，投影距離，垂直距離，直線距離，体表長，周長，角度 | 三次元計測装置 | 瞬時の映像を撮るので，姿勢の揺れによる誤差が少ない<br>映像データを即時にコンピュータに入力するので，現像による誤差は生じない<br>腋下など写し出されない部分がある<br>装置が高価である |

## 2.2　計測の基準点と基準線

　正確な計測データを得るために，基本姿勢や基準点および基準線を定めておくことが重要である。

### （1）　基本姿勢

　計測は一般に，立位正常姿勢または椅座位正常姿勢で行う場合が多い。立位正常姿勢とは，頭を耳眼水平位（右の眼窩点と左右の耳珠点を通る平面が水平であること）に保ち，左右の踵をつけ，足先を開き，両上肢を自然に下垂して直立

した姿勢をいう。上肢を自然に下垂すると、上腕部はほぼ垂直に置かれるが、前腕部は5～10°前方に傾く。椅座位正常姿勢とは椅子に腰掛け、腰をのばした自然の姿勢である。良い立位姿勢では、耳（耳珠点）から下ろした垂線は、図2-20（側面図）のように肩関節の中心、股関節の中心、膝関節の前部を通り、足長を2分するといわれている。また正常姿勢のとれない被験者（乳幼児、高齢者など）を計測した場合には、計測時の姿勢を詳細に記録しておく。

被験者の着衣としては、計測値に影響が少ないように最少のものとするのが望ましい。

### （2）基　準　点
骨端や、衣服設計上の基準線に基づく基準点を図2-20のように定める。

### （3）基　準　線
衣服設計の立場からは基準線として、前面および後面の正中線（median line）に加えて図2-20の線を設定しておくとよい。頸付根線、腕付根線と胴囲線は、体幹部の体表を**頸部**、**胴部**、**上肢部**、**下体部**の4部位に区分する境界線である。さらに肩縫目線、脇縫目線は体表を前後に、前後正中線は左右に区分する境界線である。これらの境界線で区分されたそれぞれの部位は衿原型、胴部原型、袖原型、スカート原型、パンツ原型の対象部位となる。

## 2.3　JIS人体計測法

JIS人体計測法は、既製服サイズ設定のための日本人の体格調査（⇨ p.46 脚注）で用いられた方法（日本工業規格に定められた計測法、JIS法とよばれる）で、人体寸法を測る基本的な方法である[1]。人類学で広く用いられているマルチン式人体計測法に基本的項目では従い、さらに衣服設計上必要な項目を加えて設定されている。また計測に当たって、左右がある身体部位では右側計測を原則としている（⇨ p.153）。

### （1）人体計測機器
直線距離や投影距離の計測にはマルチン式人体計測器の身長計、桿状計（かんじょうけい）、触角計、滑動計を、体表長の計測には巻尺を用いる（図2-19）。その他皮下脂肪厚計、角度計、体重計、ものさしなどを用いる。また計測を正確にするため

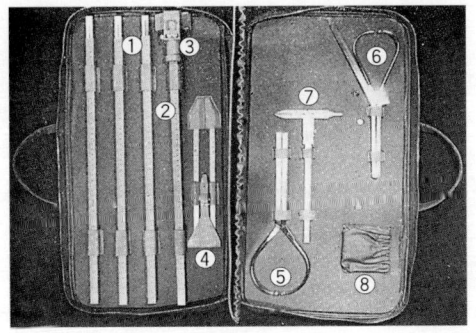

①身長計　②桿状計　③スライダー（身長計、桿状計の可動部分）　④アーム（身長計、桿状計用）　⑤曲状アーム（桿状計用）　⑥触角計　⑦滑動計　⑧巻尺（メジャー）
**図2-19　マルチン式人体計測器**

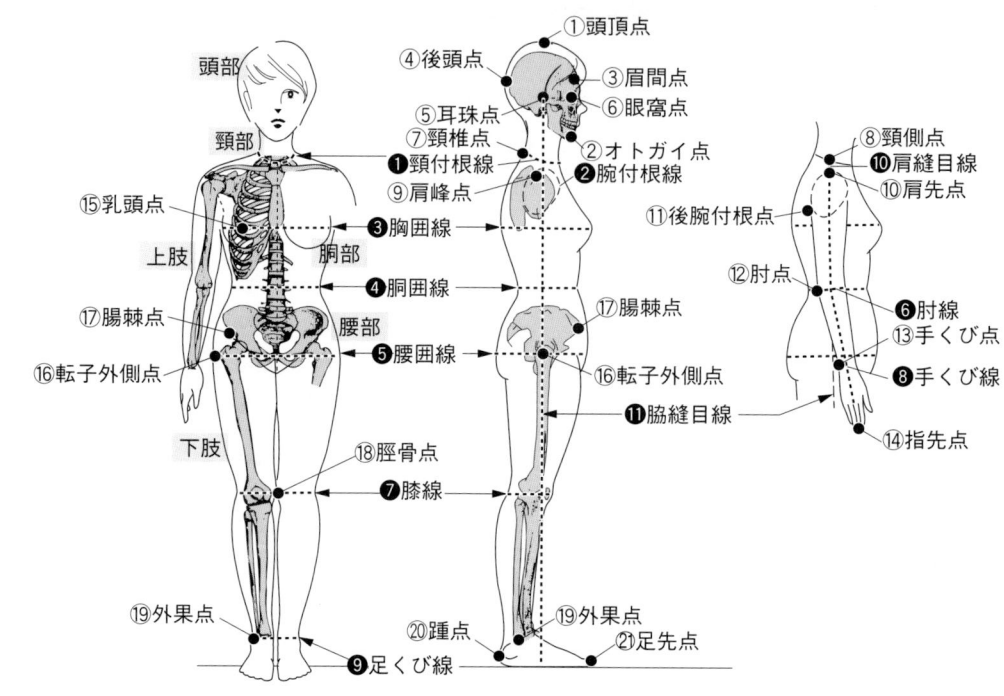

●基準点
① 頭頂点(vertex) 正中線上における頭頂部の最高点。
② オトガイ点(gnathion) 正中線上における下顎下縁の最下点。
③ 眉間点(glabellae) 正中線上で，額の下方，鼻根の上方において最も前方へ突出している点。
④ 後頭点(opistocranion) 正中線上で後頭部の最も後方へ突出している点。
⑤ 耳珠点(tragion) 耳珠の上縁における付け根。
⑥ 眼窩点(orbitale) 眼窩下縁の最下点。
⑦ 頸椎点(cervicale) 第7頸椎棘突起の先端。頭を前に曲げさせると容易に見い出すことができる。
⑧ 頸側点(side neck point) 頸付根線と僧帽筋上部前縁との交点。
⑨ 肩峰点(acromiale) 肩甲骨肩峰の外縁で最も外側にある点。

図2-20 基準点と基準線

の手助けとして計測補助用具を用いる。
① **身長計**(anthropometer) 床面または座面からの高さ（垂直距離）の計測に用いる。身長計は4本に分離できる長さ210 cmの支柱とそれに直交する長さ28 cmで先のとがったアームで構成される。アームは滑動脚（スライダー）に取り付ける。そのときアーム先端の傾斜部が下向きにならないように注意する。支柱には下から上へと，上から下への2種類の目盛りが付けられている。
② **杆状計**(large sliding caliper) 2点間の直線距離や投影距離の計測に用いる。身長計の最上部の支柱と2本のアームで構成される。2本のアームは先端の傾斜部を向かい合わせに差し込む。直線距離の計測ではアームの長さをそろえる。全頭高のような投影距離を測る場合には，長さを変えて用いることもある。

⑩ 肩先点（shoulder point）被験者の側方から見て上腕上部の幅を2等分する垂直線と腕付根線との交点。20 cmのものさしを使うとよい。
⑪ 後腕付根点（under-arm point）腕付根下端の水平位と背側の腕付根線に沿う垂直線との交点。
⑫ 肘点（olecranon）手を側方から腸骨に軽く当てた時の尺骨肘頭の先端。
⑬ 手くび点（distal end point of ulna）尺骨頭（尺骨下端の肥厚している部分）の中心点。
⑭ 指先点（dactylion）手の中指の先端。上肢を下垂した状態での最下点。
⑮ 乳頭点（thelion）乳頭の中心。
⑯ 転子外側点（center point of gratest lateral trochanteric projection）大転子の外側面における中心点。
⑰ 腸棘点（iliospinale anterius）上前腸骨棘において最下位にある点。
⑱ 脛骨点（tibiale）脛骨内側顆上縁における最内側点。膝関節を曲げさせると触れやすい。
⑲ 外果点（lateral malleolus point）外くるぶし（腓骨下端の肥厚している部分）の最も側方に突出している点。
⑳ 踵点（pternion）踵で最も後方に突出している点。
㉑ 足先点（acropodion）踵点から最も遠い距離にある足指の最前端。第1指のことも第2指のこともある。

●基準線
❶ 頸付根線（neck-base line）頸椎点，左右の頸側点，鎖骨内側端の上縁を通るいわゆる頸部の付け根の位置。
❷ 腕付根線（armscye line）前面では上腕骨頭のほぼ中央を通り，後面では肩峰点に沿う肩関節の位置。
❸ 胸囲線（bust line）乳頭を通る水平位。
❹ 胴囲線（waist line）女性では胴部の最も細い位置に計測用ベルトを回し，ベルトが自然に落ち着く位置で，水平とは限らない。男性（下胴囲線）では腸骨稜の直上におけるベルトをしめる位置で，水平位である。
❺ 腰囲線（hip line）転子外側点を通る水平位。
❻ 肘線（elbow line）肘関節の位置で，肘頭と肘窩を通る線。
❼ 膝線（knee line）膝関節の位置で，膝蓋中央と膝窩を通る線。
❽ 手くび線（wrist line）手のくるぶし（手くび点）を通る線。
❾ 足くび線（ankle line）足のくるぶし（外果点）を通る線。
❿ 肩縫目線（shoulder-seam line）肩部の最上部における肩傾斜に沿う線。僧帽筋上部前縁に沿う線で，肩先では上腕上部を2等分する位置にある。
⓫ 脇縫目線（side-seam line）側方からみて，腕付根前後径の中央と腰部矢状径の中央とを結ぶ線で，良い姿勢ではほぼ垂直線となる。

出典）柳澤澄子：『被服体型学』，光生館（1976）より作成

③ **触角計**（spreading caliper）　2点間の直線距離の計測に用いる。一対の湾曲したアームが支点を中心に角運動を行い，アームの途中に装置されたものさしによって触角の先端間の直線距離を測る。主として頭部の計測に用いる。

④ **滑動計**（sliding caliper）　短い幅径の計測に用いる。一般にノギスとよばれる杆状計の小型のもの。長さ25 cmの扁平な支柱と，これに直交する長さ12 cmの2本のアーム（1本は上端に固定されている）で構成される。アームの先端は扁平な方が生体計測用である。

⑤ **巻尺**（measuring tape）　体表に沿った長さや周長の計測に用いる。スチール製，グラスファイバー製，布製のものや，150 cmのもの，200 cmのものがある。スチール製は幅を狭く薄手につくり，目盛りを正確に入れることができ

る。しかし弾性が強いために皮膚面に沿わせにくく、触れると冷たいなどの短所もある。そのため特殊な場合を除き、グラスファイバー製のものが使いやすい。特に乳幼児の計測などでは、布製のものを使用する方が安全である、その場合、幅の狭い薄手のものを選び、常に新しい巻尺を用いるようにするとよい。

⑥ **皮下脂肪厚計**（skinfold caliper）　皮膚を皮下脂肪とともにつまんでひだをつくり、その厚さを測る。皮下脂肪厚計は計測面の圧力が $10\,g/mm^2$ になるように調整されている。計測部位の上方 1 cm のところをつまみ上げて皮下脂肪厚計ではさみ、針がとまったところの目盛りを mm 単位で読む。筋肉層をつまみ上げないように注意する。

⑦ **角度計**（goniometer）　肩傾斜角などの人体の角度の計測に用いる。杆状計に装着して 2 点間の角度を計測するものや、ガイドを傾斜部に直接あてて計測するものがある。

⑧ **計測補助用具**（supplementary）　基準線を設定するための補助具として、計測用ベルト（胴囲線用）、ネックチェーン、黒細丸ゴム紐、眉ずみ（しるし付け用）を、高さの計測のために円形計測台、箱式計測台、水準器を、周径や長径の計測にプラスチック板を用いる。その他、踏み台や記録板などを用いる。

**（2）　計測項目と計測法**

計測項目は、測定距離の種類によって、床面からの垂直距離を測る**高径項目**、2 点間の直線距離などを測る**幅径項目**、体表に沿った 2 点間の長さを測る**長径項目**、周長を測る**周径項目**、その他に分けられる。以下に項目の種類ごとに計測要領を示す。

なお、計測に際しては計測者は最も計測しやすい位置に立つ。補助者は計測者と重ならない位置に立ち、被験者の姿勢、計測部位や計測器の垂直や水平の確認、その他の補助を行う。また計測器で被験者を傷つけないよう細心の注意をはらう。

**1）　高径項目**（heights）

高径の計測では、主として身長計を用いる。身長計はなるべく計測点の近くに立て、アームの長さを調節する。すなわち、支柱を垂直に立て、右手で支柱を支えながらスライダーをすべらす。左手で計測点を探り、アームの先端が計測点に触れるように調節しながら下からの目盛りを読む。目盛りを読む位置はメーカーによって異なるので注意する。

補助者は被験者の姿勢に注意し、身長計の支柱が垂直かどうかを確認する（図 2-21、表 2-2）。

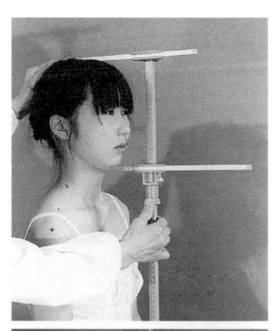
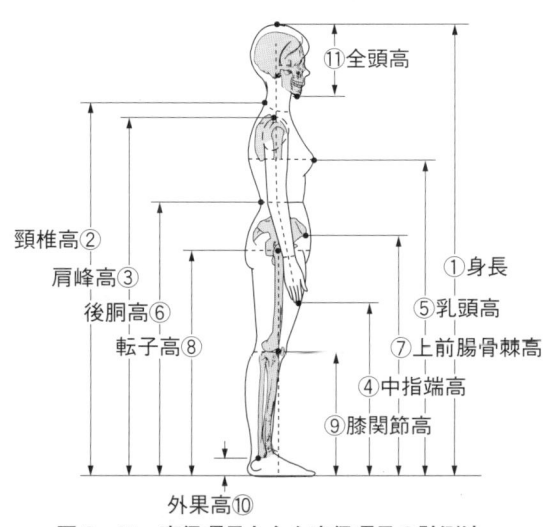
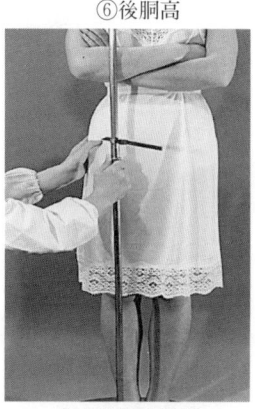

図 2-21　高径項目と主な高径項目の計測法

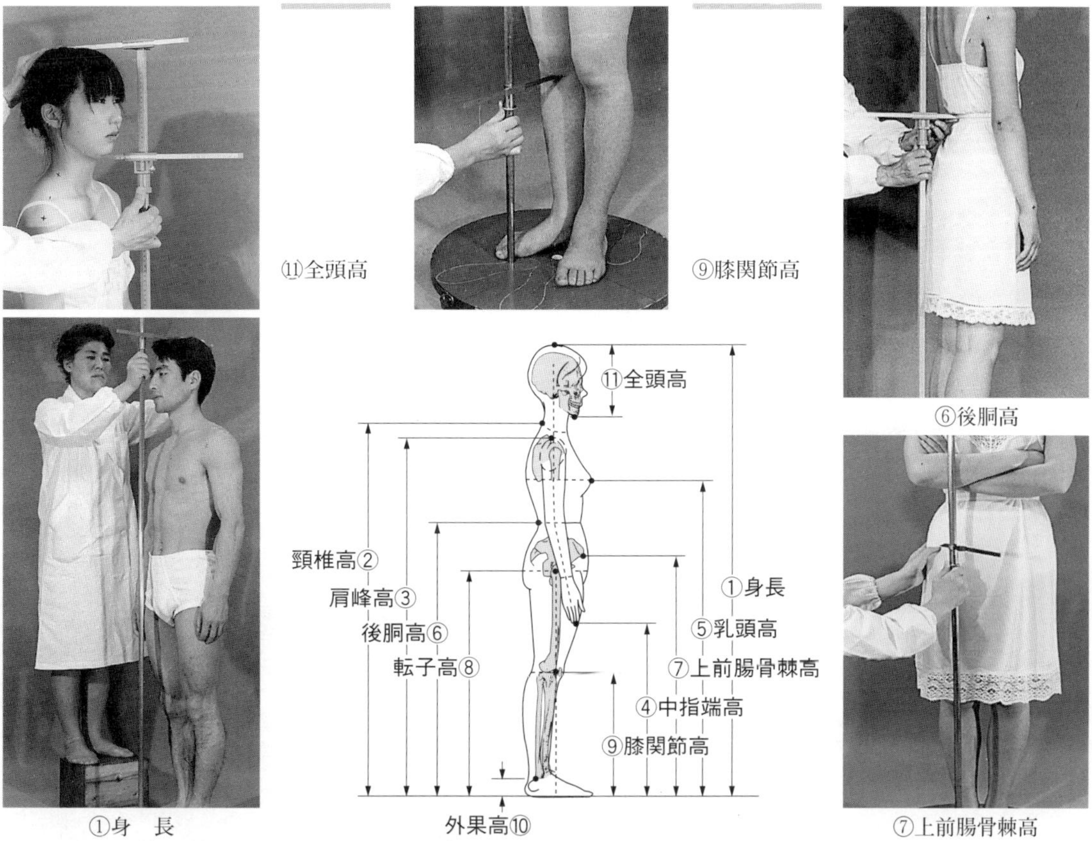

表 2-2　高径項目の計測部位

| 計測項目 | 計測機器 | 計測者位置 | 補助者位置 | 計測部位 | 備考 |
|---|---|---|---|---|---|
| ①身　　長 | 身長計 | 右側方 | 左側方 | 床面から頭頂点までの垂直距離 | 身長計の可動アームは 15 cm 内外 |
| ②頸　椎　高 | 身長計 | 左後方 | 右側方 | 床面から頸椎点までの垂直距離 | 身長計の可動アームは 7 cm 内外 |
| ③肩　峰　高 | 身長計 | 右側方 | 後　方 | 床面から肩峰点までの垂直距離 | |
| ④中指端高 | 身長計 | 右側方 | 後　方 | 床面から指先点までの垂直距離 | |
| ⑤乳　頭　高 | 身長計 | 右前方 | 右側方 | 床面から乳頭点までの垂直距離 | |
| ⑥後　胴　高 | 身長計 | 左後方 | 右側方 | 床面から胴囲線と後正中線との交点までの垂直距離 | |
| ⑦上前腸骨棘高 | 身長計 | 前　方 | 右側方 | 床面から腸棘点までの垂直距離 | |
| ⑧転　子　高 | 身長計 | 右側方 | 後　方 | 床面から転子外側点までの垂直距離 | |
| ⑨膝関節高 | 身長計 | 前　方 | 右側方 | 床面から脛骨点までの垂直距離 | 身長計の下部 1 本分を用いるとよい |
| ⑩外　果　高 | 身長計 | 右側方 | | 床面から外果点までの垂直距離 | 10 cm 定規を使ってもよい |
| ⑪全　頭　高 | 杆状計 | 右側方 | 左側方 | 頭頂点からオトガイ点までの垂直距離 | 固定アームは 15 cm 内外,可動アームは 5 cm 内外 |

（計測者，補助者の位置は被験者から見た位置）

## 2) 幅径項目 (widths)

幅径の計測では，主として杆状計を用いる。計測部位によって両アームの長さを調節する。計測対象の2点間よりアームを大きめに開いておき，まず左手で固定アームの先端を一点にあて，次に右手の親指でスライダーを動かし，もう一方のアームの先端を他点に一致させる。胸囲線における横径，矢状径のような包囲した断面の計測では2本のアームの間隔として計測する。

補助者は杆状計が水平を保っているか，計測点に当たっているかを確認する（図2-22，表2-3）。

## 3) 長径項目 (lengths)

長径の計測では巻尺を用いる。左手で巻尺の始点を計測点に固定し，右手で

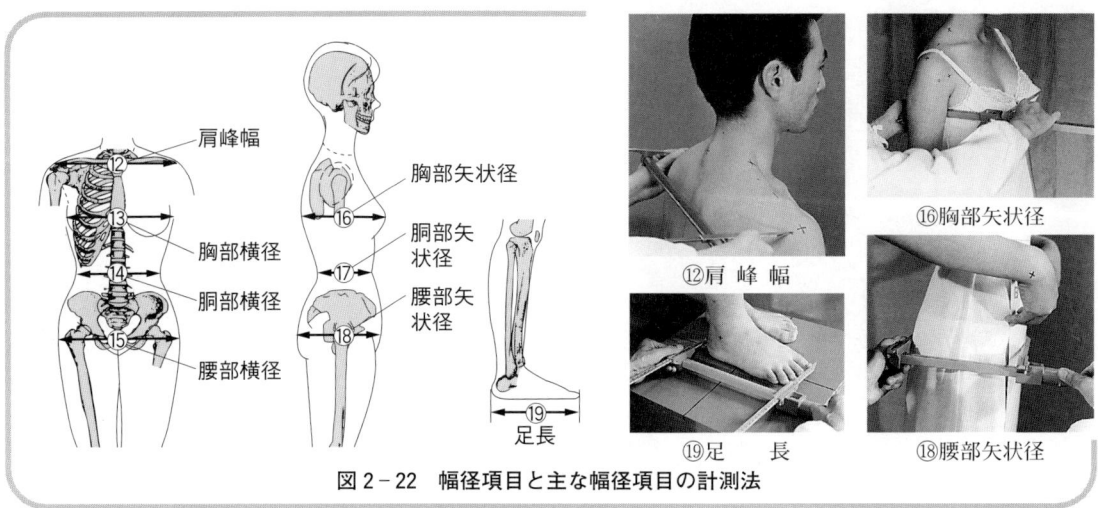

図2-22 幅径項目と主な幅径項目の計測法

表2-3 幅径項目の計測部位

| 計測項目 | 計測機器 | 計測者位置 | 補助者位置 | 計測部位 | 備考 |
|---|---|---|---|---|---|
| ⑫肩峰幅 | 杆状計 | 前方または後方 | 右側方または左側方 | 左右の肩峰点間の直線距離 | 2本のアームは7cm前後 |
| ⑬胸部横径 | 杆状計 | 前方 | 右側方 | 胸囲線における左右の最外側点間の水平距離 | 2本のアームは18cm前後 |
| ⑭胴部横径 | 杆状計 | 前方 | 右側方 | 胴囲線における左右の最外側点間の水平距離 | （同上） |
| ⑮腰部横径 | 杆状計 | 前方 | 右側方 | 腰囲線における左右の最外側点間の水平距離 | （同上） |
| ⑯胸部矢状径 | 杆状計 | 右側方 | 左側方 | 胸囲線における前後の最突出点間の水平距離 | （同上） |
| ⑰胴部矢状径 | 杆状計 | 右側方 | 左側方 | 胴囲線における前後の最突出点間の距離 | 胴囲線が水平でない場合は胴部前後径 |
| ⑱腰部矢状径 | 杆状計 | 右側方 | 左側方 | 腰囲線における前後の最突出点間の水平距離 | 2本のアームは18cm前後 |
| ⑲足長 | 杆状計 | 右側方 | 前方 | 足軸に平行で，踵点と足先点との間の投影距離 | |

（計測者，補助者の位置は被験者から見た位置）

他方の計測点にあて、目盛りを読む。巻尺の始点がはずれないように注意する（図2-23，表2-4）。

図2-23 長径項目と主な長径項目の計測法

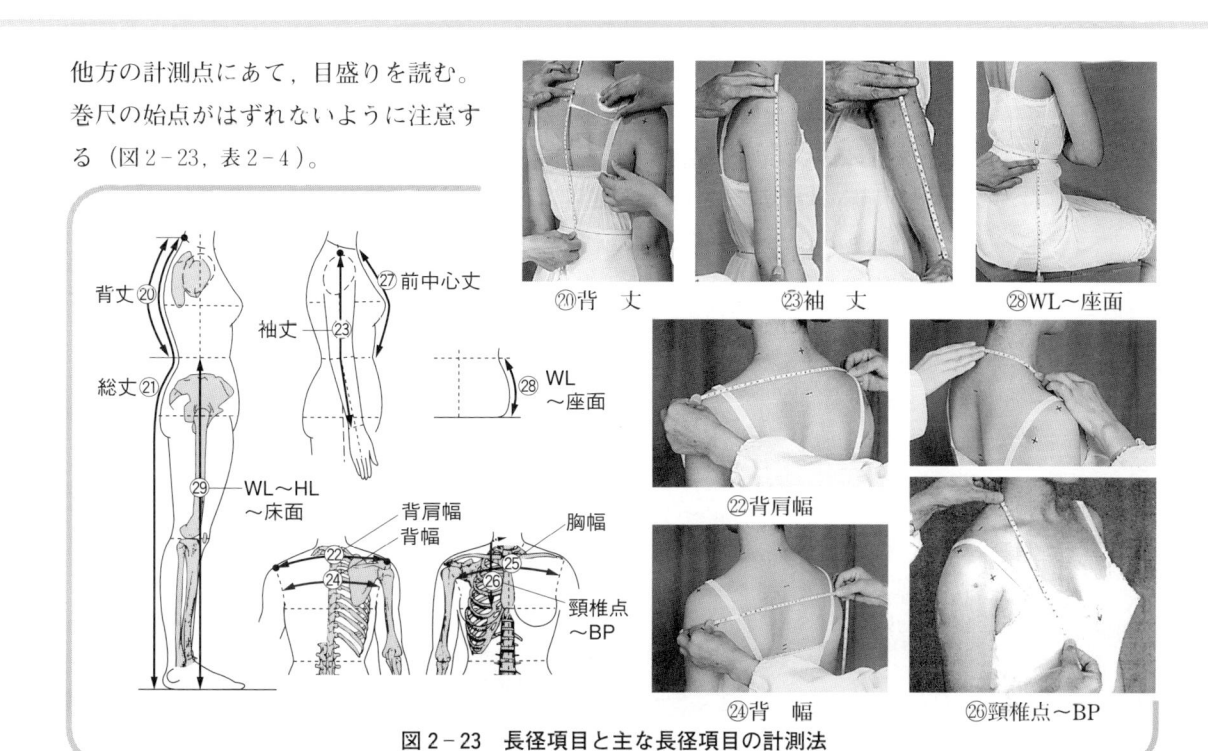

表2-4 長径項目の計測部位

| 計測項目 | 計測機器 | 計測者位置 | 補助者位置 | 計測部位 | 備考 |
|---|---|---|---|---|---|
| ⑳背　　丈 | 巻尺 | 左後方 | 右側方 | 背面正中線において、頸椎点から胴囲線との交点までの背面シルエットに沿った長さ | 背面に薄いプラスチック板をあてて肩甲骨のふくらみを考慮する。被験者が俯き加減になるので注意する |
| ㉑総　　丈 | 巻尺 | 左後方 | 右側方 | 背丈に胴囲線から床面までの長さを加えたもの | 背丈の計測に引き続いて行う |
| ㉒背肩幅 | 巻尺 | 後方 | 左側方 | 背面における左右の肩先点間の体表に沿った長さ | 巻尺が後正中線で直交するようにする |
| ㉓袖　　丈 | 巻尺 | 右後方 | 右前方 | 両上肢を自然に下垂した状態で、右肩先点から手くび点までの体表に沿った長さ | 肘の位置で巻尺を右手から左手に持ち替える |
| ㉔背　　幅 | 巻尺 | 後方 | 左側方 | 背面で、肩先点と腕付根点の中間位の高さにおける左右の腕付根線間の体表に沿った長さ | 背肩幅・背幅・胸幅はなるべく同時に計測する |
| ㉕胸　　幅 | 巻尺 | 前方 | 右側方 | 前面で、背幅を測った高さにおける左右の腕付根線間の体表に沿った長さ | |
| ㉖頸椎点～BP | 巻尺 | 右側方 | 左側方 | 頸椎点から乳頭点までの体表に沿った長さ | |
| ㉗前中心丈 | 巻尺 | 右前方 | 左側方 | 前面正中線において、頸付根線との交点から胴囲線との交点までの前面シルエットに沿った長さ | |
| ㉘WL～座面 | 巻尺 | 右後方 | 前方 | 体側における胴囲線から座面までの長さ | 股上 |
| ㉙WL～HL～床面 | 巻尺 | 右後方 | 前方 | 体側における胴囲線から床面までの体表に沿った長さ | 脇丈 |

（計測者，補助者の位置は被験者から見た位置）

2．人体形態の把握

### 4） 周径項目 (circumferences)

周径の計測では巻尺を用いる。巻尺の始点を右手に持ち，被験者の左側から後方に回し，後方で左手に持ちかえて前側に回し，前側で目盛りを読む。胸囲や胴囲の場合，呼気と吸気の中間で締めすぎないように注意して測る。

補助者は水平を確認する（図2-24，図2-25，表2-5）。

### 5） その他の項目

皮下脂肪厚の計測では皮下脂肪厚計を，肩傾斜角では角度計を，体重では体重計を用いる（図2-26，表2-6）。

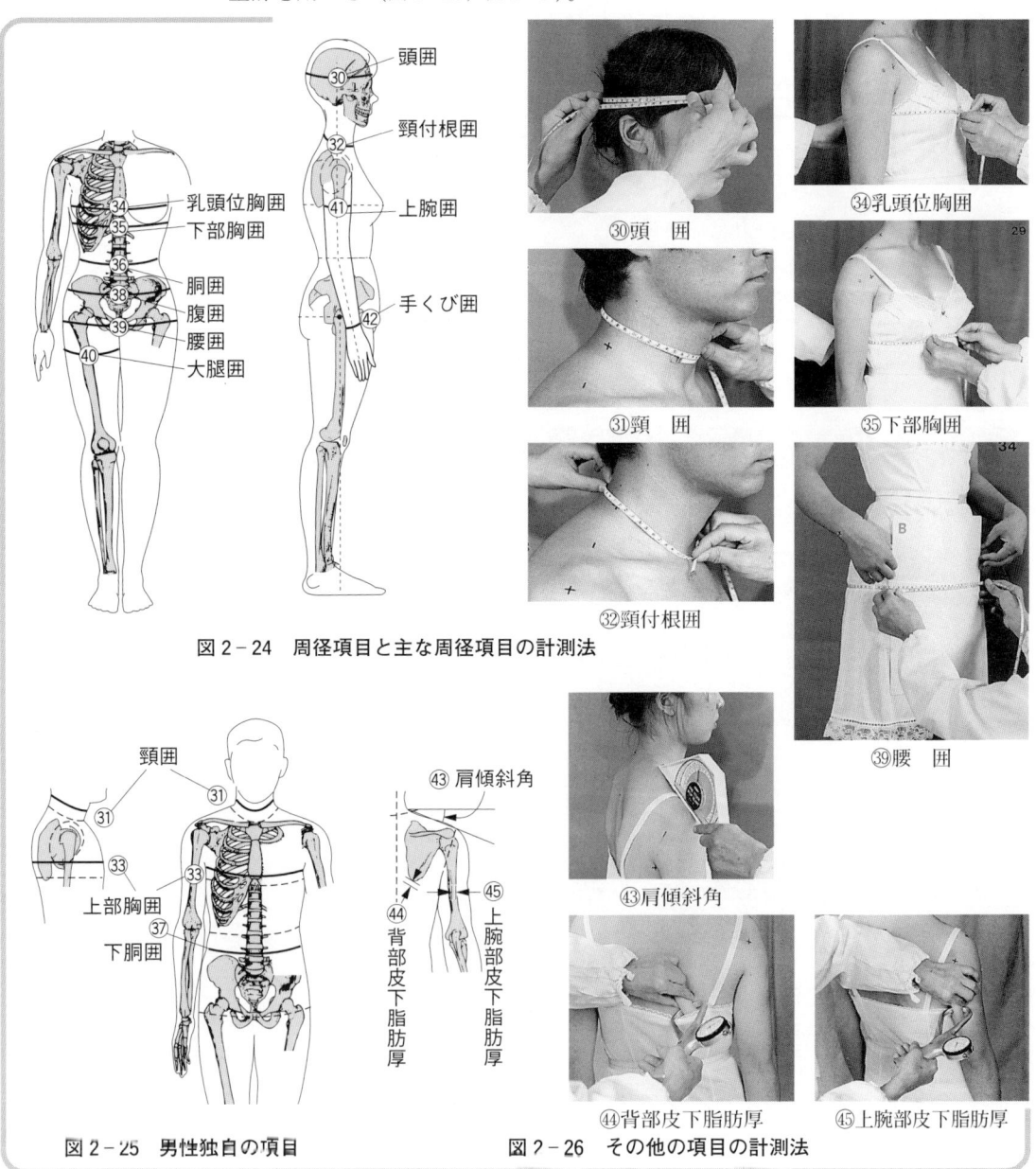

図2-24　周径項目と主な周径項目の計測法

図2-25　男性独自の項目

図2-26　その他の項目の計測法

●第2章　衣服を着る人体

表2-5　周径項目の計測部位

| 計測項目 | 計測機器 | 計測者位置 | 補助者位置 | 計測部位 | 備考 |
|---|---|---|---|---|---|
| ㉚頭囲 | 巻尺 | 右側方 | 左側方 | 眉間点と後頭点とを通る周径 | |
| ㉛頸囲 | 巻尺 | 前方 | 後方 | 喉頭隆起の直下における周径（男性のみ） | |
| ㉜頸付根囲 | 巻尺 | 前方 | 後方 | 頸部の付け根における周径 | 補助者は頸椎点で巻尺を軽く押さえて固定する |
| ㉝上部胸囲 | 巻尺 | 前方 | 右後方 | 腕付け根の位置のしるしを通る水平周径 | 男性では上部胸囲が胸部における周径の最大値を示す場合が多い |
| ㉞乳頭位胸囲 | 巻尺 | 前方 | 右側方 | 乳頭点を通る水平周径。乳房の下垂している女性では乳房のあたりの最大値を測る | 補助者は後部で巻尺が下がらないように指で支える。呼気と吸気の中間で計測する |
| ㉟下部胸囲 | 巻尺 | 前方 | 右側方 | 乳房直下部の水平周径（女性のみ） | 乳房の発達した女性のみ計測する |
| ㊱胴囲 | 巻尺 | 前方 | 右側方 | 胴部の最も細い部位における周径（女性のみ） | 水平とは限らない。計測用ベルトをしめて位置を決めた後，ベルトをはずして計測する |
| ㊲下胴囲 | 巻尺 | 前方 | 右側方 | 腸骨稜直上における水平周径（男性のみ） | |
| ㊳腹囲 | 巻尺 | 前方 | 右側方 | 側方から見て，腹部の最突出部における水平周径 | |
| ㊴腰囲 | 巻尺，プラスチック板 | 前方 | 右側方 | 腰囲線における水平周径 | 腰部の前面にプラスチック板を当て，左右の縁を被験者に押さえさせる |
| ㊵大腿囲 | 巻尺 | 前方 | 後方 | 大腿部の最大周径。大腿の最も内側に膨らんでいる部位の周径で，大腿の長軸に対して直交する位置 | 巻尺は膝のあたりから入れ，徐々に計測部位まで引き上げるようにするとよい |
| ㊶上腕囲 | 巻尺 | 右側方 | 後方 | 上肢を自然に下垂した状態で上腕二頭筋が最も膨らんでいる部位の周径。上腕の長軸に対して直交するように測る | |
| ㊷手くび囲 | 巻尺 | 右側方 | | 手くび点を通る周径 | |

（計測者，補助者の位置は被験者から見た位置）

表2-6　その他の項目の計測部位

| 計測項目 | 計測機器 | 計測者位置 | 補助者位置 | 計測部位 | 備考 |
|---|---|---|---|---|---|
| ㊸肩傾斜角 | 角度計 | 右後方 | 後方 | 頸側点からの肩傾斜角 | 左右同時に計測する |
| ㊹背部皮下脂肪厚 | 皮下脂肪厚計 | 後方 | | 肩甲骨下端直下の皮下脂肪厚 | 筋肉層をつまみ上げないように注意する |
| ㊺上腕部皮下脂肪厚 | 皮下脂肪厚計 | 後方 | | 上腕の背側で肩峰と肘頭の中心における皮下脂肪厚 | 筋肉層をつまみ上げないように注意する |
| ㊻体重 | 体重計 | 前方 | | 体重 | 体重計の中央にのる |

（計測者，補助者の位置は被験者から見た位置）

2. 人体形態の把握

## 2.4 計測値の扱い方
### (1) 計測値と相対値
得られた計測値はそのままの値や計測値間の差や和として用いる場合（絶対値）と，2項目間の比（相対値，指数）として用いる場合がある。

#### 1) 計測値
よく用いられる計算項目には次のようなものがある。

　　　上肢長＝肩峰高－中指端高
　　　下肢長＝(腸骨棘高－膝関節高)×0.93＋膝関節高
　　　ゆ　き＝(背肩幅÷2)＋袖丈

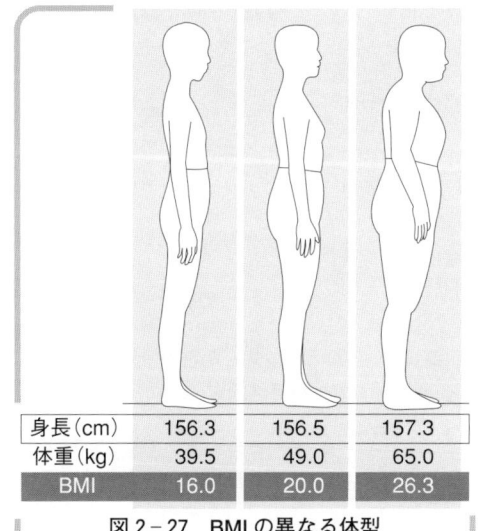

| 身長(cm) | 156.3 | 156.5 | 157.3 |
| --- | --- | --- | --- |
| 体重(kg) | 39.5 | 49.0 | 65.0 |
| BMI | 16.0 | 20.0 | 26.3 |

図2-27　BMIの異なる体型
（高部，1997計測）

#### 2) 相 対 値
「A÷B×100」の指数で表す。身長に対する各部位の比は**人体比例**（プロポーション）として全体的なプロポーションを観察するのに有効である。また横径に対する矢状径の比は体幹部の扁平度を示す指数（**横矢指数**）として，胸囲，胴囲，腰囲の3項目間の比は胴くびれの程度を表す指数として，身長と体重との比（**BMI，ローレル指数**など）は肥痩の指標として用いられる。

　　　比下肢長
　　　　　＝下肢長÷身長×100
　　　胴部横矢指数
　　　　　＝胴部矢状径÷胴部横径×100
　　　Body Mass Index（BMI）
　　　　　＝体重(kg)÷(身長(m))$^2$

厚生省によると，
BMI＜20
　　るい痩
20≦BMI＜24
　　標　準
24≦BMI＜26.5
　　肥満予備軍
26.5≦BMI
　　肥　満

### (2) 中心値とばらつき
#### 1) 度数分布 (frequency distribution)
ある集団の特性を調べるには，まず分布状況をみることから始まる。すなわち計測値がどのくらいの範囲にあり，中心傾向はどのようであるかをみるのである。

図2-28は身長と胴囲の出現範囲と出現頻度の**ヒストグラム**に**正規分布曲線**を加えて示したものである。身長のヒストグラムでは，頻度は分布の中央で高く，両端に離れるにしたがって小さくなり，ほぼ左右対称の形をしている。正規分布曲線ともよく一致している。このような分布を**正規分布**とよぶ。他方，胴囲のヒストグラムでは最も頻度の高い値は中央より小さい方に片寄り，大きい値に裾を長く引いた形をしており，正規分布曲線からはずれている。

一般に骨の長さに関する計測値の多くは正規分布をするが，胴囲や体重およ

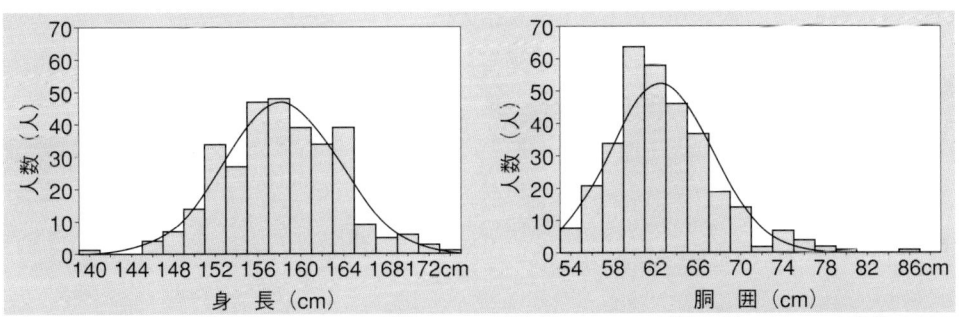

平均値：158.1cm 標準偏差：5.4cm 有効数：318　　平均値：62.6cm 標準偏差：4.8cm 有効数：318
図2-28　身長と胴囲のヒストグラム（18～19歳，1997～98年計測，高部）

び皮下脂肪厚など軟部組織を多く含む計測値では歪んだ分布を示すといわれる。統計解析では多くの場合に正規分布を前提としているので，歪んだ分布を示す計測値では必要に応じて対数変換などの方法により正規分布に近づける。

### 2）中心傾向を表す値

中心傾向を示す値としては，**平均値**（mean），**中央値**（median），**最頻値**（mode）を用いる。正規分布ではこれらの3つの値が等しくなる。平均値はいわゆる算術平均であり，最も多く用いられる代表値である。中央値はデータを小さい方から大きい方へ順に並べたとき中央になるデータの値をいう。最頻値は頻度が最も高い値をいう。分布が歪んでいる場合には平均値よりも中央値や最頻値が有効である。平均値は次式で求められる。

$$平均値（mean, \bar{x}）= \frac{\Sigma x_i}{n}$$

### 3）標準偏差と正規分布，変異係数

標準偏差は個々の値が平均値からどのくらい偏しているかの標準を表す値であり，同じ計測項目においては値が大きいほど分布の範囲は広く，ばらつきが大きい。標準偏差は次式で求められる。

$$標準偏差（s）= \sqrt{\frac{\Sigma(x_i - \bar{x})^2}{n-1}}$$

標準偏差（s）
standard deviation
正規分布
normal distribution
変異係数（cv）
coefficient of variation

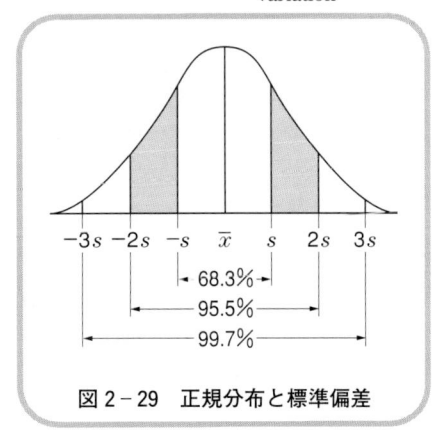

データが正規分布する場合には，平均値±1標準偏差の間に計測した集団の68.3％が，平均値±2標準偏差の間には95.5％が，平均値±3標準偏差の間には99.7％が含まれる（図2-29）。また標準偏差は計測値が大きい項目では小さい項目より値が大きくなる。そこで異なった項目間のばらつきの程度を比較するために，変異係数が用いられる。変異係数は標準偏差を平均値に対する比で表したものである。

$$変異係数（c.v.）= \frac{s}{\bar{x}} \times 100$$

図2-29　正規分布と標準偏差

### 4) 関係偏差による体型の総合比較

体型を総合的に比較する方法として，**関係偏差折線法**が用いられる。これは，多数の計測項目を用い，複数の集団間の比較や，集団における個人の体型的特徴を把握する場合に有効である。次式によって関係偏差を求め，折線を描く。図2-30は全国値と比べたAさん，Bさん，Cさんの体型的特徴を示している。

$$関係偏差 = \frac{M_1 - M_0}{\sigma}$$

$M_0$：基準集団の平均値
$M_1$：比較集団の平均値または個人の値
$\sigma$：基準集団の標準偏差

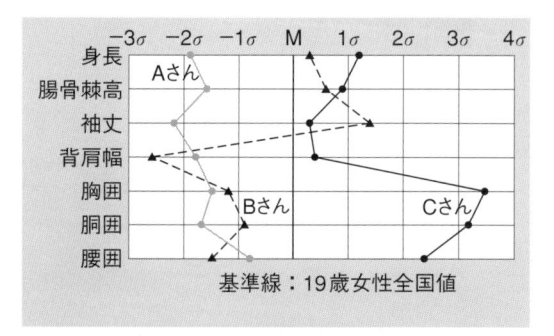

図2-30 関係偏差折線

### (3) 計測値間の関係
#### 1) 相関分布と相関係数

2つの計測値間の関係は，**相関分布**（散布図 scatter diagram）から視覚的に，**相関係数**（correlation coefficient）から数量的にとらえることができる。図2-31は身長（$x$）と下肢長（$y$）および身長（$x$）と胸囲（$y$）の相関分布と相関係数を示している。図から明らかなように，前者では，ある$x$値に対する$y$値の分布範囲は狭く相関係数が高いが，後者では，$y$値の分布範囲は非常に広く相関係数も低い。すなわち前者のような分布では$x$値が決まると$y$値はほぼ決まるという関係がみられるが，後者のような円形に近い分布ではそのような関係はみられない。後者の場合2項目は互いに独立の関係にあるという。相関係数は次式で求められ，その値は$-1$〜$+1$の範囲にあり2項目間の関係の深さを表す。

$$相関係数（r_{xy}） = \frac{V_{xy}}{\sqrt{V_x} \times \sqrt{V_y}}$$

$$V_{xy} = \frac{\Sigma(x_i - \bar{x})(y_i - \bar{y})}{n-1}$$

$$V_x = \frac{\Sigma(x_i - \bar{x})^2}{n-1}$$

$$V_y = \frac{\Sigma(y_i - \bar{y})^2}{n-1}$$

注）図中の直線は身長から下肢長，胸囲を推定する回帰直線

図2-31 身長と下肢長，身長と胸囲の相関分布
（18〜19歳女性，$n=318$，1997〜98年計測，高部）

相関係数は±1に近いほど2項目間の関係は緊密になる。その程度の目安は経験的に次のように扱われる。

| | |
|---|---|
| ～｜0.2｜ | ほとんど関係がない |
| ｜0.2｜～｜0.5｜ | やや関係がある |
| ｜0.5｜～｜0.7｜ | 関係がある |
| ｜0.7｜～ | 関係が深い |

2） 回帰推定

相関係数，平均値，標準偏差が分かると，ある項目から他の項目を推定する回帰式を導くことができる。この場合，相関係数の値が高いと推定の精度（確かさ）は上がり，低いと精度は落ちる。次式は一つの変数（$x$）から他の変数（$y$）を推定する回帰式である。変数の数が2個以上になると多変量回帰推定となる。

$$\hat{y} = \bar{y} + b(x - \bar{x})$$

ただし，$\hat{y}$ は $y$ の推定値，$b$ は $x$ に基づく $\hat{y}$ の回帰係数

$$b = r_{xy} \times \frac{s_y}{s_x} \quad (s_x : x \text{ の標準偏差} \quad s_y : y \text{ の標準偏差})$$

図2-31の直線は身長から下肢長，胸囲を推定する場合の回帰直線である。

## 3. 体型と衣服設計

いろいろな体型の把握法によって得られたデータを用いて，体型の特徴を観察し，人体の形と衣服の形や既製服サイズとのかかわりを考えてみよう。

### 3.1 体型の特徴

#### （1） 美しい人体を求めて

人は美に憧れ，古代から人体の美しい形やプロポーションを探求してきた。ミロのビーナスをはじめ多くのギリシャの塑像，レオナルド・ダ・ヴィンチのカノン*1は黄金分割*2に基づいているという（図2-32）。また八頭身すなわち頭部と身長との比が1：8の比例はギリシャ時代にすでに採用されていた[3]。

図2-33は18～19世紀の美の各様式に従ってコルセットにより造り出された女性体型を衣装展示用マネキンにみたものである。時を経るにしたがって，

---

\*1 カノンは論理学，倫理学，美学などにおいて，規則，規範，標準の意味に用いる語[2]。
\*2 黄金分割は A：B＝B：(A+B) の関係にあり，A：B＝1：1.618… である。

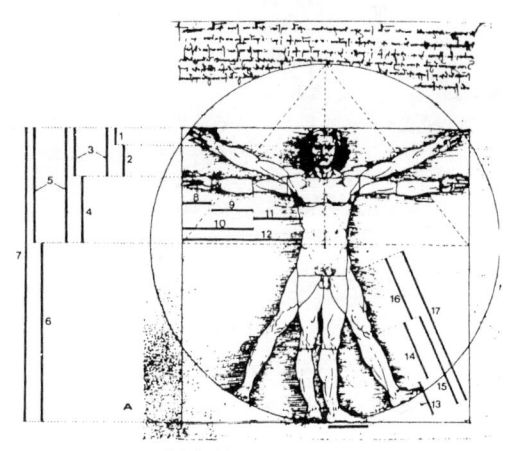

**図2-32 レオナルド・ダ・ヴィンチのカノン**
出典）三井秀樹：『美の構成学―バウハウスからフラクタルまで―』，中央公論社（1996）

細いウエストが強調されてきたことが分かる。図2-34はコルセットで締め上げた細いウエストとコルセット着用で変形した胸郭を示している。胴くびれの極端に強い体型を美しい理想の体型と信じていた当時の女性は、内臓が圧迫され骨格が変形してもなおかつ細いウエストを求めたのである[4]。

20世紀初頭になると、自然の肉体を重視する思想が現れ、ウエストはコルセットから解放された。1960年代後半にはミニスカートが大流行し、イギリス人のファッションモデル、ツイギーが来日し話題となった。ツイギー（twiggy）は小枝のようなほっそりしたという意味のとおり、極端に細い体型であった。この頃から「ほそい」＝「きれい」の価値観が日本中に浸透していったように思われる。

近年、日本では小学生から中高年まで男女を問わず痩身志向が強い[5]。これはアメリカにおいても同様である[6]。その結果、自分の理想とする体型を得るためのダイエットやフィットネスが流行している。これらの志向に対するマスメディアの影響は大きい[7]。表2-7はからだの現実値と、ダイエットなどによってどの程度変えたいか（希望値）、美しい体型と思う寸法（理想値）を女子大生にアンケート調査した結果である。理想値は現実値に比べて胸囲（バスト）は大きく胴囲（ウエスト）や腰囲（ヒップ）が極端に細く、体重が軽い。理想値のBMIは現実値の20に対して17.6であり、厚生省基準のるい痩にあたる。胸囲、胴囲、腰囲のバランスも、大多数の人にとって現実に望めるからだではない。また理想値の標準偏差が現実値に比べて小さいことから女子大生の間では、共通した理想体型のイメージとして固定的な寸法が出来上がっていると考えられる。この理想値を8～9年前と比べると身長で3.4 cm、胸囲で2.1 cm大きく、胴囲は0.4 cm小さく、有意に変化していた（岡田[8]）。

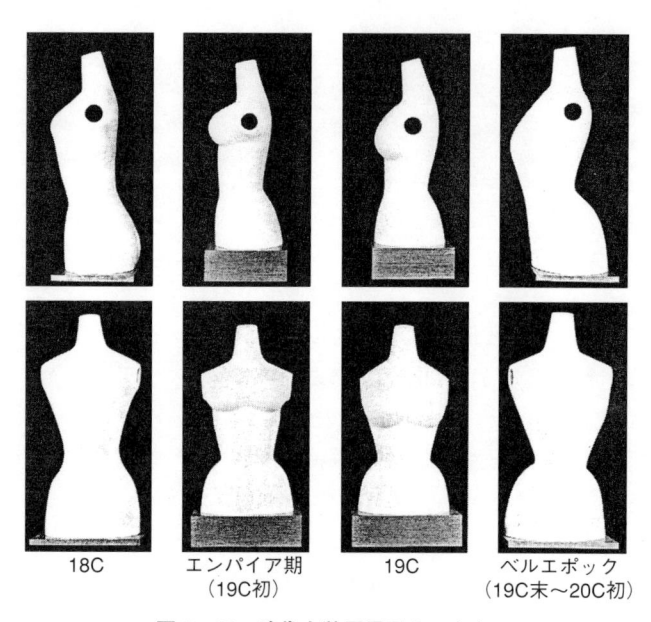

図2-33　時代衣装展示用のマネキン
出典）柳澤澄子，近藤四郎編著：『着装の科学』，光生館（1996）

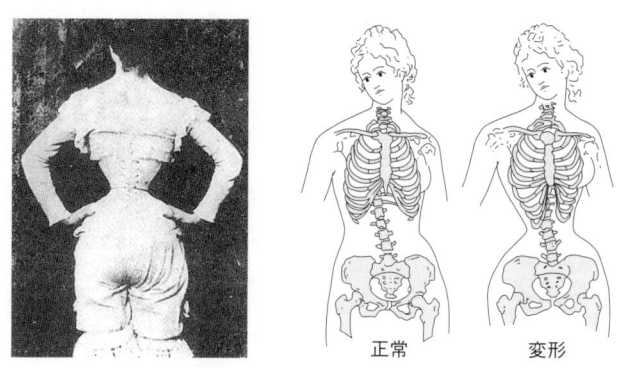

18C　エンパイア期（19C初）　19C　ベルエポック（19C末〜20C初）

図2-34　コルセットで締め上げた細い腰（左）とコルセット着用で変形した胸郭
出典）写真：セシル・サンローラン：『女性下着の歴史』，エディション・ワコール（1989）
　　　図：C.H.シュトラッツ（高山洋吉訳）：『女体美と衣服』，刀江書院，428（1970）

正常　変形

鷲田[9]によれば，現在の日本では，ダイエットという強迫観念が人々の意識をがんじがらめにし，健康な身体と，シェイプアップされた肉体と張り付くように身体を覆うコスチュームという三重の意味でのフィジカルフィットネスが夢見られているという。人々の願いが健康と美の両方であるならば，健康な人体の寸法を知り，脅迫観念の内容が非現実的であることを理解することも大切であろう。

表2-7 身体各部位の現実値，希望値，理想値 （単位：cm，体重はkg）

| 項目 | 希望値 平均値 | 希望値 標準偏差 | 検定 | 現実値 平均値 | 現実値 標準偏差 | 検定 | 理想値 平均値 | 理想値 標準偏差 |
|---|---|---|---|---|---|---|---|---|
| 身長 | +0.4† | 1.4 | n.s | 158.4 | 4.7 | ** | 163.6 | 3.8 |
| 胸囲 | +1.0† | 3.6 | n.s | 82.7 | 4.5 | ** | 84.9 | 2.3 |
| 胴囲 | -3.5† | 2.7 | n.s | 62.3 | 3.6 | ** | 58.0 | 1.5 |
| 腰囲 | -3.6† | 4.4 | n.s | 89.5 | 4.2 | ** | 85.1 | 3.0 |
| 体重 | -3.7† | 3.4 | n.s | 50.1 | 5.4 | ** | 47.2 | 2.8 |
| 比胸囲 | 52.7 | 2.2 | * | 52.2 | 2.8 | | | |
| 比胴囲 | 37.1 | 1.3 | ** | 39.4 | 2.2 | | | |
| 比腰囲 | 54.0 | 2.1 | ** | 56.5 | 2.5 | | | |
| 比体重 | 29.2 | 2.7 | ** | 31.6 | 2.9 | | | |

†：希望値と現実値の差を表す（＋は現実値より大きい値を希望し，－は現実値より小さい値を希望することを表す）。
*：危険率5％水準で有意差あり。
**：危険率1％水準で有意差あり。$N=234$。
出典）布施谷節子，高部啓子，有馬澄子：日本家政学会誌，49(9)，91(1998)

以上のように，人々が求める美しい人体は，その時々の美的様式や価値観，社会規範などによって変わってくる。衣服はこれらの美をさらに強調するための道具としても重要である。

#### （2） 成人の体型

体型の男女差は乳児期から見られ，成長するに伴って大きくなる。思春期前では男女を分けて衣服設計するほど形態上の差異は大きくないが，思春期以降からそれぞれの特徴が顕著となる。そこで成人期の男女差（性差）を身体計測値，身体プロポーション，皮下脂肪のつき方などから観察してみよう。

表2-8は20～24歳成人について10項目の身体計測値の平均値とそれらの男女差，男女比を示したものである。表を見ると，すべての項目で男性値が大き

表2-8 20～24歳男女の身体計測値の比較

| 計測項目 | 男性（20～24） $N=2077～2133$ 平均値(cm) | 男性 標準偏差(cm) | 検定結果 | 女性（20～24） $N=2884～2915$ 平均値(cm) | 女性 標準偏差(cm) | 男女差（男－女）(cm) | 男女比（女／男） |
|---|---|---|---|---|---|---|---|
| 身長 | 170.5 | 5.9 | ** | 158.2 | 5.4 | 12.3 | 92.8 |
| 上前腸骨棘高 | 90.0 | 5.0 | ** | 84.3 | 4.2 | 5.7 | 93.7 |
| 袖丈 | 56.9 | 2.9 | ** | 51.9 | 2.5 | 5.0 | 91.3 |
| 背肩幅 | 43.6 | 2.9 | ** | 39.0 | 2.3 | 4.6 | 89.4 |
| 胸囲 | 88.5 | 6.6 | ** | 82.2 | 5.7 | 6.3 | 92.9 |
| 胴囲 | 74.7 | 7.5 | ** | 63.9 | 5.2 | 10.9 | 85.5 |
| 腰囲 | 94.5 | 5.7 | ** | 90.7 | 5.0 | 3.9 | 95.9 |
| 頸付根囲 | 44.2 | 3.0 | ** | 38.9 | 2.3 | 5.3 | 87.9 |
| 上腕囲 | 27.9 | 2.9 | ** | 25.3 | 2.4 | 2.6 | 90.6 |
| 大腿囲 | 53.6 | 4.5 | ** | 52.3 | 3.9 | 1.2 | 97.7 |

出典）(社)日本生活工学研究センター：『日本人の身体計測データ』，(社)日本生活工学研究センター（1997）

く，特に身長，胴囲では 10 cm ほどの差がある。男女比を見ると，女性は身長，腸骨棘高，袖丈が男性の91〜94％であるのに対して，背肩幅，胴囲では90％を下回り，腰囲，大腿囲では95％を超えている。これらの結果から女性は男性に比べて全体的に小柄で，相対的に肩幅が狭く，腰囲や大腿囲が太い体型であることが分かる。また女性では男性に比べて標準偏差がすべての項目で小さいことから分布の範囲がより狭いといえる。

図2-35は身長に対する腸骨棘高，袖丈，背肩幅，腰囲の比と，腰囲に対する胸囲，胴囲，頸付根囲の比を示したものである。身長に対する腕や脚の長さに男女差はないが，肩幅と腰幅のバランスや胴くびれ，頸の太さに男女差があることが分かる。

以上のことは男性用既製服のサイズ数をより多く製作する必要性や，女性が男物のズボンを買う時には，胴囲ではなく腰囲に合わせて購入しないと，はけない場合が生ずることなどを示している。

CT : Computer Tomography

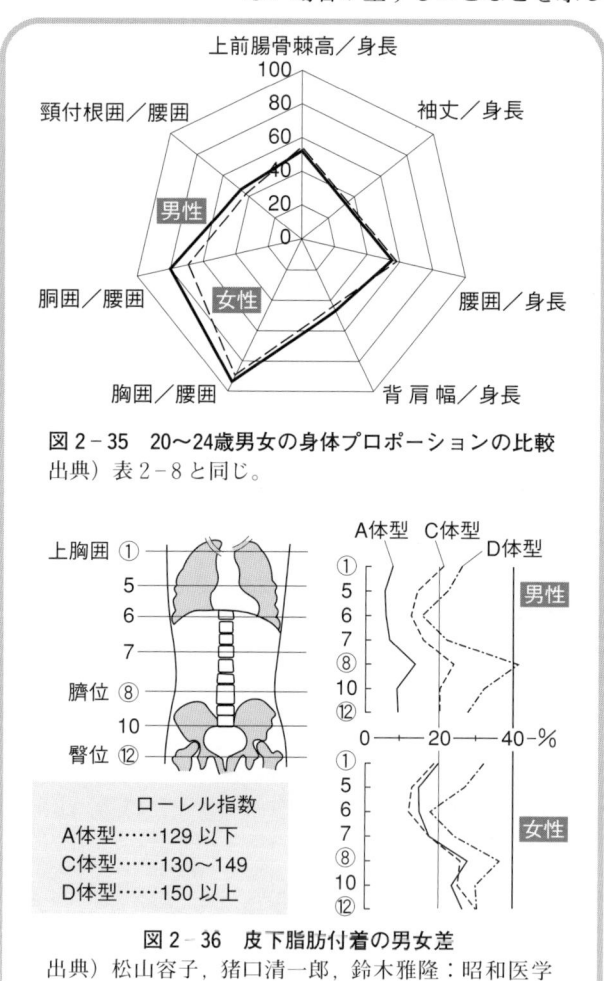

体型を形づくる大きな要素である皮下脂肪のつき方を図2-36で観察してみる。図は，左側に示した体幹部の7横断面におけるX線CT画像上の皮下脂肪層の割合を，男女別，ローレル指数（体充実指数[*1]）別に示した。皮下脂肪量は一般に上胸位，臍位，臀位で多いが，その分布には男女差が見られ，男性では臍位で，女性では臀位で多い。また女性では肥痩にかかわりなく臍位から臀位にかけて皮下脂肪の沈着が顕著である。男性では，ローレル指数の違いによる差異が明確であり，やせ形であるA体型が著しく皮下脂肪層が薄い。

図2-37は40〜49歳男女の体幹モデルの側面観と水平断面形状を示したものである。いままで観察してきた男女の体型の特徴が形として表現されている。これらの形状データは洋服裁断用の人台製作の基礎となるものである。

図2-35　20〜24歳男女の身体プロポーションの比較
出典）表2-8と同じ。

図2-36　皮下脂肪付着の男女差
出典）松山容子，猪口清一郎，鈴木雅隆：昭和医学会誌，44-1，(1984)

[*1]　ローレル指数：体充実指数ともよばれ，下記の式で求められる。標準値は100〜140，140以上を太りぎみ，160以上を肥満とする場合が多い。

$$\frac{体重\,kg}{(身長\,cm)^3}\times 10^7$$

近年，男女共用デザインの衣料品が多くなっている。特に作業着やユニフォームで顕著である。そのような衣服の設計やサイズ設定では，男女を特徴づける身体部位をいかに丸めるかが問題となろう。

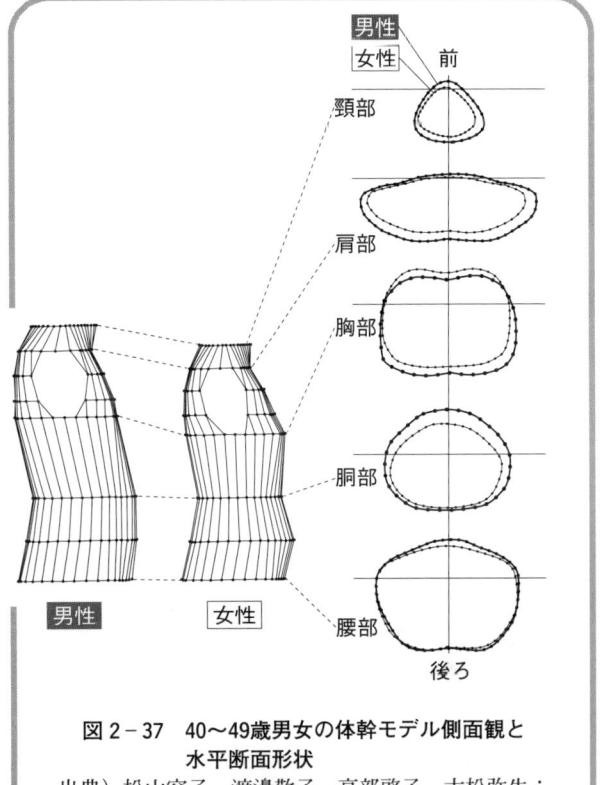

### （3） 高齢化と体型

人のからだつきは成人後も年を重ねるにつれて変化する。それは筋の衰えと皮下脂肪の沈着，姿勢の変化によるところが大きい。また生理機能や運動機能も低下傾向にある高齢者では，着やすい衣服，着心地のよい衣服への要求が強い。形態適合性のよい衣服の提供はこれらの要求を満たす一つの手段である。

年齢による変化を研究する方法として，**縦断的研究**（longitudinal study）と**横断的研究**（cross-sectional study）の二つがある。前者は1人の個人を何年間にもわたって追跡し観察する方法で，研究に長期間を要する。後者はある年度における各年齢のデータを集め解析する方法である。**成長**（growth）や**加齢**（aging）に伴う真の変化量は縦断的研究によらなければ明らかにできないが，横断的方法でも平均的傾向は観察できる。既製服生産の立場からは，ある時点においてどの年齢層にどのような体型の人がどのくらい存在するかを明確にできる横断的資料が有効である。また数十年以上の年齢差を含む横断的成人データで加齢変化を見る場合には，その中に時代差も含まれる可能性があることに注意を要する。

表2-9に年齢層別に身体計測値10項目の平均値と標準偏差を示す。図2-38は20～24歳を基準とした関係偏差折線を描いて加齢に伴う体型変化を総合的に比較している。表と図から明らかなように，男女ともに年を経るにしたがって長高径項目および幅径項目が減少傾向を示すのに対し，体幹部の周径項目は男性では50代まで，女性では60代まで増加傾向を示す。特に胴囲の増加が著しい。ところが男性では腰囲，頸付根囲，四肢の太さは加齢とともに減少傾向を示す。特に大腿囲での減少が著しい。女性では大腿囲だけが加齢とともに減少する。これらは大腿筋の衰えや皮下脂肪分布の変化によるところが大きいと思われる。また男性に比べ女性の体幹部での変化が大きい。

図2-39は20代女性と50代女性の胴囲の分布を示したものである。50代の方がより広範囲に分布している。すなわち，胴囲の平均値では50代の方がずっと

**図2-37　40～49歳男女の体幹モデル側面観と水平断面形状**
出典）松山容子，渡邊敬子，高部啓子，古松弥生：繊維学会シンポジウム予稿集，繊維学会 PS 97 （1999）

3. 体型と衣服設計

大きいが，50代には胴囲の小さい人もかなり存在していることが分かる。表2-9で標準偏差の加齢変化をみると，長高径項目では変化が少ないが，周径項目では年とともに大きくなっている。

　以上のことから，女性用衣服の供給に当たっては，衣服パターンにおけるダーツの配分やゆとり量を商品のターゲットごとに十分に考慮し，体幹部形状の異なる種類をより多く必要とし，また男女ともに中高年用衣料ではより多くのサイズ数を必要とすることが明らかである。

　図2-40は，高齢者の背面形状を分類したものであり，背が丸くなるといってもさまざまな形状があることが分かる。高齢者が着用したジャケットで後ろの裾線が跳ね上がっているのを目にするが，これは背の丸みにジャケットの背面形状が合っていないためである。これからの高齢社会では背面形状にも十分対応することで，背面を美しく見せる洋服が製作可能となる。そのためにはデータの蓄積が必要である。

**表2-9　年齢層別身体計測値10項目の平均値**（単位：cm）

&lt;男性&gt;

| 年齢 | 25～29 | | 30～39 | | 40～49 | | 50～59 | | 60～69 | | 70～79 | | 80～89 | |
|---|---|---|---|---|---|---|---|---|---|---|---|---|---|---|
| 人数 | $N=2525$ | | $N=2819$ | | $N=2240$ | | $N=1445$ | | $N=449$ | | $N=490$ | | $N=189$ | |
| 計測項目 | 平均値 | 標準偏差 | 平均値 | 標準偏差 | 平均値 | 標準偏差 | 平均値 | 標準偏差 | 平均値 | 標準偏差 | 平均値 | 標準偏差 | 平均値 | 標準偏差 |
| 身長 | 170.6 | 5.7 | 169.5 | 5.8 | 167.3 | 5.6 | 164.8 | 5.6 | 161.2 | 5.8 | 158.6 | 5.7 | 157.1 | 6.9 |
| 上前腸骨棘高 | 90.4 | 4.7 | 89.0 | 4.8 | 87.4 | 4.7 | 85.6 | 4.8 | 84.2 | 4.6 | 82.9 | 4.6 | 82.9 | 4.8 |
| 袖丈 | 56.6 | 2.6 | 56.2 | 2.7 | 55.5 | 2.7 | 54.9 | 2.6 | 54.1 | 2.5 | 53.6 | 2.5 | 53.8 | 2.7 |
| 背肩幅 | 44.1 | 2.6 | 43.7 | 2.6 | 42.7 | 2.5 | 41.9 | 2.5 | 40.8 | 2.5 | 39.9 | 2.6 | 39.4 | 2.6 |
| 乳頭位胸囲 | 89.7 | 6.2 | 91.0 | 6.1 | 91.3 | 5.6 | 91.0 | 5.4 | 89.4 | 5.8 | 87.5 | 6.3 | 86.7 | 5.9 |
| 胴囲 | 76.7 | 7.4 | 80.0 | 7.7 | 82.0 | 7.4 | 83.1 | 7.7 | 82.5 | 8.4 | 80.9 | 9.5 | 79.6 | 8.7 |
| 腰囲 | 94.9 | 5.3 | 95.4 | 5.3 | 95.0 | 5.1 | 94.6 | 5.1 | 92.8 | 5.9 | 91.5 | 5.8 | 90.8 | 5.4 |
| 頸付根囲 | 44.3 | 2.7 | 44.5 | 2.8 | 44.5 | 2.7 | 44.2 | 2.6 | 43.7 | 2.7 | 42.7 | 2.5 | 42.2 | 2.6 |
| 上腕囲 | 28.2 | 2.7 | 28.5 | 2.6 | 28.4 | 2.4 | 28.2 | 2.4 | 27.4 | 2.5 | 26.4 | 2.7 | 25.5 | 2.6 |
| 大腿囲 | 53.6 | 4.2 | 53.8 | 4.0 | 52.7 | 3.8 | 51.6 | 3.7 | 49.0 | 4.1 | 47.6 | 4.5 | 46.8 | 4.2 |

&lt;女性&gt;

| 年齢 | 25～29 | | 30～39 | | 40～49 | | 50～59 | | 60～69 | | 70～79 | | 80～89 | |
|---|---|---|---|---|---|---|---|---|---|---|---|---|---|---|
| 人数 | $N=1033$ | | $N=1019$ | | $N=982$ | | $N=1048$ | | $N=684$ | | $N=671$ | | $N=157$ | |
| 計測項目 | 平均値 | 標準偏差 | 平均値 | 標準偏差 | 平均値 | 標準偏差 | 平均値 | 標準偏差 | 平均値 | 標準偏差 | 平均値 | 標準偏差 | 平均値 | 標準偏差 |
| 身長 | 158.2 | 5.1 | 157.1 | 5.5 | 154.5 | 5.3 | 152.4 | 5.3 | 149.7 | 5.4 | 146.0 | 5.5 | 143.5 | 5.3 |
| 上前腸骨棘高 | 84.0 | 3.9 | 83.1 | 4.2 | 81.2 | 4.2 | 80.2 | 4.1 | 79.1 | 4.2 | 77.8 | 4.1 | 77.4 | 4.1 |
| 袖丈 | 51.7 | 2.3 | 51.4 | 2.4 | 50.8 | 2.5 | 50.4 | 2.5 | 50.1 | 2.4 | 49.6 | 2.4 | 49.4 | 2.5 |
| 背肩幅 | 38.9 | 2.3 | 38.6 | 2.4 | 38.5 | 2.3 | 38.4 | 2.2 | 37.9 | 2.3 | 37.2 | 2.3 | 36.5 | 2.5 |
| 乳頭位胸囲 | 81.9 | 5.5 | 83.0 | 6.6 | 86.0 | 7.1 | 87.9 | 6.9 | 89.1 | 7.4 | 86.9 | 8.3 | 84.5 | 9.5 |
| 胴囲 | 63.7 | 5.1 | 66.8 | 6.7 | 70.5 | 7.3 | 72.3 | 7.6 | 75.9 | 8.4 | 75.6 | 8.8 | 73.8 | 10.8 |
| 腰囲 | 90.0 | 4.8 | 91.1 | 5.5 | 92.9 | 5.4 | 93.0 | 5.9 | 93.4 | 6.3 | 92.1 | 6.3 | 91.0 | 7.4 |
| 頸付根囲 | 38.7 | 2.5 | 39.0 | 2.4 | 39.3 | 2.5 | 39.6 | 2.3 | 39.7 | 2.6 | 39.4 | 2.4 | 38.6 | 2.5 |
| 上腕囲 | 25.1 | 2.4 | 25.9 | 2.8 | 27.1 | 2.7 | 27.5 | 2.6 | 27.3 | 2.6 | 26.4 | 2.9 | 25.1 | 3.5 |
| 大腿囲 | 51.8 | 3.8 | 52.1 | 4.1 | 52.6 | 4.1 | 51.7 | 4.0 | 50.3 | 4.0 | 48.4 | 4.1 | 47.1 | 4.7 |

出典）表2-8と同じ。

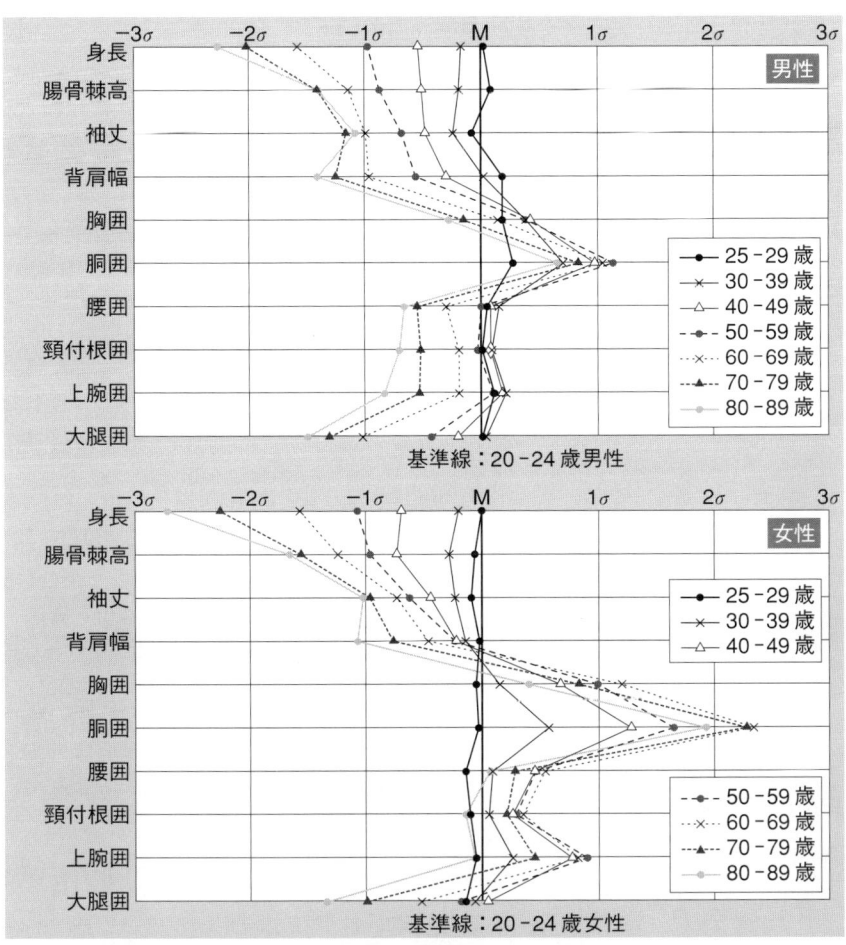

図2-38　身体計測値の加齢に伴う変化
出典）表2-8と同じ。

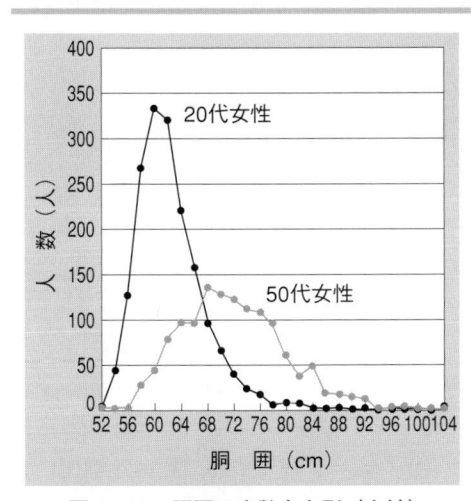

図2-39　胴囲の度数多角形（女性）
資料）工業技術院，1978〜81

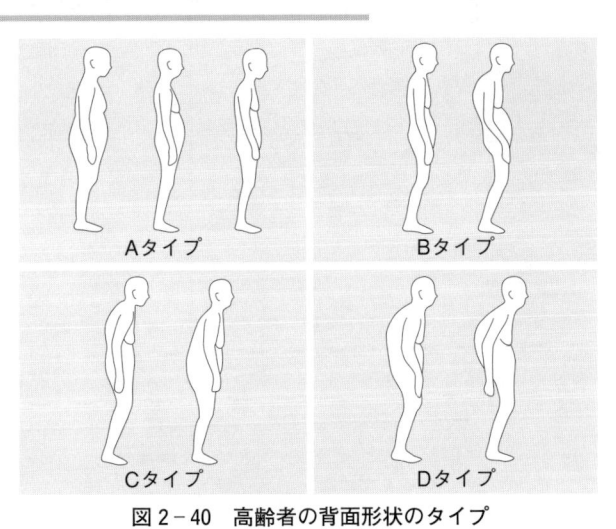

図2-40　高齢者の背面形状のタイプ
出典）白石孝子ほか：繊維製品消費科学会誌, 23(2), 42-46 (1982)

3. 体型と衣服設計

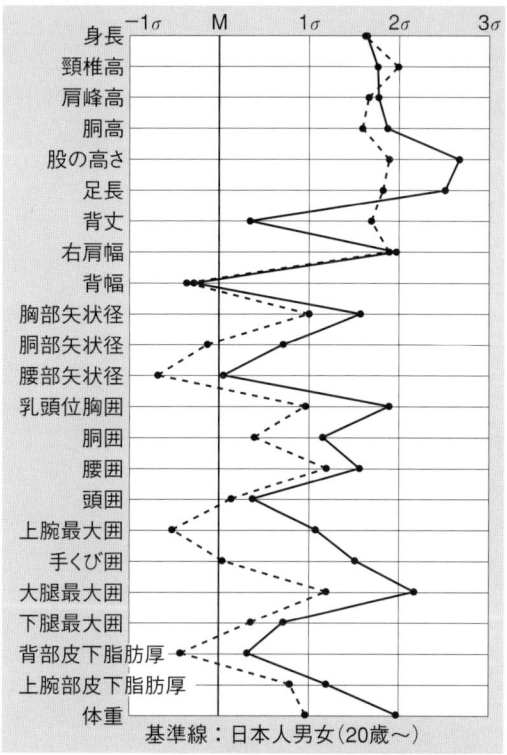

図2-41　アメリカ人と日本人の比較

出典）アメリカ人：Anthropology Research Project：NASA RP-1024 Anthropometric Source Book, U. S. DEPARTMENT OF COMMERCE National Technical Information Service（1978）
日本人：通産省工業技術院，㈶日本規格協会，JIS衣料サイズ推進協議会：日本人の体格調査報告書（1984）

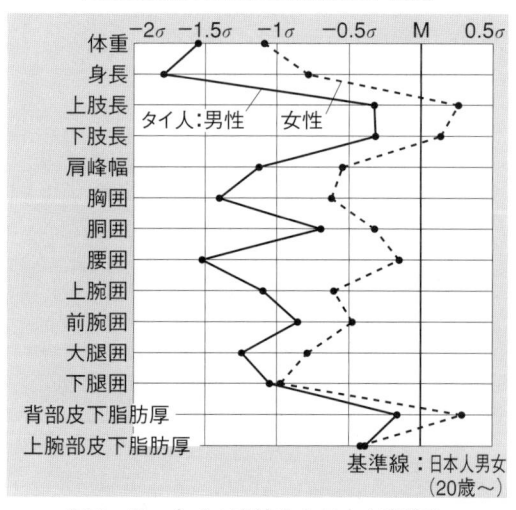

図2-42　タイ人高校生と日本人高校生

出典）川上梅，松山容子，笹本信子：日本家政学会誌，46(1)，33-44（1995）

## （4） 日本人と外国人

衣服の生産，流通，販売は，近年，国際的分業の仕組みで進められている。海外で衣服を求める日本人，日本で衣服を求める外国人も増えている。日本人と外国人では体型上どのような差異があるのだろうか。日本人と比べた外国人の体型的特徴について考察しよう。

### 1） 欧米人と日本人

図2-41は欧米人の代表としてアメリカ人男女（空軍資料）と日本人男女との体型を比較したものである。図によるとアメリカ人では男女ともに身長，胴高等の高径項目，肩幅が$2\sigma$前後正に偏している。体幹部の周径や矢状径でも男女の傾向は類似しているが，男性の方が日本人との差が大きい。アメリカ人女性についてみると，胸部矢状径，胸囲，腰囲，大腿最大囲，上腕部皮下脂肪厚，体重ではおよそ$1\sigma$正に偏しているのに対し，背幅，胴部矢状径，頭囲，手くび囲，下腿最大囲，背部皮下脂肪厚では日本人女性と変わらない。腰部矢状径，上腕最大囲にいたっては日本人女性より小さい。

これらのことからアメリカ人女性は日本人女性に比べて身長など高径項目で高く，胸が豊かで厚みがあり，胴くびれが強く，相対的に頭部が小さく，下腿部が細い体型と特徴づけられる。男性でも同様の傾向が認められる。

### 2） アジア人と日本人

図2-42は，タイと日本の高校生男女のからだつきを比較したものである。男性ではすべての項目で，女性では上肢長，下肢長，背部皮下脂肪厚を除いた項目で負に偏しており，タイ人の方が小さい。特に男性では体重，身長，胸囲，腰囲は$-1.5\sigma$近くに偏しており，背が低く体幹が細い小柄な体型といえる。しかし，上肢長，下肢長，胴囲，皮下脂肪厚は$-0.5\sigma$前後であることから，相対的に腕や脚が長く，胴くびれが少ない，皮下脂肪の厚い体型といえる。女性でも同様の傾向が見られるが日本人女性との差異は男性ほど大きくはない。

●第2章　衣服を着る人体

以上のように身体の大きさや形，プロポーションは国や民族によって異なっており，同じサイズの胸囲・身長であってもダーツ量や丈など異なるので既製服の利用や既製パターンの活用時には注意が必要である。

### （5） 成長と体型

成長に伴って体型はどのように変化するのだろうか。衣服設計や衣料サイズ設定の視点から観察してみよう。

① **成長様相と体型** まず身長と胸囲を用いて成長様相を概観してみる。図2-43は身長と胸囲の**成長曲線**および年間成長量曲線を示している。

成長曲線は，身長も胸囲も勾配の急な時期と緩やかな時期を繰り返しながら緩やかなＳ字状カーブを描き，成人値に達する。この勾配の急な時期の成長量曲線を見ると高い値を示し，成長の盛んなことが分かる。すなわち人は乳児期と思春期の2回の急増期を経て成人値に達する。特に乳児期の成長には目を見張るものがある。

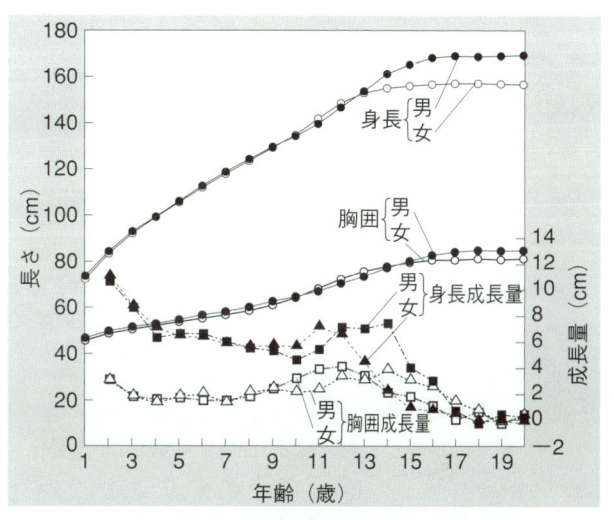

図2-43 身長と胸囲の成長曲線と年間成長量
資料）工業技術院，1978～81

思春期急増の時期は男女で異なり，女子の方が約2年早い。そのため小学校高学年のころ，女子の平均値は男子を上回る。また身長と胸囲では身長の方が早期に急増期を迎えるため，成長の時期によってからだつきが異なってくる。思春期の成長が終わると徐々に大人のからだつきに変化し，男女差も顕著になってくる。

② **身体各部位の成長速度** 図2-44は男子について頭囲，胸囲，胴囲，腰囲，頸付根囲の成長曲線を示したものである。頭囲と体幹部3項目の大小関係は，1歳頃の 胸囲≒頭囲＞腰囲＞胴囲から8歳で胴囲が頭囲を上回り，成人における4項目の大小関係と同じになる。すなわち，乳幼児期の子どもは頭部，胸部が大きく，腰部が細いことから上半身が重く，立つには不安定である。また頸付根囲が頭囲の約半分であることから，Ｔシャツなどのかぶる形の衣服では頭部を通すための工夫が特に必要である。

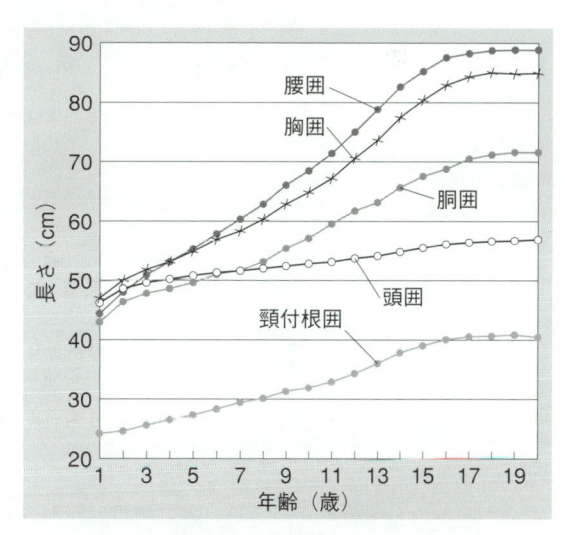

図2-44 頭囲，胸囲，胴囲，腰囲，頸付根囲の成長曲線（男子）
資料）工業技術院，1978～81

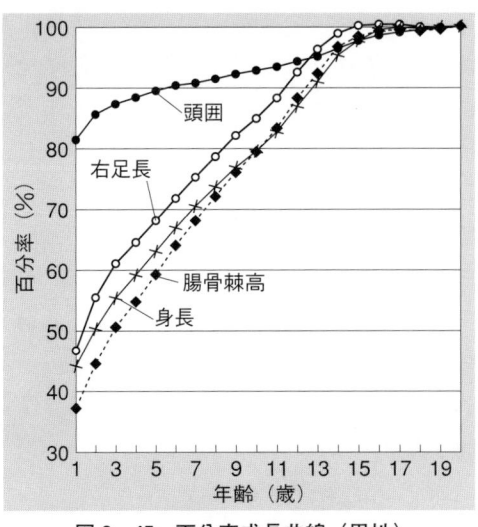

図2-45 百分率成長曲線（男性）
資料）工業技術院，1978～81

図2-45は身長，腸骨棘高，右足長，頭囲について，20歳値を100としたときの百分率成長曲線（男性）を示している。1歳で身長，腸骨棘高，足長が成人値の40％前後であるのに対して頭囲は80％を超えている。頭囲を除くと，足長，身長，腸骨棘高の順に成長が速い。身体は末端から成長するといわれていることがこの結果からうなずける。

このように身体各部位の成長速度が異なるために，成長期の体型は成長に伴って大きさだけでなくプロポーションも変化する。

③ **成長に伴う度数分布の変化** 図2-46は身長の度数分布の年齢変化（男性）を示している。7歳で最も山が高く幅が狭い分布から，13歳で最も山が低く幅が広い分布に変化し，やがて成人の分布に達する。

表2-10からも明らかなように思春期的成長の盛んな時期では標準偏差が大きくなる。これは早熟の個体と晩熟の個体が共存するためである。したがって男子の中学生用，女子の小学校高学年用を対象とした既製服では分布の幅が広いのでサイズ数を多く必要とする。しかしこの時期は短期間でもあるために，ともすると大は小をかねる式の対応がなされやすい。

④ **成長量** 表2-11は7歳から19歳までの年間成長量を示している。男子では12～13歳，女子では10～11歳を中心に最大値を示す。

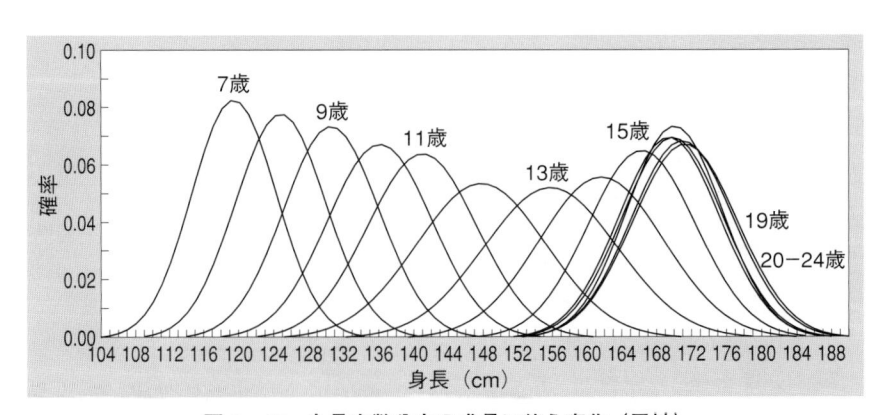

図2-46 身長度数分布の成長に伴う変化（男性）
出典）表2-8と同じ。(1992～94)

表2-10 年齢別身体計測値 (単位:cm, 体重はkg)

<男性>

| 年齢 | | 7 | | 8 | | 9 | | 10 | | 11 | | 12 | | 13 | | 14 | | 15 | | 16 | | 17 | | 18 | | 19 | |
|---|---|---|---|---|---|---|---|---|---|---|---|---|---|---|---|---|---|---|---|---|---|---|---|---|---|---|---|
| 人数 | | 189 | | 366 | | 471 | | 424 | | 465 | | 390 | | 532 | | 492 | | 351 | | 897 | | 847 | | 582 | | 539 | |
| 計測項目 | | 平均値 | 標準偏差 | 平均値 | 標準偏差 | 平均値 | 標準偏差 | 平均値 | 標準偏差 | 平均値 | 標準偏差 | 平均値 | 標準偏差 | 平均値 | 標準偏差 | 平均値 | 標準偏差 | 平均値 | 標準偏差 | 平均値 | 標準偏差 | 平均値 | 標準偏差 | 平均値 | 標準偏差 | 平均値 | 標準偏差 |
| 身長 | | 119.3 | 4.8 | 124.6 | 5.1 | 130.3 | 5.4 | 135.8 | 5.9 | 140.6 | 6.2 | 147.3 | 7.4 | 155.2 | 7.6 | 161.0 | 7.1 | 165.6 | 6.1 | 168.7 | 5.7 | 169.1 | 5.7 | 169.3 | 5.4 | 170.2 | 5.8 |
| 後胴長 | | 69.2 | 3.9 | 73.5 | 4.1 | 77.8 | 4.6 | 82.1 | 4.7 | 85.6 | 4.8 | 90.3 | 5.2 | 95.2 | 5.2 | 98.4 | 5.0 | 100.7 | 4.4 | 101.9 | 4.3 | 102.0 | 4.5 | 101.8 | 4.6 | 102.5 | 4.6 |
| 上前腸骨棘高 | | 61.0 | 3.7 | 64.5 | 3.9 | 68.3 | 4.2 | 71.9 | 4.4 | 75.1 | 4.4 | 79.1 | 5.2 | 83.9 | 5.0 | 86.8 | 4.8 | 88.9 | 4.8 | 89.2 | 4.7 | 89.3 | 4.7 | 89.2 | 4.4 | 90.1 | 4.8 |
| 膝関節高 | | 28.8 | 1.7 | 30.6 | 1.9 | 32.5 | 2.0 | 34.3 | 2.2 | 35.8 | 2.4 | 37.9 | 2.5 | 40.5 | 2.8 | 41.8 | 2.5 | 42.8 | 2.5 | 42.4 | 2.4 | 42.5 | 2.4 | 42.3 | 2.5 | 43.0 | 2.4 |
| 足長 | | 18.5 | 0.9 | 19.3 | 1.0 | 20.2 | 1.1 | 21.1 | 1.2 | 21.9 | 1.2 | 22.8 | 1.3 | 24.0 | 1.2 | 24.6 | 1.2 | 24.8 | 1.2 | 24.4 | 1.2 | 24.8 | 1.2 | 24.8 | 1.1 | 25.0 | 1.1 |
| 背長 | | 27.0 | 2.2 | 28.2 | 2.1 | 29.9 | 2.3 | 31.3 | 2.4 | 33.0 | 2.6 | 34.5 | 2.7 | 35.9 | 2.4 | 36.7 | 3.0 | 38.6 | 2.3 | 39.1 | 2.2 | 39.1 | 2.3 | 39.5 | 2.2 | 39.3 | 2.3 |
| 背幅 | | 28.9 | 2.4 | 30.2 | 2.6 | 31.1 | 2.3 | 32.3 | 2.3 | 33.1 | 2.6 | 34.7 | 2.7 | 36.7 | 3.0 | 38.6 | 3.2 | 40.4 | 3.0 | 42.2 | 2.8 | 42.7 | 2.6 | 43.1 | 2.7 | 42.8 | 2.7 |
| 肩幅 | | 29.8 | 2.4 | 31.3 | 2.3 | 32.6 | 2.3 | 34.0 | 2.1 | 35.2 | 2.2 | 36.5 | 2.3 | 38.5 | 2.9 | 39.9 | 3.0 | 41.5 | 2.9 | 42.4 | 3.1 | 42.8 | 3.2 | 43.0 | 3.2 | 43.1 | 3.0 |
| 袖丈 | | 39.2 | 2.3 | 40.7 | 2.2 | 42.7 | 2.6 | 44.8 | 2.6 | 46.3 | 2.8 | 48.7 | 3.3 | 51.8 | 3.2 | 53.9 | 3.1 | 55.7 | 2.8 | 57.0 | 2.7 | 57.2 | 2.9 | 57.1 | 2.8 | 57.3 | 3.0 |
| 頭囲 | | 52.1 | 1.5 | 52.5 | 1.5 | 52.9 | 1.5 | 53.5 | 1.6 | 53.9 | 1.6 | 54.5 | 1.8 | 55.3 | 1.8 | 55.7 | 1.7 | 56.5 | 1.7 | 56.8 | 1.7 | 57.1 | 1.8 | 57.3 | 1.6 | 57.6 | 1.7 |
| 頸付根囲 | | 32.4 | 2.2 | 32.9 | 2.3 | 33.6 | 2.4 | 34.5 | 2.5 | 35.9 | 2.8 | 37.0 | 2.8 | 39.0 | 3.0 | 40.3 | 3.4 | 41.5 | 3.1 | 41.9 | 3.0 | 42.8 | 3.2 | 42.8 | 3.1 | 44.7 | 3.4 |
| 乳頭位胸囲 | | 59.0 | 3.8 | 61.2 | 4.5 | 63.8 | 5.5 | 66.7 | 6.0 | 69.3 | 7.0 | 71.8 | 7.1 | 75.1 | 6.9 | 78.3 | 7.5 | 81.6 | 6.6 | 84.1 | 6.6 | 85.5 | 6.6 | 86.6 | 6.6 | 87.8 | 7.1 |
| 下胴囲 | | 56.0 | 4.7 | 58.8 | 5.9 | 61.2 | 6.4 | 64.5 | 7.0 | 66.7 | 7.4 | 68.7 | 7.7 | 71.5 | 7.7 | 74.5 | 8.1 | 76.3 | 7.7 | 78.5 | 7.3 | 79.2 | 7.5 | 80.0 | 7.4 | 80.0 | 7.6 |
| 腰囲 | | 64.1 | 4.6 | 67.4 | 5.5 | 70.3 | 6.0 | 73.7 | 6.2 | 76.5 | 6.6 | 79.3 | 6.9 | 83.4 | 6.7 | 86.9 | 7.0 | 90.1 | 6.2 | 92.4 | 5.9 | 93.1 | 5.9 | 93.5 | 5.9 | 94.4 | 6.0 |
| 大腿囲 | | 35.9 | 3.6 | 37.7 | 4.1 | 40.0 | 4.3 | 42.5 | 4.6 | 44.3 | 4.9 | 45.7 | 5.1 | 47.5 | 4.9 | 49.4 | 5.1 | 51.3 | 4.9 | 52.7 | 4.8 | 53.2 | 4.6 | 53.6 | 4.7 | 53.9 | 5.0 |
| 上腕囲 | | 18.2 | 2.0 | 19.2 | 2.4 | 19.9 | 2.5 | 21.2 | 2.9 | 22.0 | 3.1 | 22.7 | 3.1 | 23.5 | 3.2 | 24.3 | 3.4 | 25.8 | 3.3 | 26.3 | 3.1 | 26.8 | 3.0 | 27.3 | 3.0 | 27.9 | 3.2 |
| 体重 | | 22.8 | 3.5 | 25.6 | 4.5 | 28.8 | 5.4 | 32.7 | 6.5 | 36.2 | 7.7 | 40.6 | 8.9 | 46.2 | 9.2 | 51.4 | 10.7 | 56.8 | 9.4 | 60.4 | 9.9 | 61.7 | 10.0 | 62.9 | 10.0 | 64.5 | 10.9 |

<女性>

| 年齢 | | 7 | | 8 | | 9 | | 10 | | 11 | | 12 | | 13 | | 14 | | 15 | | 16 | | 17 | | 18 | | 19 | |
|---|---|---|---|---|---|---|---|---|---|---|---|---|---|---|---|---|---|---|---|---|---|---|---|---|---|---|---|
| 人数 | | 210 | | 269 | | 422 | | 336 | | 388 | | 286 | | 338 | | 311 | | 298 | | 732 | | 773 | | 606 | | 1160 | |
| 計測項目 | | 平均値 | 標準偏差 | 平均値 | 標準偏差 | 平均値 | 標準偏差 | 平均値 | 標準偏差 | 平均値 | 標準偏差 | 平均値 | 標準偏差 | 平均値 | 標準偏差 | 平均値 | 標準偏差 | 平均値 | 標準偏差 | 平均値 | 標準偏差 | 平均値 | 標準偏差 | 平均値 | 標準偏差 | 平均値 | 標準偏差 |
| 身長 | | 118.6 | 5.2 | 123.6 | 5.1 | 130.0 | 5.9 | 135.8 | 6.1 | 142.7 | 6.5 | 148.5 | 6.5 | 153.1 | 5.7 | 155.6 | 5.2 | 157.2 | 5.2 | 157.3 | 5.7 | 157.8 | 5.7 | 158.1 | 5.4 | 157.7 | 5.2 |
| 後胴長 | | 70.9 | 3.9 | 74.3 | 4.1 | 79.3 | 4.3 | 83.4 | 4.5 | 88.0 | 4.6 | 91.9 | 4.4 | 94.4 | 4.2 | 96.0 | 3.9 | 96.9 | 4.1 | 96.6 | 4.0 | 97.1 | 4.3 | 97.4 | 4.2 | 97.0 | 3.9 |
| 上前腸骨棘高 | | 62.4 | 3.6 | 65.0 | 3.8 | 69.2 | 4.1 | 73.0 | 4.2 | 77.5 | 4.1 | 80.6 | 4.5 | 83.2 | 4.1 | 84.0 | 3.7 | 85.1 | 4.2 | 84.4 | 4.1 | 84.8 | 4.3 | 84.6 | 4.1 | 84.3 | 4.0 |
| 膝関節高 | | 29.0 | 1.9 | 30.4 | 2.0 | 32.5 | 2.3 | 34.1 | 2.3 | 36.1 | 2.3 | 37.4 | 2.3 | 38.5 | 2.2 | 38.9 | 2.3 | 39.1 | 2.3 | 38.9 | 2.1 | 39.1 | 2.3 | 39.2 | 2.3 | 39.4 | 2.2 |
| 足長 | | 18.3 | 1.0 | 19.1 | 1.0 | 20.1 | 1.1 | 21.0 | 1.1 | 21.8 | 1.0 | 22.4 | 1.1 | 22.7 | 1.0 | 22.8 | 1.0 | 22.7 | 1.1 | 22.7 | 1.1 | 22.8 | 1.1 | 22.8 | 1.0 | 22.7 | 1.1 |
| 背長 | | 27.0 | 2.2 | 28.2 | 2.1 | 29.9 | 2.5 | 31.3 | 2.4 | 33.0 | 2.4 | 34.5 | 2.6 | 35.9 | 2.4 | 36.7 | 2.2 | 37.2 | 2.1 | 37.9 | 2.2 | 37.9 | 2.3 | 37.8 | 2.1 | 37.7 | 2.1 |
| 背幅 | | 29.8 | 2.2 | 30.7 | 2.2 | 32.5 | 2.3 | 34.0 | 2.3 | 35.3 | 2.3 | 36.9 | 2.4 | 37.5 | 2.2 | 38.7 | 2.3 | 39.1 | 2.3 | 39.1 | 2.2 | 39.1 | 2.4 | 39.5 | 2.2 | 39.3 | 2.3 |
| 肩幅 | | 38.3 | 2.2 | 40.2 | 2.2 | 42.4 | 2.4 | 44.4 | 2.6 | 47.0 | 2.8 | 48.9 | 2.7 | 50.8 | 2.6 | 51.6 | 2.5 | 52.2 | 2.5 | 52.3 | 2.5 | 52.7 | 2.6 | 52.4 | 2.5 | 51.9 | 2.5 |
| 袖丈 | | 51.6 | 1.3 | 52.0 | 1.5 | 52.6 | 1.5 | 53.4 | 1.5 | 54.0 | 1.6 | 54.6 | 1.7 | 54.8 | 1.5 | 55.3 | 1.6 | 55.7 | 1.6 | 55.4 | 1.6 | 55.6 | 1.6 | 55.8 | 1.5 | 56.0 | 1.6 |
| 頭囲 | | 51.4 | 4.0 | 53.2 | 3.8 | 55.0 | 3.9 | 56.1 | 5.7 | 58.6 | 5.3 | 60.4 | 5.7 | 61.5 | 6.2 | 55.3 | 2.6 | 52.2 | 2.6 | 37.9 | 2.5 | 38.3 | 2.7 | 38.5 | 2.7 | 38.6 | 2.4 |
| 頸付根囲 | | 57.8 | 4.0 | 59.2 | 3.9 | 62.6 | 5.5 | 65.4 | 5.5 | 69.2 | 6.2 | 73.5 | 6.8 | 76.1 | 6.3 | 78.9 | 6.2 | 81.0 | 6.2 | 81.6 | 6.3 | 82.5 | 5.4 | 83.0 | 6.2 | 82.4 | 5.6 |
| 乳頭位胸囲 | | 51.4 | 5.1 | 53.0 | 5.0 | 55.0 | 5.7 | 56.1 | 5.7 | 58.6 | 5.5 | 60.4 | 5.7 | 54.8 | 4.8 | 55.3 | 5.6 | 64.2 | 5.2 | 64.6 | 4.9 | 91.4 | 5.1 | 91.8 | 5.5 | 91.1 | 4.9 |
| 下胴囲 | | 64.7 | 5.1 | 67.2 | 5.5 | 71.0 | 5.7 | 73.6 | 5.7 | 77.6 | 5.5 | 81.9 | 6.8 | 84.4 | 5.9 | 87.3 | 5.6 | 89.5 | 5.0 | 90.8 | 5.0 | 91.4 | 5.1 | 91.8 | 5.5 | 91.1 | 4.9 |
| 腰囲 | | 36.8 | 4.0 | 37.9 | 4.5 | 41.0 | 4.4 | 42.8 | 4.1 | 44.8 | 4.3 | 47.4 | 4.7 | 48.9 | 4.7 | 50.9 | 4.7 | 52.5 | 4.0 | 53.0 | 3.9 | 53.7 | 3.8 | 54.1 | 4.2 | 53.1 | 3.7 |
| 大腿囲 | | 18.5 | 2.1 | 19.2 | 2.2 | 20.2 | 2.5 | 21.1 | 2.6 | 22.0 | 2.6 | 22.9 | 2.7 | 23.2 | 2.6 | 24.0 | 2.6 | 24.9 | 2.4 | 25.2 | 2.5 | 25.8 | 2.4 | 26.0 | 2.7 | 25.8 | 2.4 |
| 上腕囲 | | | | | | | | | | | | | | | | | | | | | | | | | | | |
| 体重 | | 22.2 | 3.8 | 24.4 | 3.7 | 28.3 | 5.4 | 31.4 | 5.8 | 36.1 | 6.5 | 41.2 | 6.5 | 44.7 | 7.3 | 48.1 | 7.3 | 50.8 | 7.0 | 51.6 | 6.7 | 52.7 | 6.8 | 53.3 | 7.5 | 52.0 | 6.6 |

出典) 表2-8と同じ。

3. 体型と衣服設計

⑤ **個成長** これまでは横断資料に基づき，成長に伴う体型変化を概観してきた。ここでは縦断資料に基づき，個々の成長様相を観察してみる。図2-47は小学校1年から高等学校2年までの身長の年間成長量を5人の女子（A～Eさん）で示している。

図から明らかなように最大年間成長量を示す年齢（ピーク年齢）は，早熟と晩熟では5年もの開きがあること，早熟晩熟で相殺され，平均値は実際より小さな値になっていることなどが見て取れる。

表2-11　年間成長量（単位：cm，体重はkg）

＜男性＞

| 年齢 | 7～8 | 8～9 | 9～10 | 10～11 | 11～12 | 12～13 | 13～14 | 14～15 | 15～16 | 16～17 | 17～18 | 18～19 |
|---|---|---|---|---|---|---|---|---|---|---|---|---|
| 身　　長 | 5.3 | 5.7 | 5.5 | 4.8 | 6.7 | 7.9 | 5.8 | 4.6 | 3.1 | 0.4 | 0.2 | 0.9 |
| 後 胴 高 | 4.3 | 4.3 | 4.3 | 3.5 | 4.7 | 4.9 | 3.2 | 2.3 | 1.2 | 0.1 | -0.2 | 0.7 |
| 上前腸骨棘高 | 3.5 | 3.7 | 3.7 | 3.2 | 4.0 | 4.9 | 2.8 | 2.1 | 0.3 | 0.1 | -0.1 | 0.9 |
| 膝関節高 | 1.8 | 2.0 | 1.8 | 1.5 | 2.1 | 2.6 | 1.3 | 0.7 | -0.1 | 0.0 | -0.1 | 0.7 |
| 足　　長 | 0.8 | 0.9 | 0.8 | 0.8 | 1.0 | 1.2 | 0.6 | 0.2 | 0.1 | 0.0 | -0.1 | 0.2 |
| 背　　丈 | 1.3 | 0.9 | 1.2 | 0.8 | 1.6 | 2.0 | 1.9 | 1.8 | 1.8 | 0.5 | 0.5 | -0.3 |
| 背 肩 幅 | 1.5 | 1.3 | 1.4 | 1.2 | 1.3 | 2.0 | 1.4 | 1.6 | 0.9 | 0.3 | 0.2 | 0.1 |
| 袖　　丈 | 1.5 | 2.0 | 2.2 | 1.5 | 2.4 | 3.0 | 2.2 | 1.7 | 1.4 | 0.1 | -0.1 | 0.2 |
| 頭　　囲 | 0.4 | 0.4 | 0.6 | 0.3 | 0.6 | 0.8 | 0.4 | 0.8 | 0.3 | 0.3 | 0.3 | 0.3 |
| 頸付根囲 | 0.6 | 0.7 | 0.9 | 1.5 | 1.1 | 2.0 | 1.3 | 1.2 | 0.4 | 0.9 | 0.0 | 1.9 |
| 乳頭位胸囲 | 2.1 | 2.7 | 2.9 | 2.5 | 2.5 | 3.3 | 3.2 | 3.3 | 2.4 | 1.4 | 1.1 | 1.2 |
| 下 胴 囲 | 2.8 | 2.4 | 3.4 | 2.1 | 2.0 | 2.8 | 3.0 | 1.8 | 2.1 | 0.3 | 0.3 | 0.4 |
| 腰　　囲 | 3.3 | 3.0 | 3.3 | 2.8 | 2.8 | 4.1 | 3.4 | 3.3 | 2.2 | 0.7 | 0.5 | 0.9 |
| 大 腿 囲 | 1.7 | 2.3 | 2.6 | 1.8 | 1.4 | 1.8 | 1.8 | 2.0 | 1.5 | 0.5 | 0.4 | 0.3 |
| 上 腕 囲 | 0.8 | 0.9 | 1.3 | 0.8 | 0.7 | 0.8 | 0.9 | 1.4 | 0.5 | 0.5 | 0.5 | 0.7 |
| 体　　重 | 2.8 | 3.2 | 3.9 | 3.5 | 4.4 | 5.6 | 5.2 | 5.4 | 3.6 | 1.3 | 1.2 | 1.6 |

＜女性＞

| 年齢 | 7～8 | 8～9 | 9～10 | 10～11 | 11～12 | 12～13 | 13～14 | 14～15 | 15～16 | 16～17 | 17～18 | 18～19 |
|---|---|---|---|---|---|---|---|---|---|---|---|---|
| 身　　長 | 5.0 | 6.4 | 5.8 | 6.9 | 5.8 | 4.6 | 2.5 | 1.6 | 0.1 | 0.5 | 0.3 | -0.4 |
| 後 胴 高 | 3.4 | 5.0 | 4.1 | 4.6 | 3.9 | 2.5 | 1.6 | 0.9 | -0.3 | 0.5 | 0.3 | -0.4 |
| 上前腸骨棘高 | 2.6 | 4.2 | 3.8 | 4.4 | 3.1 | 2.6 | 0.8 | 1.1 | -0.7 | 0.4 | -0.2 | -0.4 |
| 膝関節高 | 1.4 | 2.1 | 1.6 | 2.0 | 1.3 | 1.1 | 0.4 | 0.2 | -0.2 | 0.2 | 0.1 | 0.1 |
| 足　　長 | 0.7 | 1.1 | 0.8 | 0.8 | 0.6 | 0.3 | 0.1 | -0.1 | 0.0 | 0.1 | 0.0 | -0.1 |
| 背　　丈 | 1.2 | 1.7 | 1.4 | 1.7 | 1.5 | 1.4 | 0.8 | 0.4 | 0.4 | 0.0 | -0.1 | -0.1 |
| 背 肩 幅 | 0.9 | 1.8 | 1.5 | 1.3 | 1.6 | 0.6 | 1.3 | 0.3 | 0.5 | 0.0 | 0.4 | -0.1 |
| 袖　　丈 | 1.9 | 2.2 | 2.0 | 2.6 | 1.9 | 1.8 | 0.9 | 0.6 | 0.2 | 0.4 | -0.3 | -0.5 |
| 頭　　囲 | 0.4 | 0.5 | 0.8 | 0.7 | 0.6 | 0.2 | 0.5 | 0.3 | -0.3 | 0.2 | 0.2 | 0.2 |
| 頸付根囲 | 0.4 | 0.9 | 0.9 | 1.3 | 1.2 | 1.3 | 0.3 | 1.0 | -1.0 | 0.4 | 0.2 | 0.1 |
| 乳頭位胸囲 | 1.4 | 3.4 | 2.8 | 3.9 | 4.3 | 2.6 | 2.8 | 2.1 | 0.6 | 0.6 | 0.5 | -0.7 |
| 胴　　囲 | 1.5 | 2.0 | 1.2 | 2.5 | 1.8 | 1.1 | 1.4 | 1.3 | 0.3 | 0.7 | 0.3 | -1.2 |
| 腰　　囲 | 2.5 | 3.8 | 2.6 | 4.0 | 4.3 | 2.6 | 2.9 | 2.2 | 1.3 | 0.6 | 0.5 | -0.8 |
| 大 腿 囲 | 1.1 | 3.2 | 1.7 | 2.1 | 2.6 | 1.5 | 2.0 | 1.6 | 0.5 | 0.7 | 0.4 | -1.0 |
| 上 腕 囲 | 0.7 | 1.0 | 0.9 | 0.9 | 0.9 | 0.4 | 0.8 | 0.9 | 0.5 | 0.5 | 0.2 | -0.2 |
| 体　　重 | 2.2 | 3.9 | 3.1 | 4.7 | 5.1 | 3.5 | 3.4 | 2.7 | 0.8 | 1.1 | 0.6 | -1.3 |

資料）表2-8と同じ。（人間生活工学研究センター，1992～94）

図2-48は，追跡研究により得られた側面シルエットの成長に伴う変化例である。幼児体型から思春期のスリムな体型へ，そして成人体型への変化が明瞭である。

　以上のように子どもの体型はサイズ，プロポーションともに成長に伴う変化が大きい。衣服設計や既製服サイズ設定にあたっては，これらの変化を踏まえることが大切である。それと同時に乳幼児期にあっては着脱のしやすさや着衣行動の発達を促進させるような配慮を，また成長に伴う変化量をどのようにゆとり量に組み入れていくかについて考える必要があるだろう。

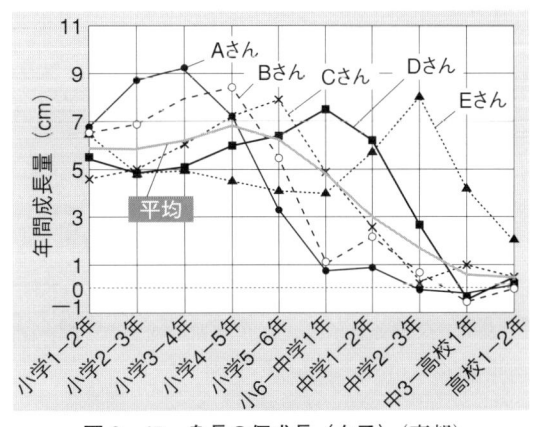

図2-47　身長の個成長（女子）（高部）

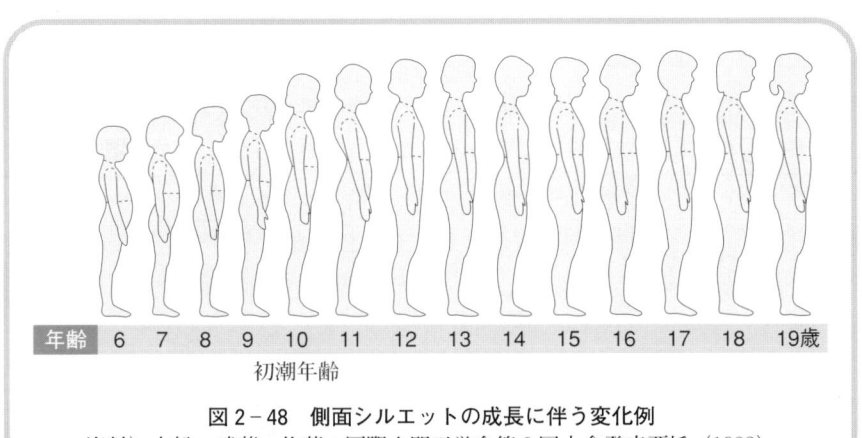

図2-48　側面シルエットの成長に伴う変化例
資料）古松，武藤，佐藤：国際人間工学会第8回大会発表要旨（1982）

## 3.2　既製服サイズシステム

　既製服のサイズ規格は，生産者が消費者に合った衣服を市場に提供し，また消費者が求めるものを的確に選択購入できるために必要不可欠なものである。個人差や性別の違い，成長や高齢化から生じる年齢的な変化，時代や人種による違いなどさまざまな体型的特徴をもつ人々に，十分に満足のいく既製服を提供するためにサイズシステムはどうあったらよいのであろうか。

### （1）既製服のサイズシステムを構成するもの

　既製服のサイズシステムは，一般には次の①～⑦の要素から成り立っている。
① 乳幼児，少年，少女，成人男子，成人女子のように，男女の別や年齢層別の着用対象者の区分
② 上衣，下衣，全身衣，フィット性を必要とする衣服かどうかなどによる服種の分類

③ サイズを区分するための身体寸法（**基本身体寸法**という）または衣服の出来上がり寸法
④ サイズ間隔であるサイズピッチ
⑤ サイズの呼称
⑥ サイズの表示法
⑦ 各サイズに対応する身体各部位の参考寸法

なおサイズ規格は，消費者が服の種類やデザイン，メーカーなどに関係なく，同じ表示のサイズで購入できるように，衣服を着る人の身体寸法で決められるのが原則である。

### （2） 着用対象者の区分（着用者区分）

前節で述べたように，人のからだつきは相対的に頭が大きく，腕や脚が短く，体幹の太い乳幼児期の体型から，スリムな思春期の体型を経て，男女それぞれの成人体型へと移行する。したがって，からだに合った衣服をつくるためには，まず男女別に新生児から高齢者まで，からだつきにより着用者区分を行い，次いで各区分内で個体差に対応できるような体型分類を行うことが大切である。

ISOでは，着用者を乳幼児（男女児一括），少年，少女，成人男子，成人女子の5つのグループに区分している。また，少年少女は身長104 cm以上で身長の成長が停止していない人，成人は身長104 cm以上で身長の成長が停止した人と定義している。わが国のJISもISO規格になるべく整合するように定められている[*1]。

> ISO
> 国際標準化機構
> International Organization for Standardization

### （3） 基本身体寸法

基本身体寸法とは，サイズを区分するための身体寸法のことであり，**コントロールディメンション**（control dimension）ともいう。これらの寸法の選択要件は次のようである。

① 基本身体寸法の数は1～3個が適当である。サイズシステムは，分かりやすく複雑でないことが望ましい。そのためにはこの数が限度である。
② 服の種類ごとに決められていること。身体寸法は衣服によって重要度が異なるので，服種別に決めた方が，衣服の身体への適合性がよくなる。
③ 決められた基本身体寸法は，その衣服を設計する上で重要な項目であり，かつ必要な体型情報をよりよく表現できるものである。具体的には身体全体の大きさを表すもの，高さ長さを代表するもの，周径を代表するもの，衣服を支持する身体部位を表すものなどが用いられる。

---

*1　1978～81年の通産省工業技術院による日本人の体格調査結果から，少年は3.5歳（平均身長約100 cm）以上，18歳未満，少女は3.5歳（平均身長約100 cm）以上，16歳未満を目安としている。これによると平均的には成人男子は18歳以上，成人女子は16歳以上がほぼ該当する。

④ 基本身体寸法間の関係は，互いに低い相関か無相関であることが望ましい。互いに独立の関係であれば，より多くの情報を表現できるからである。
⑤ 消費者がよく知っていて，簡単に測ることのできる寸法であること。

これらの要件を満たす身体寸法が基本身体寸法として服種ごとに採用され，重要度の高い順番が決められる。

基本身体寸法を理論的に求める一手段として，多変量解析法の中の主成分分析法が有効である[10]。主成分分析法とは，身体計測値の場合を例に説明すると，互いに相関関係のある $p$ 個の計測項目がもつ情報を，互いに独立な $m(m<p)$ 個の総合特性値（主成分）に要約する手法である。この分析により得られた主成分のうち，第1～第3主成分と関係の深い身体寸法の中から，衣服設計上重要なものを基本身体寸法として採用すればよいことになる。

### （4） サイズピッチ（サイズ間隔）

サイズピッチとは，基本身体寸法でサイズを区分するための一定の間隔をいい，許容範囲から求められる。許容範囲とは，大き過ぎることもなく，小さ過ぎることもなく着用可能な寸法の範囲をいう。この許容範囲を実験的に求めようとする研究は，問題の複雑さから未だ十分に行われていない。

### （5） サイズの呼称と表示

サイズの呼称は数値や記号で示される。サイズ表示は図2-49のように絵表示（ピクトグラム）か寸法列記による表示が用いられる。ISOでは，言葉が分からなくても理解できる絵表示を推奨している。

JIS L 4001
乳幼児用衣料のサイズ[11]

JIS L 4002
少年用衣料のサイズ[12]

図2-49 サイズ表示の方法

① 絵表示による方法
170
92
80
92A5

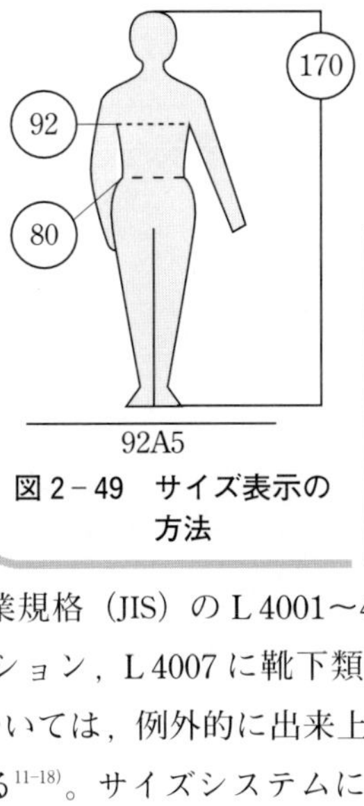

② 寸法列記による方法

| サイズ | |
|---|---|
| チェスト | 92 |
| ウエスト | 80 |
| 身長 | 170 |
| 92A5 | |

① 基本身体寸法の位置及びその数値を表示する欄を，身長は図の右側に，バスト，ウエストとヒップは左側に示し，その欄に数値を表示する。必記衣料寸法を表示する場合は図の下側に併記して表示。

② "サイズ"，"SIZE" などの文字を用いて，これに基本身体寸法または必記寸法の名称，およびその数値を併記して表示。

## 3.3 現行既製服サイズシステム

わが国における既製服のサイズは日本工業規格（JIS）の L 4001～4005 に着用対象者の規格が，L 4006 にファウンデーション，L 4007 に靴下類の規格が定められている。成人男子用ワイシャツについては，例外的に出来上がり寸法によるサイズ規格が L 4107 に規定されている[11-18]。サイズシステムにおける各要素は次のようになっている。

### （1） 服の種類

衣服を着用する身体部位により，全身用，上半身用，下半身用に，またフィット性を要するものと要さないものとに分けている。その結果，フィット性を必要とするコート類，上衣類，ドレス類のような表現になる。

JIS L 4003
少女用衣料のサイズ[13]

JIS L 4004
成人男子用衣料のサイズ[14]

JIS L 4005
成人女子用衣料のサイズ[15]

JIS L 4006
ファウンデーションのサイズ[16]

JIS L 4007
靴下類のサイズ[17]

JIS L 4107
一般衣料品[18]

表 2－12　各種衣料品のサイズ規格における基本身体寸法と呼び方

| 対象 | 品　目 | 基本身体寸法 | 呼び方 | 呼び方の例 |
|---|---|---|---|---|
| 乳幼児用 | すべての衣料 | ① 身　長<br>② 体　重 | 身長の数値 | 70 |
| 少年・少女用 | ① フィット性を必要とするコート類，上衣類，ドレス類 | ① 身　長<br>② 胸　囲 | 身長の数値，体型 | 120 A |
| | ② フィット性を必要とするズボン類，スカート類 | ① 身　長<br>② 胴　囲 | | |
| | ③ ①，②以外の衣料（少女用水着，下着を除く） | ① 身　長または<br>① 胸　囲または<br>① 胴　囲 | 身長の数値，または胸囲の数値，または胴囲の数値 | 120 |
| 成人男子用 | ① フィット性を必要とするコート類，背広類，上衣類 | ① チェスト<br>② ウエスト<br>③ 身　長 | チェストの数値，体型，身長の号数 | 92 A 4 |
| | ② フィット性をあまり必要としないコート類，上衣類，セーター類等 | ① チェスト<br>② 身　長 | チェストの数値－身長の号数，または範囲表示記号 | 92－4<br>または MA |
| | ③ ズボン類 | ① ウエスト<br>（② 股　下） | ウエストの数値 | 76 |
| 成人女子用 | ① フィット性を必要とするコート類，ドレス類，上衣類 | ① バスト<br>② ヒップ<br>③ 身　長 | バストの号数，体型，身長の記号 | 9 AR |
| | ② フィット性をあまり必要としないコート類，ドレス類，上衣類，セーター・カーディガン類，シャツ類 | ① バスト<br>② 身　長 | バストの範囲記号，身長の記号 | MP |
| | ③ フィット性をあまり必要としない上衣類やブラウス類，事務服 | ① バスト<br>② 身　長 | バストの号数，身長の記号 | 9 R |
| | ④ フィット性を必要とするスカート類，ズボン類 | ① ウエスト<br>② ヒップ | ウエストの数値－ヒップの数値 | 64－91 |
| | ⑤ フィット性をあまり必要としないスカート類，ズボン類 | ① ウエスト | ウエストの数値，またはウエストの範囲記号 | 64<br>または M |
| ファウンデーション | ① ブラジャー | ① アンダーバスト<br>② バスト | カップ体型，アンダーバスト | B 75 |
| | ② ガードルおよびウエストニッパ類 | ① ウエスト<br>② ヒップ | ウエストの数値 | 64 |
| | ③ ボディスーツ類 | ① アンダーバスト<br>② バスト<br>③ ヒップ | カップ体型，アンダーバストの数値，ヒップの範囲記号 | B 75 M |
| | ④ ブラスリップ類 | ① アンダーバスト<br>② バスト<br>③ ブラスリップ丈 | カップ体型，アンダーバストの数値－ブラスリップ丈 | B 75－80 |
| 靴下類 | タイツおよびパンティストッキング類　乳幼児用 | ① 身　長<br>② 体　重 | 身長の数値 | 70 |
| | 少年・少女用 | ① 身　長 | 身長の数値 | 95 |
| | 成人男子用 | ① ウエスト<br>② 身　長 | ウエストと身長の範囲記号 | M |
| | 成人女子用 | ① ヒップ<br>② 身　長 | ヒップと身長の範囲記号 | M |
| | その他の靴下類 | ① 足　長 | 足長の数値 | 23 |
| ワイシャツ | 長袖ワイシャツ | | ワイシャツの形状，衿回り－ゆき | A 38－78 |
| | 半袖ワイシャツ | | ワイシャツの形状，衿回り | A 38 |

（2） 基本身体寸法

基本身体寸法としては，表2-12に示すように，チェスト（男性胸囲），バスト（女性胸囲），ウエスト（胴囲），ヒップ（腰囲），アンダーバスト（下部胸囲），身長，足長，体重が用いられ，着用対象者や服の種類ごとにどれを用いるかが決められている。例えばフィット性を必要とするコート類，上衣類では，成人男子用ではチェスト，ウエスト，身長が，成人女子用ではバスト，ヒップ，身長が決められている。男子のウエスト，女子のヒップはサイズ規格では体型として，バストや身長は号数や記号で表示される。詳細は表2-13のとおりである。

表2-13　衣料サイズの体型区分と記号・号数

| | 体型 | 意　味 | | | |
|---|---|---|---|---|---|
| 少年少女 | A | 日本人の少年，少女の身長を90cmから185cm（少女は175cm）の範囲内で，10cm間隔で区分したとき，身長と胸囲または胴囲の出現率が高い胸囲または胴囲で示される少年，少女の体型（普通体型） | | | |
| | Y | A体型より胸囲または胴囲が6cm小さい人の体型（細め） | | | |
| | B | A体型より胸囲または胴囲が6cm大きい人の体型（太め） | | | |
| | E | A体型より胸囲または胴囲が12cm大きい人の体型（肥満） | | | |

| | 体型 | 意　味 | 身長号数 | 対応身長 |
|---|---|---|---|---|
| 成人男子 | J | ドロップが20cmの人の体型 | 1号 | 150cm |
| | JY | ドロップが18cmの人の体型 | 2号 | 155cm |
| | Y | ドロップが16cmの人の体型 | 3号 | 160cm |
| | YA | ドロップが14cmの人の体型 | 4号 | 165cm |
| | A | ドロップが12cmの人の体型（普通体型） | 5号 | 170cm |
| | AB | ドロップが10cmの人の体型 | 6号 | 175cm |
| | B | ドロップが8cmの人の体型 | 7号 | 180cm |
| | BB | ドロップが6cmの人の体型 | 8号 | 185cm |
| | BE | ドロップが4cmの人の体型 | 9号 | 190cm |
| | E | ドロップが0cmの人の体型　（ドロップとはチェストとウエストの差） | | |

| | 体型 | 意　味 | 身長記号 | 対応身長 |
|---|---|---|---|---|
| 成人女子 | A | 日本人の成人女子の身長を142cm, 150cm, 158cm, 166cmに区分し，さらにバスト74～92cmを3cm間隔で，92～104cmを4cm間隔で区分したとき，それぞれの身長とバストの組合せにおいて出現率が最も高くなるヒップのサイズで示される人の体型（普通体型） | R | 158cm |
| | | | P | 150cm |
| | | | PP | 142cm |
| | | | T | 166cm |
| | Y | A体型よりヒップが4cm小さい人の体型（腰小型） | | |
| | AB | A体型よりヒップが4cm大きい人の体型（腰大型） | | |
| | B | A体型よりヒップが8cm大きい人の体型（腰特大型） | | |

| | バスト号数 | 対応バスト | バスト号数 | 対応バスト | バスト号数 | 対応バスト |
|---|---|---|---|---|---|---|
| 成人女子 | 3号 | 74cm | 13号 | 89cm | 23号 | 108cm |
| | 5号 | 77cm | 15号 | 92cm | 25号 | 112cm |
| | 7号 | 80cm | 17号 | 96cm | 27号 | 116cm |
| | 9号（普通） | 83cm | 19号 | 100cm | 29号 | 120cm |
| | 11号 | 86cm | 21号 | 104cm | 31号 | 124cm |

3．体型と衣服設計

表2-14 成人女子用衣料のサイズ（フィット性を必要とするコート類，ドレス類，上衣類）

| 身長(cm) | ヒップ(cm) | バスト(cm) 74 | 77 | 80 | 83 | 86 | 89 | 92 | 96 | 100 | 104 | 108 |
|---|---|---|---|---|---|---|---|---|---|---|---|---|
| 142 PP | 85 |  | 5 APP |  | 9 YPP |  |  |  |  |  |  |  |
|  | 87 |  |  | 7 APP |  | 11 YPP |  |  |  |  |  |  |
|  | 89 |  |  |  | 9 APP |  | 13 YPP |  |  |  |  |  |
|  | 91 |  |  | 7 ABPP |  | 11 APP |  | 15 YPP |  |  |  |  |
|  | 93 |  |  |  | 9 ABPP |  | 13 APP |  |  |  |  |  |
|  | 95 |  |  |  |  | 11 ABPP |  | 15 APP |  |  |  |  |
|  | 97 |  |  |  |  |  | 13 ABPP |  | 17 APP |  |  |  |
|  | 99 |  |  |  |  |  |  | 15 ABPP |  | 19 APP |  |  |
|  | 101 |  |  |  |  |  |  |  | 17 ABPP |  |  |  |
| 150 P | 81 |  | 5 YP |  |  |  |  |  |  |  |  |  |
|  | 83 | 3 AP |  | 7 YP |  |  |  |  |  |  |  |  |
|  | 85 |  | 5 AP |  | 9 YP |  |  |  |  |  |  |  |
|  | 87 | 3 ABP |  | 7 AP |  | 11 YP |  |  |  |  |  |  |
|  | 89 |  | 5 ABP |  | 9 AP |  | 13 YP |  |  |  |  |  |
|  | 91 |  |  | 7 ABP |  | 11 AP |  | 15 YP |  |  |  |  |
|  | 93 |  | 5 BP |  | 9 ABP |  | 13 AP |  | 17 YP |  |  |  |
|  | 95 |  |  | 7 BP |  | 11 ABP |  | 15 AP |  |  |  |  |
|  | 97 |  |  |  | 9 BP |  | 13 ABP |  | 17 AP |  |  |  |
|  | 99 |  |  |  |  | 11 BP |  | 15 ABP |  | 19 AP |  |  |
|  | 101 |  |  |  |  |  | 13 BP |  | 17 ABP |  | 21 AP |  |
|  | 103 |  |  |  |  |  |  | 15 BP |  | 19 ABP |  |  |
|  | 105 |  |  |  |  |  |  |  | 17 BP |  | 21 ABP |  |
|  | 107 |  |  |  |  |  |  |  |  | 19 BP |  |  |
| 158 R | 81 | 3 YR |  |  |  |  |  |  |  |  |  |  |
|  | 83 |  | 5 YR |  |  |  |  |  |  |  |  |  |
|  | 85 | 3 AR |  | 7 YR |  |  |  |  |  |  |  |  |
|  | 87 |  | 5 AR |  | 9 YR |  |  |  |  |  |  |  |
|  | 89 | 3 ABR |  | 7 AR |  | 11 YR |  |  |  |  |  |  |
|  | 91 |  | 5 ABR |  | 9 AR |  | 13 YR |  |  |  |  |  |
|  | 93 |  |  | 7 ABR |  | 11 AR |  | 15 YR |  |  |  |  |
|  | 95 |  |  |  | 9 ABR |  | 13 AR |  | 17 YR |  |  |  |
|  | 97 |  |  | 7 BR |  | 11 ABR |  | 15 AR |  | 19 YR |  |  |
|  | 99 |  |  |  | 9 BR |  | 13 ABR |  | 17 AR |  |  |  |
|  | 101 |  |  |  |  | 11 BR |  | 15 ABR |  | 19 AR |  |  |
|  | 103 |  |  |  |  |  | 13 BR |  | 17 ABR |  |  |  |
|  | 105 |  |  |  |  |  |  | 15 BR |  | 19 ABR |  |  |
|  | 107 |  |  |  |  |  |  |  | 17 BR |  | 21 ABR |  |
|  | 109 |  |  |  |  |  |  |  |  | 19 BR |  | 23 ABR |
| 166 T | 85 |  | 5 YT |  |  |  |  |  |  |  |  |  |
|  | 87 | 3 AT |  | 7 YT |  |  |  |  |  |  |  |  |
|  | 89 |  | 5 AT |  | 9 YT |  |  |  |  |  |  |  |
|  | 91 |  |  | 7 AT |  | 11 YT |  |  |  |  |  |  |
|  | 93 |  | 5 ABT |  | 9 AT |  | 13 YT |  |  |  |  |  |
|  | 95 |  |  | 7 ABT |  | 11 AT |  | 15 YT |  |  |  |  |
|  | 97 |  |  |  | 9 ABT |  | 13 AT |  |  |  |  |  |
|  | 99 |  |  |  |  | 11 ABT |  | 15 AT |  |  |  |  |
|  | 101 |  |  |  |  |  | 13 ABT |  | 17 AT |  |  |  |
|  | 103 |  |  |  |  |  |  | 15 ABT |  | 19 AT |  |  |

（3） サイズピッチ

　成人の場合，サイズピッチは，チェストまたはバストは3～4cm，身長は男性5cm，女性8cmとなっている。すなわち既製服はこの間隔に丸められて衣服がつくられるということである。したがって既製服で注文服のようなフィット性を得られるのはわずかな人々であり，多くの人々はどこかを我慢したり，寸法直しをして合わせている。

（4） サイズの呼称と表示

　サイズの呼称は，基本身体寸法の数値や記号の組合せで決められている（表2-12）。また体型区分と具体的な数値や記号の組合せでサイズを表す場合を**体型区分表示**，体型区分を略したものを**単数表示**，154～162のように数値範囲を記号で表したものを**範囲表示**という。表2-14に最もフィット性の高い成人女子用衣料サイズを，表2-15に成人男女の範囲表示サイズを示す。

表2-15　範囲表示サイズ

①成人男子用

| 身　長 (cm) | ウエスト (cm) | チェスト (cm) 80～88 | 88～96 | 96～104 |
|---|---|---|---|---|
| 145～155 | 68～76 | PB | | |
| 155～165 | 68～76 | SA | | |
| | 76～84 | | SB | |
| 165～175 | 68～76 | MY | | |
| | 76～84 | | MA | |
| | 84～94 | | | MB |
| 175～185 | 76～84 | LY | | |
| | 84～94 | | LA | |
| | 94～104 | | | LB |
| 185～195 | 84～94 | | | TY |

②成人女子用

| 身　長 (cm) | バスト (cm) 72～80 | 79～87 | 86～94 | 93～101 | 100～108 |
|---|---|---|---|---|---|
| 138～146 | | MPP | LPP | | |
| 146～154 | SP | MP | LP | LLP | |
| 154～162 | S | M | L | LL | 3L |
| 162～170 | ST | MT | LT | | |

3. 体型と衣服設計

## 文献

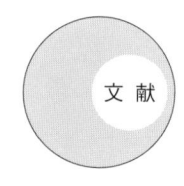

1) 通産省工業技術院，㈶日本規格協会，JIS衣料サイズ推進協議会：『日本人の体格調査報告書』，㈶日本規格協会，東京（1984）
2) 田中千代：『田中千代服飾事典』，同文書院，東京，163（1970）
3) 東京芸術大学美術解剖学教室編：『新編　美術解剖図譜』，日本出版サービス，東京，22-27（1984）
4) C. H. シュトラッツ（高山洋吉訳）：『女体美と衣服』，刀江書院，東京，428（1970）
5) 植竹桃子，松山容子：児童生徒における太り痩せの意識，日本家政学会誌，45(1)，83-92（1994）
6) S. B. カイザー（高木修・神山進監訳）：『被服と身体装飾の社会心理学・上巻』，北大路書房，京都，75（1994）
7) 布施谷節子，高部啓子，有馬澄子：女子短大生のからだつきに対する意識とそれを形成する要因，日本家政学会誌，49(9)，91（1998）
8) 岡田宣子：母と娘の体つきの意識ー痩身志向についてー，日本家政学会誌，41，867-873（1990）
9) 鷲田清一：『悲鳴をあげる身体』，PHP研究所，東京，35（1999）
10) 高部啓子：着衣基体としての人体の形態類型化に関する研究（第1報）ー成長期男女の身体測定値の主成分分析ー，応用統計学，14，95-111（1986）
11) 日本規格協会：JIS L 4001$^{:1998}$　乳幼児用衣料のサイズ（1998）
12) 日本規格協会：JIS L 4002$^{:1997}$　少年用衣料のサイズ（1997）
13) 日本規格協会：JIS L 4003$^{:1997}$　少女用衣料のサイズ（1997）
14) 日本規格協会：JIS L 4004$^{:1996}$　成人男子用衣料のサイズ（1996）
15) 日本規格協会：JIS L 4005$^{:1997}$　成人女子用衣料のサイズ（1997）
16) 日本規格協会：JIS L 4006$^{:1998}$　ファウンデーションのサイズ（1998）
17) 日本規格協会：JIS L 4007$^{:1998}$　靴下類のサイズ（1998）
18) 日本規格協会：JIS L 4107$^{:2000R}$　一般衣料品（2000）

# 第3章 洋服の設計

## 1. 体表展開図と衣服の形

　人体は複雑な曲面で構成される立体であるが，一般的な衣服製作では，平面である布を裁断し，立体に組み立てるという手順をとる。人の体を包む**衣服の型紙**には，人体寸法に動作のためのゆとりやデザイン上のゆとりが加えられている。図3-1と図3-2から，人体の形と衣服の型紙を比べてみよう。

　図3-1は若い女性の人体から複製した石膏像と，その体表に切れ込みを入れて平面に展開したものである。平面に展開した場合にダーツ状の切れ込みが生じている。また，図3-2はタイトなジャケットとその型紙を示す。型紙の輪郭線は石膏型を切り開いた線とよく似ており，布を立体化するために必要な**ダーツ**や**切り替え線**は図3-1のダーツ状の切れ込みに対応している。ダーツは肩甲骨や乳房など丸みのあるところに向かうようにとられている。

　図3-3は不織布で採取した体表展開図に洋服を作るときの主な採寸部位を示したものである。これから，採寸する部位は型紙のサイズや形を決定づける重要なポイントであることが分かる。

　ここで，からだつきの違いを体表展開図で観察し，衣服パターンを考えてみよう。体型の性差は体表展開図にどのように表れるであろうか。図3-4

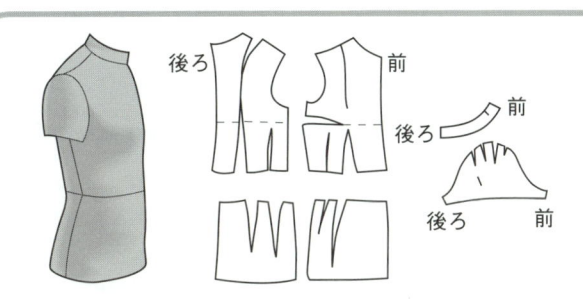

図3-1　成人女子体表の石膏レプリカ（松山）

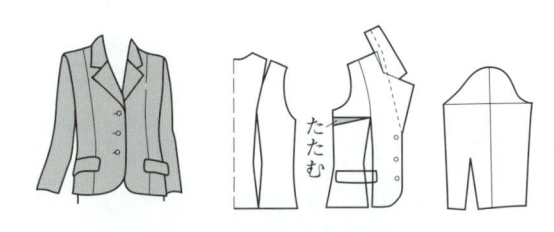

図3-2　タイトなジャケットと型紙

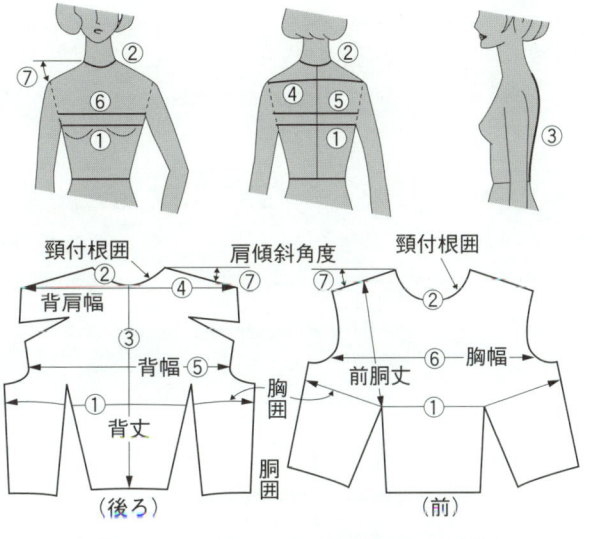

図3-3　布で採取した体表展開図と採寸部位
資料）松山容子，深田順子，酒井伸江：日本家政学会誌，31，747-751（1980）

BL（Bust Line）
　胸囲線
WL（Waist Line）
　胴囲線
　（⇨ p.23）

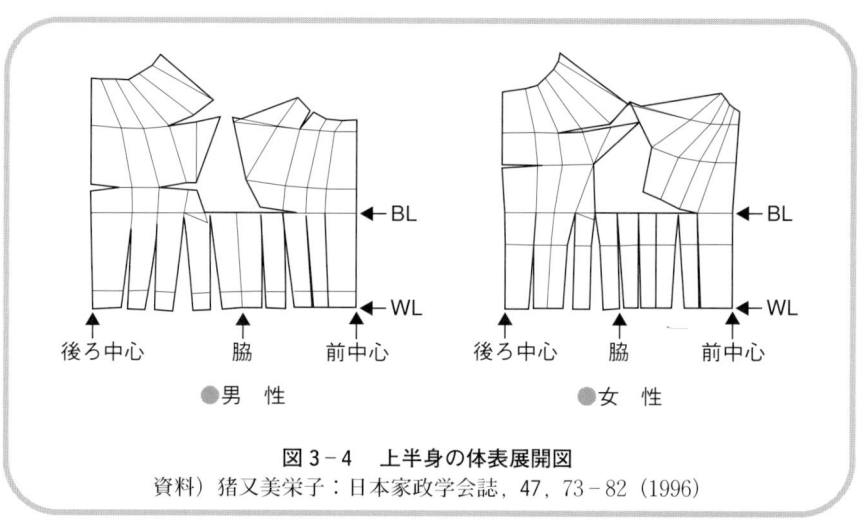

●男　性　　　　　　　　●女　性

後ろ中心　脇　前中心　　後ろ中心　脇　前中心

**図3-4　上半身の体表展開図**
資料）猪又美栄子：日本家政学会誌，47，73-82（1996）

は，20代の男女の上半身の三次元データをもとに作成した体表展開図である。体表展開図は胸囲線（BL）が水平になるように展開している。男女のからだつきの違い（⇨ p.35）が体表展開図の三角形の切れ込みの位置と量の差異に表れていることが分かる。乳房の発達している女性では乳頭に向かうダーツ状の切れ込みの量が多く，男性では肩甲骨のふくらみに対応した背面のダーツ状の切れ込みが多い。この切れ込みは体型にフィットしたワンピースドレスの胸ダーツや切り替え線，男性のワイシャツのヨークなどと対応している。

図3-5は，腰囲寸法がほぼ同じ20代女性の腰部（胴囲から大腿囲まで）A，Bの三次元データで作成した腰部モデルをいろいろな角度から見た図である。図3-6にA，Bの腰のモデルの展開図と布で腰を覆った形の包絡面モデル*¹の展開図を示した。腹や腰から裾まで垂直におりるシルエットのストレートスカートでは，大腿が張っている場合に腰囲に加えるゆとり量が多く必要であることが分かる。また，Aでは脇のウエストからヒップラインにかけてのカットが長いが，Bでは，脇カットは短い。衣服を設計する場合に部分的な寸法だけでなく，体型を把握する必要があることが分かる。

前面　　側面　　後面
（腰囲 91.8 cm）
●A　腹が平らで，大腿が横に張っている例

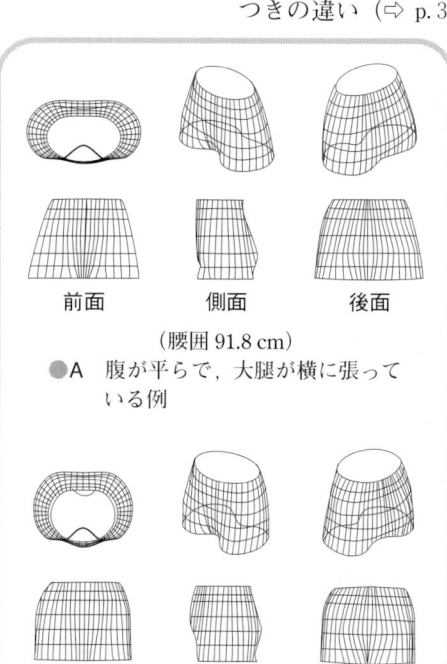

前面　　側面　　後面
（腰囲 91.0 cm）
●B　腹が出ており，尻が平ら，大腿は横に張っていない例

**図3-5　腰囲寸法がほぼ同じで，形態の異なる腰部モデル**
資料）猪又美栄子，堤江美子：日本繊維製品消費科学会1995年次大会要旨集，24-25（1995）

*1　包絡面モデルは，布で腰を覆った場合の形をスカートの基本の形として考えたモデルである。胴囲・腹囲・腰囲・大腿囲の4水平断面を重ねた図の隣り合う最突出点同士を結んで新たに腰部の断面として作成したもので，腰囲から大腿囲の位置まで同一断面をもつ。

●第3章　洋服の設計

腰部モデル

包絡面モデル

前中心　脇　後ろ中心　脇

● A　腰囲91.8cm，包絡面周長99.8cm

腰部モデル

包絡面モデル

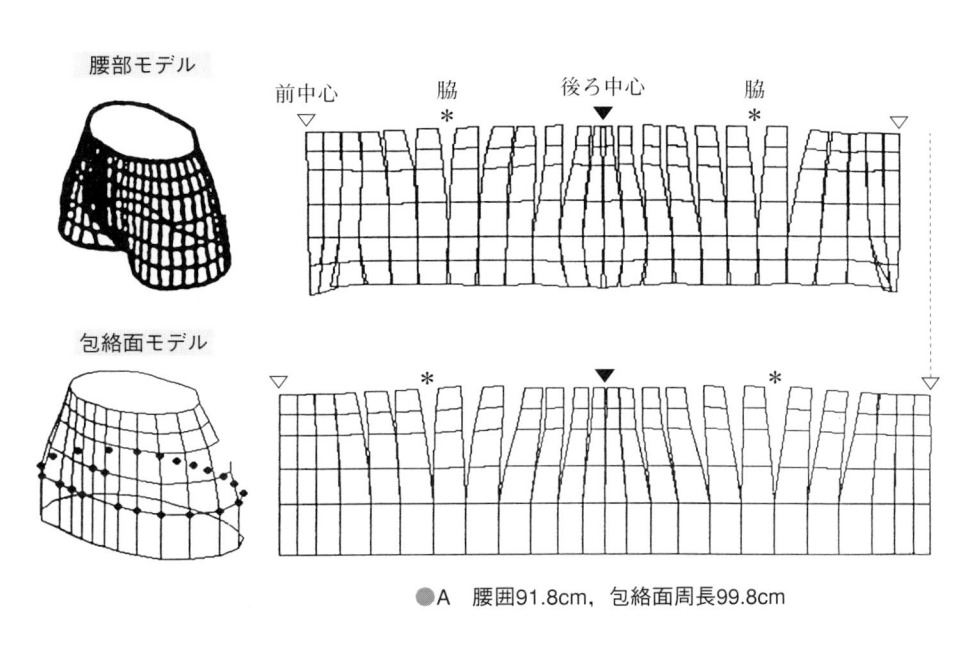

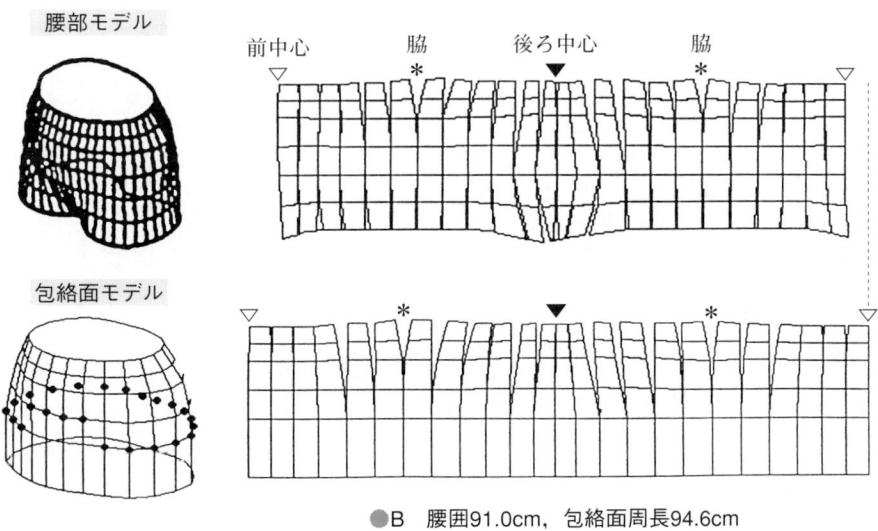

前中心　脇　後ろ中心　脇

● B　腰囲91.0cm，包絡面周長94.6cm

腹・腰・大腿を布で覆った周長は，大腿が横に張っているAの方が，大腿が張っていないBよりも大きく，腰囲と包絡面周長の差は，Aは8cm，Bは3.6cmである。

図3-6　腰部モデルの展開図と包絡面モデルの展開図

1．体表展開図と衣服の形●

次に，袖の形について考えてみよう。図3-7 Aは体幹部と上腕部を大小2つの円柱で近似的に表現しており，Bは小さい円柱の側面の展開を示している。この側面展開図は図3-1の上腕部の体表展開図とよく似ている。図3-8のAは腕を下ろした静的な状態を，Bは腕をやや挙げている作業時の体勢に近い動的な状態を表現しており，小さい円柱の体表展開図は衣服の袖のモデル表現と考えられる。この図からフォーマルな服と作業に向いた服では袖原型の作図が異なることが理解できよう。

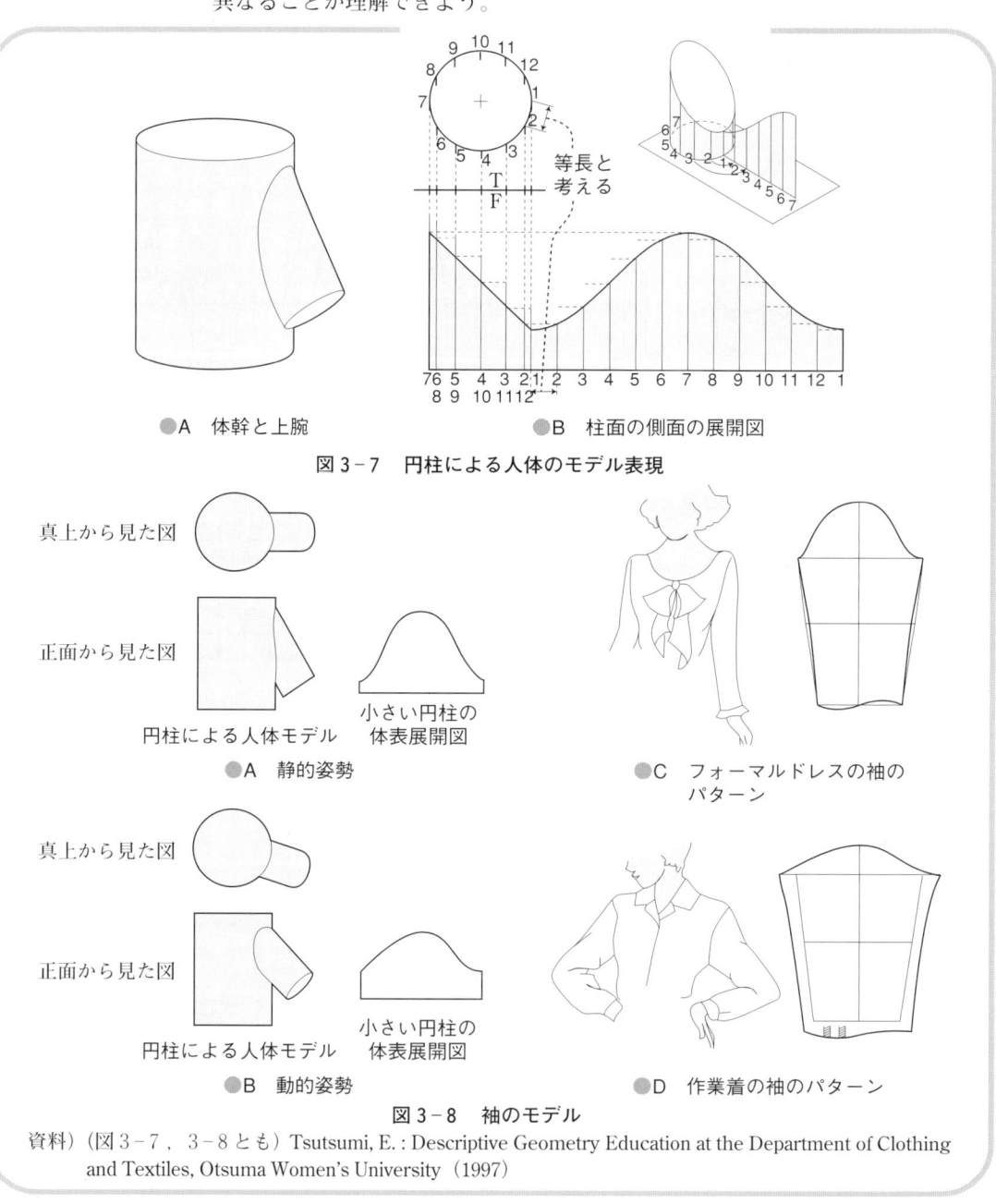

● A 体幹と上腕　　● B 柱面の側面の展開図

**図3-7　円柱による人体のモデル表現**

● A 静的姿勢　　● C フォーマルドレスの袖のパターン

● B 動的姿勢　　● D 作業着の袖のパターン

**図3-8　袖のモデル**

資料）（図3-7，3-8とも）Tsutsumi, E. : Descriptive Geometry Education at the Department of Clothing and Textiles, Otsuma Women's University（1997）

## 2. 動作への適応

### （1） 動作による体表の変化

　人は，日常生活の中でさまざまな動作を行っている。図3-9をみると日常の動作はいくつかの関節運動が複合されたもので，特に，肩関節・股関節の動きが多く，その動作域の大きいことが分かる。動きやすい衣服を設計する場合，日常動作による人体の寸法と形の変化をとらえ，それに対応する衣服の構造を考える必要がある。

　人が動く時の**体形変化**は，筋の収縮とそれに伴う骨の位置移動により起こる（⇨ p.15）。運動によって生じた体形変化に対して，体表を覆っている皮膚が，それ自身の伸縮性や大小のしわや溝の開閉，筋や骨と適度にずれることによって対応している。動作時の体表の変形は関節部を中心に生じ，関節から離れるに従って変形量が減少する。このとき運動軸方向では，主として骨の位置変化

図3-9　日常の動作

図3-10 動作による体形変化

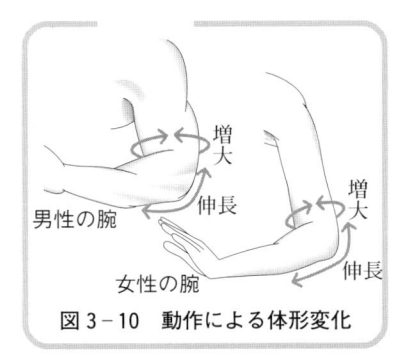

により，伸側では伸長を，屈側では収縮を示す。運動軸と直交する周径は，筋の膨隆や腱の張り出しにより増大する（図3-10）。

表3-1は立位正常姿勢の寸法と動作時の寸法を比較して，上肢動作による背肩幅・背幅・胸幅の変化量を示したものである。上肢動作で背幅・胸幅の寸法が変化し，特に腕付根の位置の背幅bでの変化が著しいことが分かる。また，両上肢を180°挙げたときの，腕付根からWLまでの脇丈は腋窩を含むので，平均約50％の大きい増加を示している。

胴囲・腰囲寸法は椅子に座る動作での増加が大きいので，衣服の試着では椅子に座る動作をしてみるとよい（表3-2）。胸囲寸法は呼吸によって変化がみられるが，最大吸気によって平均約2cmの増大がみられ，5cm近くの増大を示す個体も存在する。

図3-11はテニスをした場合の体幹部の寸法変化を示したものである。各部位の運動時の寸法変化の様相が分かる。

図3-12は，蹲踞[*1]の姿勢をとった時の体幹後面右半身の下部胸囲線の高さから大腿線までの体表の変化を三次元計測によって測定した結果である。Aに計測基準線を，Bに体表の変形方向を示した。変形方向にはあまり個人差はみられず，共通の変形パターンが認められる。Bのa～fは変形の類似している領域を示す。aは胴囲線レベルを中心とする正中線寄りの部位で腰椎部に相当し，縦伸びが大

表3-1 上肢動作による体幹体表の変化量（右半身）

| 動作 | 項目 | 平均値 mm | 平均値 % | 範囲 mm |
|---|---|---|---|---|
| 両上肢90度挙上 | 背肩幅 | -1 | (-0.5) | -6～3 |
| | 背幅a | 33 | (17.7) | 27～38 |
| | 背幅b | 53 | (30.3) | 43～62 |
| | 胸幅a | -17 | (-10.6) | -22～-9 |
| | 胸幅b | -8 | (-5.1) | -23～4 |
| 両上肢180度挙上 | 背肩幅 | -53 | (-27.1) | -75～-34 |
| | 背幅a | 8 | (4.3) | -1～17 |
| | 背幅b | 61 | (34.9) | 55～70 |
| | 胸幅a | -3 | (-1.9) | -10～18 |
| | 胸幅b | 12 | (7.7) | -10～31 |
| 両上肢90度側挙 | 背肩幅 | -45 | (-23.0) | -54～-38 |
| | 背幅a | -17 | (-9.1) | -21～-10 |
| | 背幅b | 15 | (8.6) | 9～21 |
| | 胸幅a | 24 | (14.9) | 18～41 |
| | 胸幅b | 29 | (18.6) | 14～46 |

出典）柳澤澄子：『被服体型学』，光生館，107-112 (1976)

表3-2 椅子に座る動作による胴囲・腰囲の変化量

| 動作 | 項目 | 平均値 mm | 平均値 % | 範囲 mm |
|---|---|---|---|---|
| 椅子に座る | 胴囲 | 6 | 0.9 | 0～9 |
| | 腰囲 | 58 | 6.4 | 29～79 |
| 椅子に座ってかがむ | 胴囲 | 18 | 2.7 | 1～34 |
| | 腰囲 | 74 | 8.2 | 48～92 |

きい。bは胴囲線レベルを中心とする外側寄りの部位で広背筋の走行に沿った斜め方向への変形がみられる。cは臀部から大腿外側へかけての部位で，内側上方から外側下方への斜め変形が顕著である。dは大転子[*2]を中心とする部位で，体側線における収縮を反映している。eは腹囲線付近から腰囲線までの部位で，堅固な形状を保つ骨盤背側に当たり，ここでは顕著な変形は起きていない。体表の変形方向は衣服が着用されたときに掛かる歪みの方向でもあり，衣服のゆとりの入れ方や布地の伸縮方向の合わせ方などの参考とすることができる。

*1 ここで言う蹲踞とは，深く腰を下ろし，しゃがんだ姿勢のことである。

*2 大転子は大腿骨上端の外側。

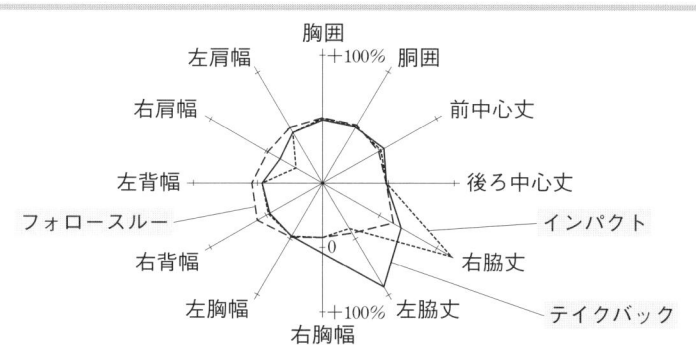

●A テニスサーブ時の体幹部の寸法変化率の関連性

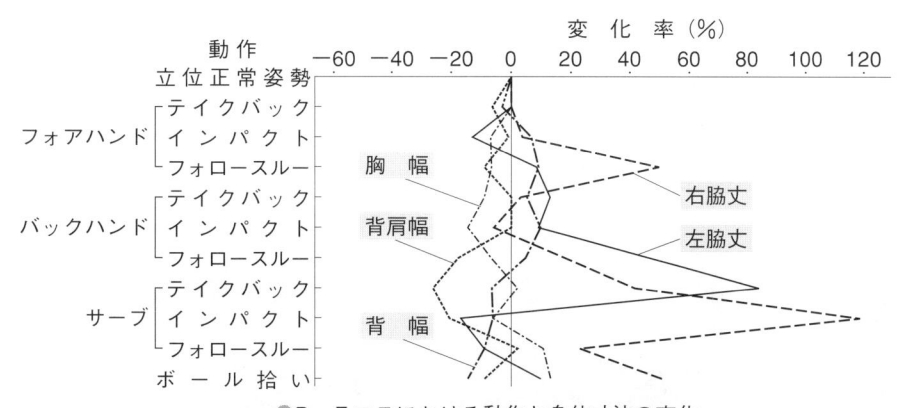

●B テニスにおける動作と身体寸法の変化

**図3-11 テニスをしたときの体幹体表の変化**
出典）内藤道子，勢田二郎編著，大村知子他：『衣生活論』，建帛社，46-47（1992）

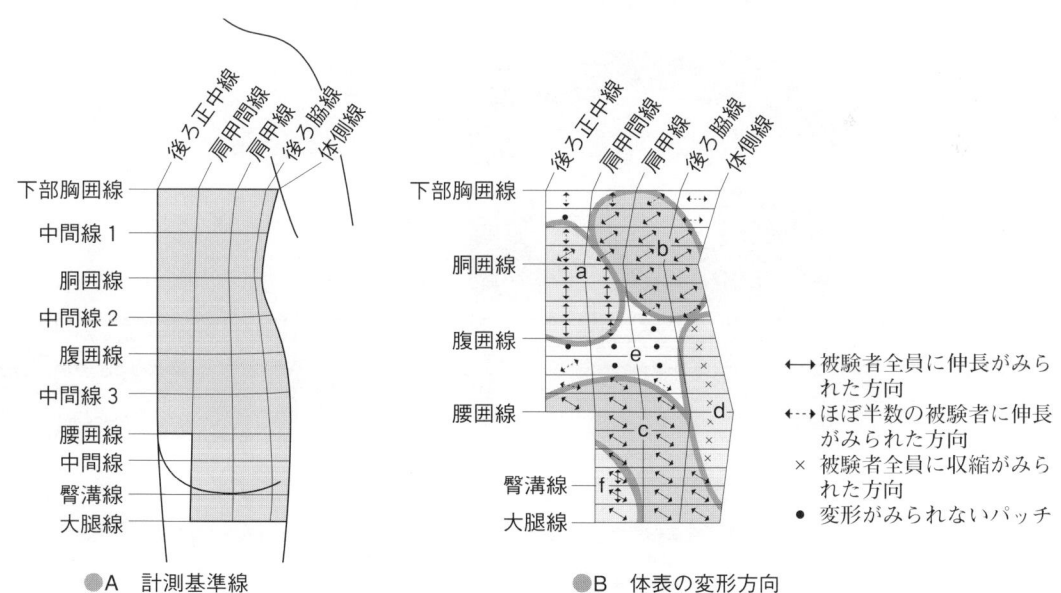

●A 計測基準線　　●B 体表の変形方向

← 被験者全員に伸長がみられた方向
←･･ ほぼ半数の被験者に伸長がみられた方向
× 被験者全員に収縮がみられた方向
● 変形がみられないパッチ

**図3-12 蹲踞の姿勢による体表の変化**
資料）松山容子，小泉晴美：日本家政学会誌，47，169-178（1996）

2．動作への適応

（２）　動作と衣服
1）　衣服による動作拘束
　ゆとり量が不足していたり関節が拘束されるような構造の衣服を着用した場合には，動作が拘束されて着心地が悪く不自由を感じることとなる。動作により衣服に無理な力が加わるので，衣服が変形したり，破れることもあろう。
　図3-13は既製ブラウスの試着例である。A，Bともに体形に適合しているように見える。しかし，上肢を動かしてみると，Aは上肢を180°挙げることが

ブラウスA
セットインスリーブ
袖ぐり寸法　約52 cm

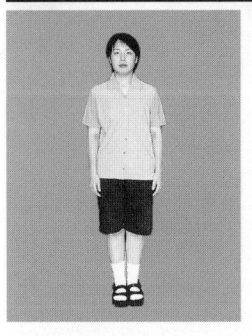

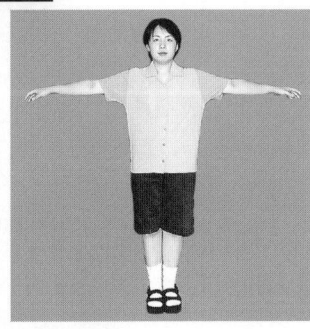

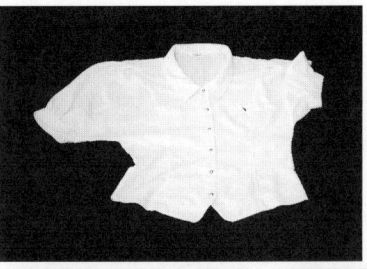

ブラウスB
キモノスリーブ
袖ぐり寸法　約65 cm

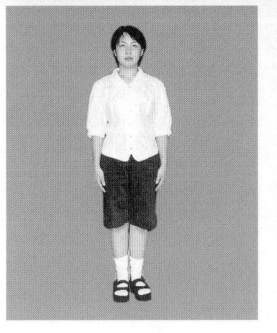

図3-13　ブラウスの試着例

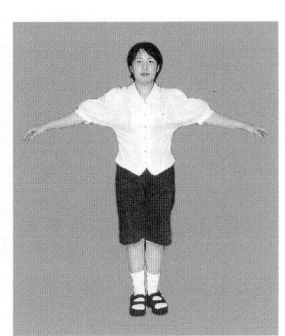

できるが，Bは水平に挙げることもできない。Bは，袖ぐり（アームホール）のゆとりが多いので，動きやすそうに見えるが，袖下・脇丈の長さが不足している。さらに，袖口にはカフスが付き，胴囲を絞ったデザインなので動作による体表の変化に対応してブラウスがずれないので，上肢を挙げることができない。外見が良くても動きにくい例である。この場合，袖下と脇丈の不足分を補うまち[*1]が付いていると上肢をもっと挙げることができる。一方，Aでは袖下・脇丈の長さにゆとりがあるので，上肢を水平に挙げた場合についても裾線は水平に保たれている。しかし，180°挙げた場合には動作により脇丈が不足するので，裾線が上がっている。

また，ストレートスカートは日常よく用いられているが，そのスリットの位置が不適切であると**歩幅**を十分にとることができず歩きにくい。図3-14に水着，ジャージ，フレアースカートと，スリットの縫い止まり位置の異なるスカート1，4，5を着用した場合の歩幅の変化を示した。ジャージ着用時の歩幅が最も大きく，平均58.4 cm，拘束の大きいスカート5の場合は50.3 cmであった。拘束の大きいスカートが歩行や階段の上がり下りの動作に影響を与え，着用者は脚や足の動きを変えて対応していることは動作時の**筋電図**や**関節角度**の変化からも確かめられている（⇨ p.90~92）。

図3-15は，着衣による動作の拘束感を知るために「平地の歩きやすさ」「階段の上がりやすさ」「階段の下りやすさ」の3項目について「歩きやすい」から「歩きにくい」までの5段階で評価した結果を示したものである。ストレートスカートのスリットの縫い止まりの位置が下がるとともに動作時の拘束感

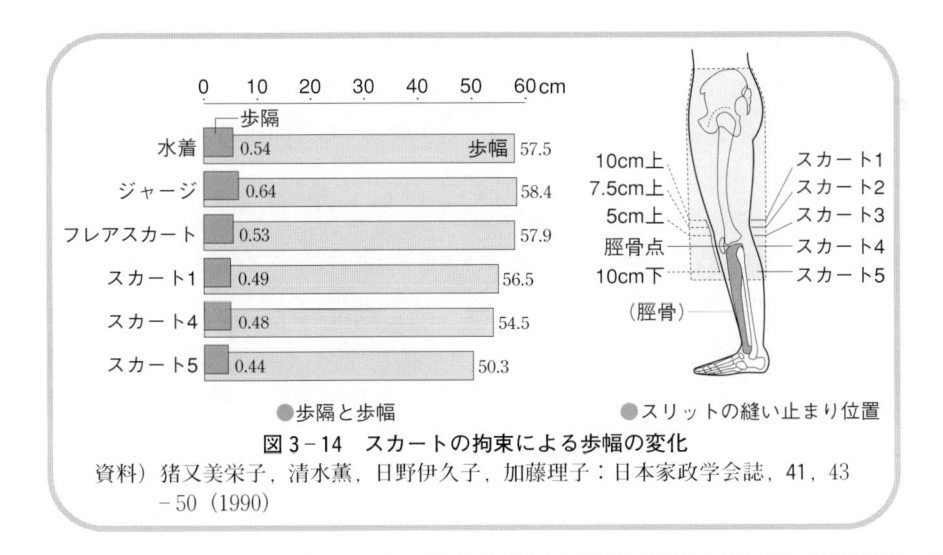

図3-14　スカートの拘束による歩幅の変化

資料）猪又美栄子，清水薫，日野伊久子，加藤理子：日本家政学会誌，41，43-50（1990）

*1　まちは，三角形またはひし形のあて布。
*2　脛骨点を中心として，体表に沿って10 cm，7.5 cm，5 cm上と，10 cm下の5点をとり，それと同じ高さをスカートの後ろ中心にとってスリットの縫い止まり位置とした。

**歩きやすさ**

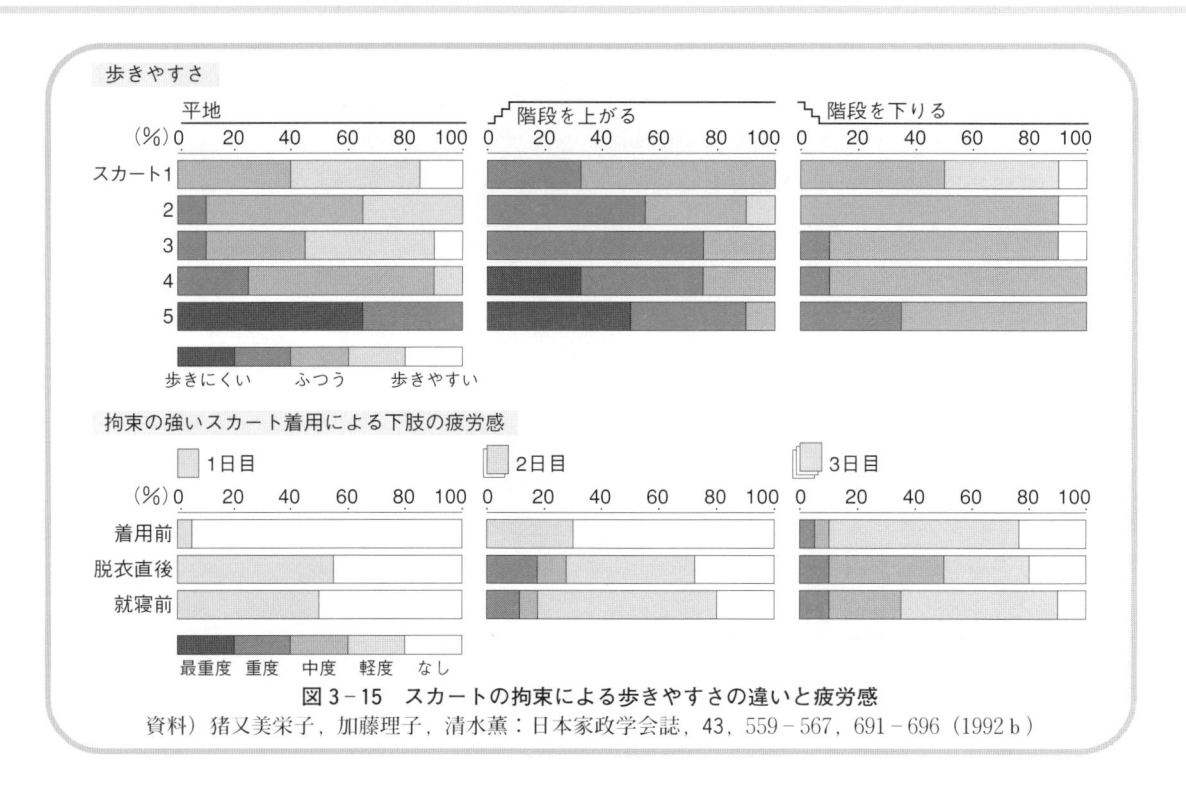

図 3-15 スカートの拘束による歩きやすさの違いと疲労感
資料）猪又美栄子，加藤理子，清水薫：日本家政学会誌，43，559-567，691-696（1992 b）

が増大している。階段を上がる場合が最も許容範囲が狭く，日常着用するスカートでは脛骨点の上10cmの位置よりも下を拘束しないことが必要であることが分かる。ところで，動作への適応が十分でない衣服の場合，着用者は歩幅を小さくする，腕が挙がらないので背伸びをして棚の上の物を取るなど動きを変えて対応している。短時間の着用では人体への影響を無視できるとしても，長時間着用では人体への負担が徐々に蓄積し，疲労を感じたり，作業効率が低下したりする。拘束の強いスカートを1日7時間，3日間着用した場合，1日目，2日目，3日目と次第に疲労感の訴え率が増し，しかもその強さは高まり，疲労感の蓄積傾向を示した。日常生活では一着の衣服を数時間着用するし，制服のようなものは毎日着用する。連日着用する衣服についてはとくに動作への適応性に配慮しなければいけない。

**2） 衣服のゆとり**

衣服の**ゆとり**には，デザインのためのゆとり（styling ease）と着心地のためのゆとり（comfort ease）の両方の意味があり，その量は流行や服種，素材などにより異なる（図3-16）。ドレープやブラウジングなど多いゆとりで美しさを表現するさまざまな衣服や，ニットなどの伸縮性素材の使用によりゆとり量の少ない着用者の体のラインを強調するようなドレスもある。ガードルは伸縮性素材を使用して体形を整えるファウンデーションであるが，この場合はむしろマイナスのゆとりといえる。

動作適合と衣服のゆとり，構造については多くの研究者が着用実験などによる検討を行っているが，ここでは，必要なゆとり量をより明確にするために伸縮性素材を使用しないで動作適応性を検討した例についてみよう。

　動作をした時のきつい・ゆるいの感覚とゆとり量を検討しており，実験の要因は図3-17のとおりである。セットインスリーブつきのブラウスでは，静止時・動作時，いずれの場合も全体のきつい・ゆるいの感覚に，袖幅のゆとりが大きな影響を与えている[1]。胸囲のゆとりは10 cm～12 cmが良く，袖幅は上腕最大囲に7 cmのゆとりを加える必要がある。袖ぐりの深さでは，動作時の方が，静止時よりも1 cm浅い「袖ぐりの深さ」の適合度が高く，静止時と動作時を総合すると袖ぐりの深さは腕付根の深さ＋3 cmが最適である。また，パンツでは外観と動作適応に後ろ股上線の傾斜度が関係しており，5°～10°の場合に外観がよい。動作適応性には股関節動作に必要なゆとりを確保するための股上線の傾斜角度および後股幅が関係している[2]。これらの結果は動作による体表の形態変化の結果とも一致している。

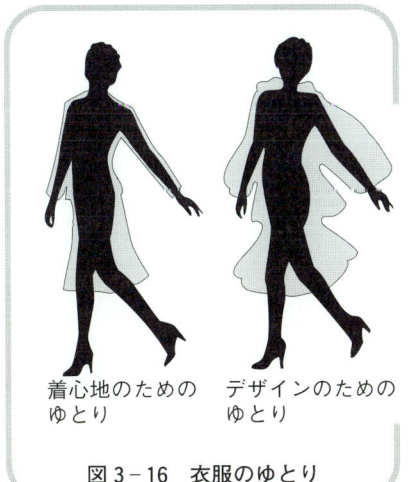

図3-16　衣服のゆとり
着心地のためのゆとり　　デザインのためのゆとり

## （3）動作に適応した衣服

　衣服の用途によっては，上肢の長さよりも長い袖丈や丈の長いタイトスカートなどの拘束の強い衣服で制限された人の動き，しぐさが美と結びつくことも

B：胸囲＋ゆとり（8, 10, 12 cm）
C：袖ぐりの深さ－腕付根の深さ＋ゆとり（2, 3, 4 cm）
D：袖幅＝上腕最大囲＋ゆとり（3, 7, 11 cm）

後ろ股上線の傾斜度
B1：5°
B2：10°
B3：15°
B4：20°

後ろ股幅
C1：胴囲/8
C2：胴囲/8＋2 cm

● A　ブラウス着用実験の要因　　　● B　パンツ後ろ股上線の傾斜度
図3-17　衣服のゆとり量の実験の条件

資料）猪又美栄子，堤江美子，西野美智子：日本家政学会誌，33，129-135（1982）

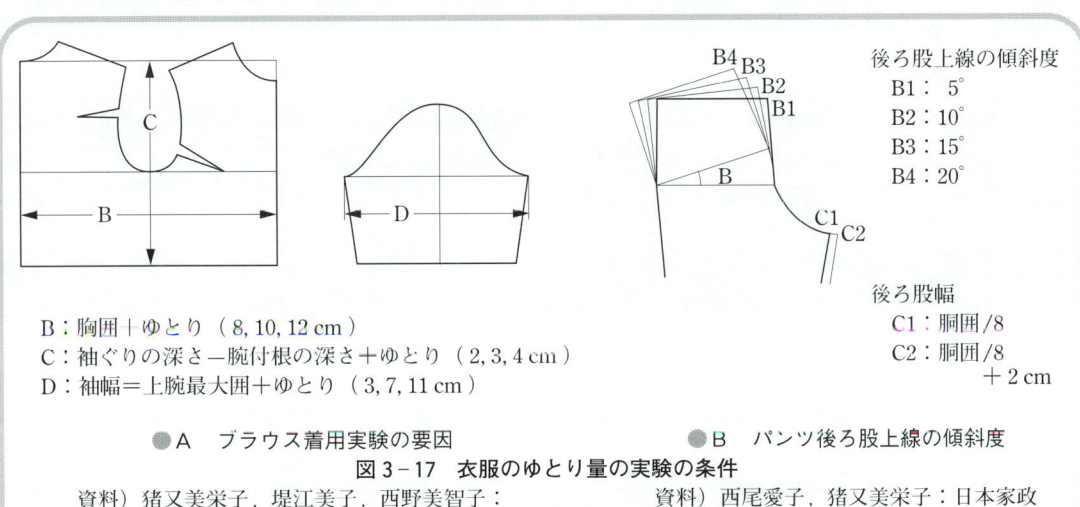

資料）西尾愛子，猪又美栄子：日本家政学会誌，30，855-859（1979）

あろう。しかし，日常着用する衣服やスポーツウェア，作業服では，体型への適合だけでなく，動作適応性が満たされる必要がある。

動作に適合した衣服とはどのようなものであろうか。動作による体形の変形に対応できるだけのゆとり量が満たされていたり，体形の変形に合わせて衣服が開いたり，人体と衣服がずれることができる構造であると動きやすい。その他に，素材や縫い目の伸縮性，重ね着をしたときの摩擦にかかわる素材のすべりやすさ，衣服重量なども衣服の動作適応性に大きくかかわっている。これらの衣服の条件は，体表を覆う皮膚が動作によって伸縮したり，体表のしわや溝が開閉したり，皮膚が動作によって下層の組織とずれることとよく似ている。

動作適応性を高めるための被服の条件をまとめると次のようになる。

① 動作による体形の変形に対応したゆとりが入っている。またはプリーツ，タック，ギャザー，ドレープ，スリットなど動作に応じて開くことができる構造で，衣服のなかで人体が動き，変形が可能であること。
② 伸縮性のある素材で，動作に対応して変形しやすいこと。布の引っ張り伸縮度は一般に織物では2％以下が普通であるが，編物では10％を超えるものが多く，編物が動作に適していることが分かる。伸縮性の大きな織物の例を表3-3に示した。
③ すべりやすくする。例えば摩擦係数の小さい布地の裏をつけ，適度のゆとりをもたせるとよい。
④ 軽いこと。
⑤ 衣服の支持部位が安定していること。例えば肩やウエストなどでしっかり留まっていること。
⑥ 体を被覆する面積が小さいこと。

表3-3 加工糸織物の種類と概要

| 分類 | 要求特性 | 主素材 | 用途 |
|---|---|---|---|
| パワーストレッチ | ・伸縮性 大（30％以上）<br>・回復性 良<br>・緊迫力 大<br>・たて伸び 中心 | ナイロン加工糸<br>ポリウレタン（スパンテックス）<br>およびそのコアヤーン | スポーツウェア（水着，スキーウェア） |
| 快適ストレッチ織物 | ・適度の伸縮性（20～30％）<br>・回復性 良<br>・緊迫力 小<br>・よこ伸び 中心 | ポリエステル加工糸<br>ナイロン加工糸 | ワーキングウェア<br>制服<br>スポーツウェア<br>カジュアルウェア<br>子供服 |
| 風合い織物 | ・伸縮性 小（10％以下）<br>・風合い要求のみ | ポリエステル加工糸 | 紳士・婦人外衣 |

出典）川崎健太郎：繊維製品消費科学，8，197（1967）

## 3. 衣服原型とデザイン

### 3.1 衣服原型

衣服原型（basic block）は，洋服の型紙製図（flat pattern drafting）において出発点となる型紙である。すなわち，伸縮性のあまりない布地で身体を包むことを前提として，「身体を包むための形・寸法」と「日常動作に必要な最少のゆとり」から成る型紙である。平面製図法による原型設計法としては，洋服の身ごろのもとになる胴部原型，袖の原型，スカートの原型，スラックスの原型などが提案されている。

アパレル産業では，**シルエット原型**あるいは**スローパー**（sloper）とよばれるものが製品のブランドごとや服種ごとの原型として使われている（図3-18）。これらを使用すればデザインの変化を行うだけで消費者に適合（fit）した型紙が得られる。そのため原型やスローパーは特に大切な型紙といえる。

**図3-18 種々のシルエット**

型紙の形は体表の展開図に近いが，前節でみたとおり製図に直接採り入れられる情報は，サイズや形に直接かかわる重要な計測項目のみである（⇨ p.24～29）。そして細部については割り出しや推定（⇨ p.30～33）を行って製図に必要な寸法を決める。推定などでよく合うようにするためには，あらかじめ多数の人の多くの部位の計測データを解析し，平均値，個人差の範囲，項目と項目の間の相関係数（⇨ p.32）などを研究しておく必要がある。さらに型紙として完成するためには，着用実験で全体としてのバランスや動作への適応性も確かめなければならない。

婦人服用の胴部原型，スラックス原型をとりあげ，原型の考え方を具体的に考察しよう。いずれも洋服適合にとって重要な計測項目を用いる製図法で，人体計測データの研究結果を反映したものである。なお，長さでは特に示さない場合，単位はcmである。カーブでは簡便のために円弧を用いている。

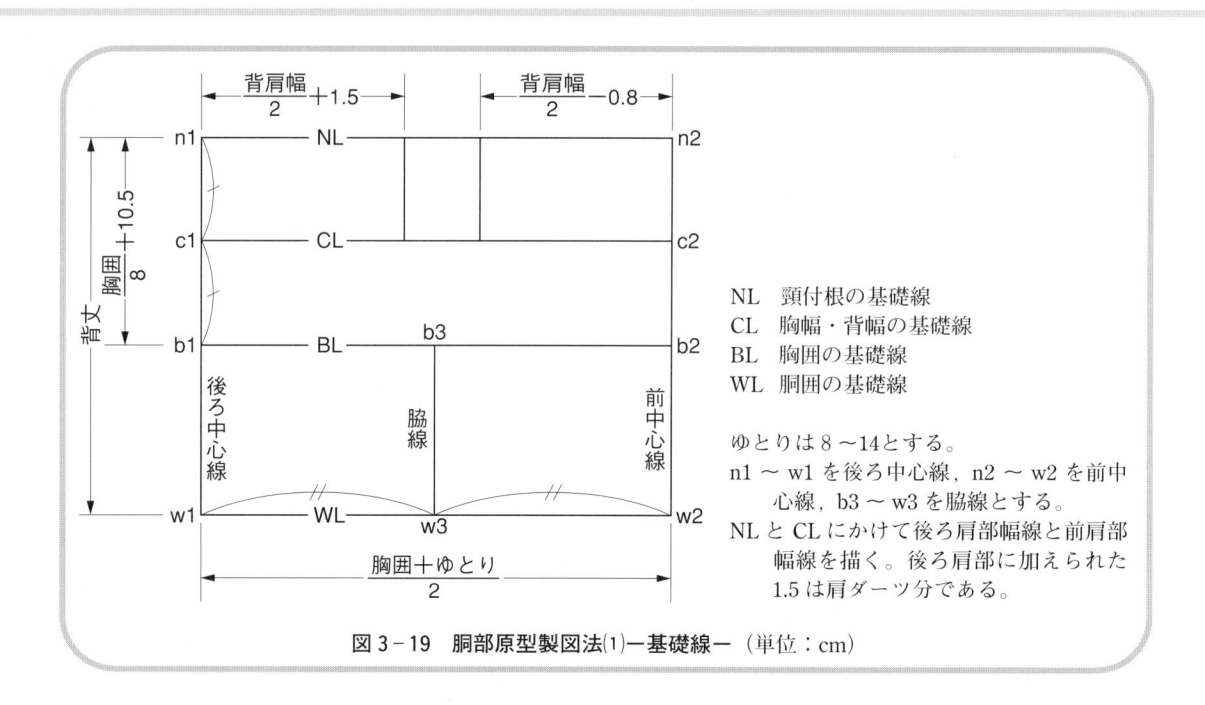

図3-19 胴部原型製図法(1)－基礎線－（単位：cm）

### （1） 胴部（身ごろ）原型
#### 1） 基 礎 線

特に適合が大切とされる項目を入力する。すなわち胸囲，背丈，背肩幅，頸付根囲の4項目を用いる。身ごろは左右対称と考えて，型紙は右半身を描く。図3-19は製図の基礎線である。大枠の幅は上半身の最大周径である胸囲にゆとり（11 cm）を加えたものの1/2，丈はウエストラインの位置の目安である背丈で描かれている。

① アームホールの深さ

アームホール（袖ぐり）は腕を通す穴（図3-20）で，その深さは製図では（NL～BL）の寸法となる。この寸法は前述（⇨ p.60）のように，袖付きの服の場合に上肢動作のしやすさに深くかかわる。（腕付根深さの計測値＋3）が適値（猪又ら）と考えられるが，計測（図3-21）は難しいので胸囲からの割り出しを行う。しかし胸囲との相関係数は大きくないので，胸囲の影響は少なくなるように定寸法を含む割り出し法がよい。

② 肩部幅と身ごろ幅のバランス

肩先点（shoulder point）は袖付けの位置を意味し，これを決定する身体計測値は背肩幅である。背肩幅と胸囲の相関係数は0.306と小さく，胸囲が同値でも肩の広く張り出した体型，狭い体型と個人差が大きい。胸囲に加えるゆとりを同じにして作図すると図3-22のようにアームホールの大きさは影響を受け，身ごろと袖の太さのバランスを失う。そこで胸囲に加えるゆとりを加減して調整する必要がある。表3-4はアームホールの大きさを調節するための参考値

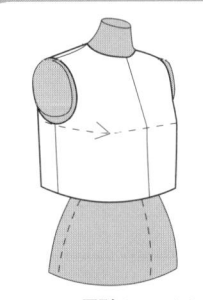

図 3-20　原型のアームホール
　　　　とバストライン

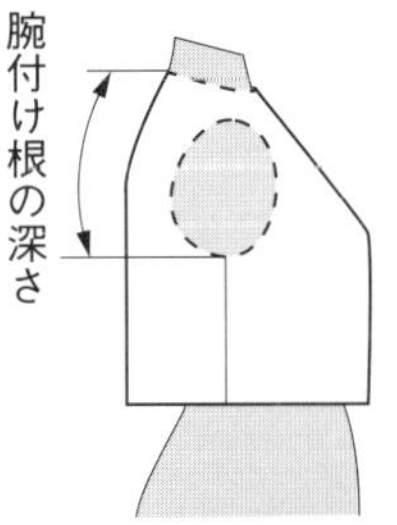

図 3-21　腕付根の深さ

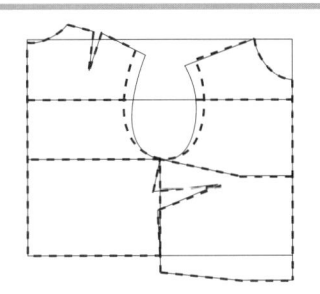

同一の（胸囲＋ゆとり）について異なる背肩幅の寸法で製図した2種類の胴部原型。
アームホールの形と大きさは，胸囲に対する背肩幅の割合で影響される。身ごろの幅にバランスのとれた袖をつけるためには，バストに加えるゆとりなどにより調節するとよい。

図 3-22　胸囲と背肩幅のバランス

表 3-4　胸囲と背肩幅のバランスの調整

| 体　型 $\left(\dfrac{背肩幅}{胸囲}\right)$ | 胸囲に対する肩幅 | | |
|---|---|---|---|
| | 狭い (〜0.44) | 普通 (0.44〜0.48) | 広い (0.48〜) |
| 胸回りのゆとり | 8cm内外 | 11cm内外 | 14cm内外 |
| 後ろアームホールのつくり（D1） | 2.0cm内外 | 2.5cm内外 | 3.0cm内外 |
| 胸幅（前腋）の追加（D2） | 1.0cm内外 | 0.8cm内外 | 0.6cm内外 |

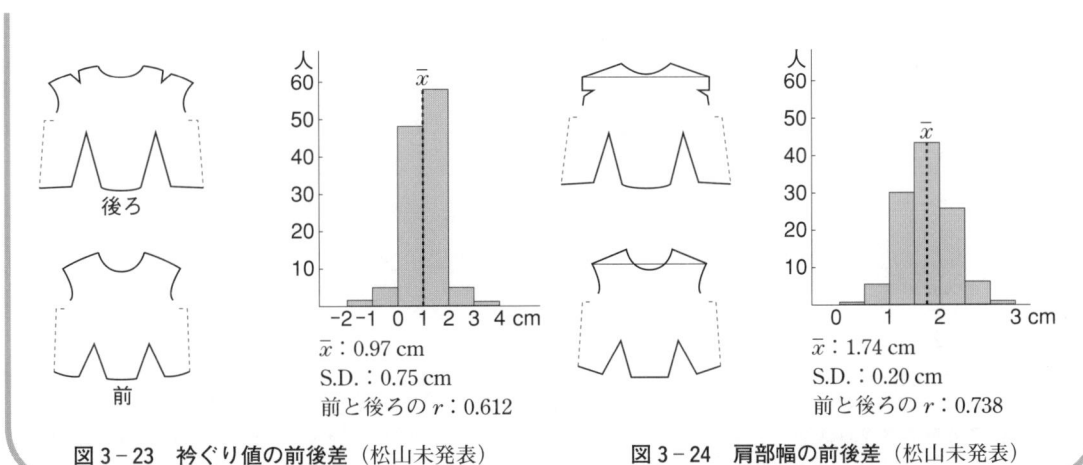

$\bar{x}$ : 0.97 cm
S.D. : 0.75 cm
前と後ろの $r$ : 0.612

図 3-23　衿ぐり値の前後差（松山未発表）

$\bar{x}$ : 1.74 cm
S.D. : 0.20 cm
前と後ろの $r$ : 0.738

図 3-24　肩部幅の前後差（松山未発表）

で，それによって，肥満体型の場合や，痩せて肩幅の広い体型の場合にもバランスの良いアームホールが得られるようになる。

### ③　衿ぐり，肩幅の前後差

　頸付根や肩の部分の幅を体表に沿って計ると，前の幅は後ろよりもせまい。図3-23，図3-24はこの前後差の個人によるばらつき方をみたものである。そこで，基礎線では前肩部幅は後ろの（背肩幅）/2 よりも0.8狭く，衿ぐり幅は図3-25のように前を0.3狭く描く。なお，基礎線後ろ肩部幅に加えられた1.5は肩ダーツ分である。

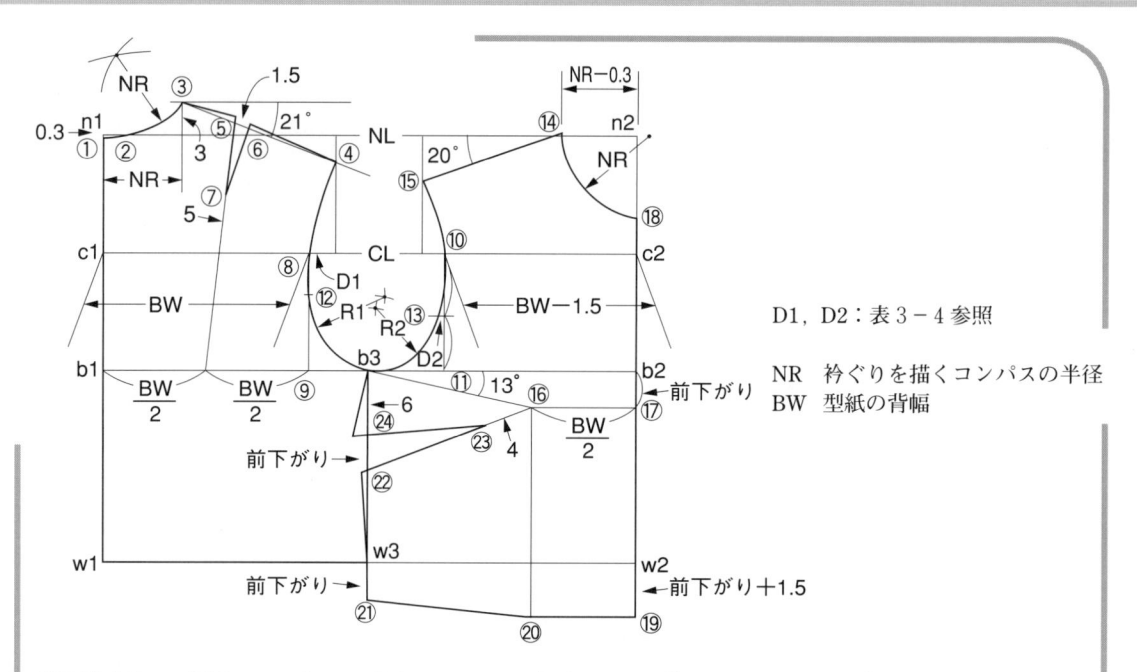

**後ろ衿ぐり**　①はバックネックポイント，n1の直下0.3 cm。②はn1から2 cm。③はサイドネックポイント。n1から水平に $\left(\dfrac{頸付根囲}{6}+0.8\right)$ cm，図中の記号はNR，NLから垂直に3 cm上。②と③を半径NRの円弧で結ぶ。

**後ろ肩縫目線**　④は③から傾斜21度の直線と後ろ肩幅線との交点。これを結ぶ。この線上③から5 cmの点を⑤とし，さらにその水平に1.5 cmの点を⑥とする。

**背幅と胸幅**　⑧はCL上④の真下でD1だけくれた点（c1～⑧をBWとする）。なお，⑤とb1からBW/2の点とを結ぶ。この線上でCLから5 cm上を⑦とする。⑧の直下，BLとの交点を⑨。CL上でc2から(BW−1.5) cmの点を⑩。⑩の直下，BLとの交点を⑪。⑨～⑪を55％と45％に分け，55％分をR1，45％分をR2とする。⑫は⑨からR1の点。⑬は⑩～⑪の1/2でD2だけ外側の点。⑭はn2から(NR−0.3) cm，NLよりも0.5 cm上。⑮は⑭から傾斜20度の直線と前肩幅線との交点。これが前肩縫目線で，後ろ肩幅よりも0.5 cm内外小さい。

**アームホール**　④，⑧，⑫をカーブで結ぶ。⑫とb3を半径R1の円弧で描く。b3と⑬を半径R2の円弧で結ぶ。⑬，⑩，⑮をカーブで結ぶ。b3から傾斜13度の直線上で前正中線からBW/2だけ離れた点を⑯，⑰は⑯から前正中線上の点。

**前衿ぐりから前裾**　⑱はフロントネックポイント。n2のNRだけ下。⑭，⑱を半径NRの円弧で結ぶ。⑰はb2よりも前下がり分だけ下。⑯は⑰よりBW/2だけ脇寄り，バストポイント。⑲はw2の（前下がり＋1.5）cmだけ下。⑳は⑲のBW/2だけ外側。㉑はw3よりも前下がり分だけ下。

**後ろ肩縫目線と前脇線の修正**　肩または脇のダーツをそれぞれたたむ。たたんだ状態で後ろ肩縫目線では③と④を，前脇線では㉑とb3を，それぞれ直線で結びなおす。

図3-25　胴部原型製図法(2)―各部の輪郭線―

## 2）型紙の輪郭線

図3-25の胴部原型製図法(2)は各部の輪郭線の描き方を示している。

●ポイント

**b．肩とバストのダーツ**　肩甲骨，バストのふくらみ，ウエストのくびれにフィットさせるためにダーツをとったり，いせ込みなどをする。図3-26はそのための資料である。すなわち，あらかじめ体表に頸付根線，腕付根線，胴囲線，胸囲線を印しておき，これを半透明の不織布で写し取って作成した体表の

近似展開図である。各部分の角度には個人差があるが，一般に e はバストのふくらみと体幹前面の傾斜を反映して大きい。また，ウエストダーツは後ろより側面の分量が大きいことなどが注目される。実際の衣服型紙におけるダーツは，動作に対するゆとりを考慮して配分しなければならない。

そこで図3-25に示したボックス型原型では，肩ダーツ1.5cmは角度は7度内外に相当し，バストダーツ3cm内外が体幹前面の傾斜は13°とした場合に相当する。実際の型紙上では扱いやすいように肩ダーツ量は1.5cmとして処理してある。

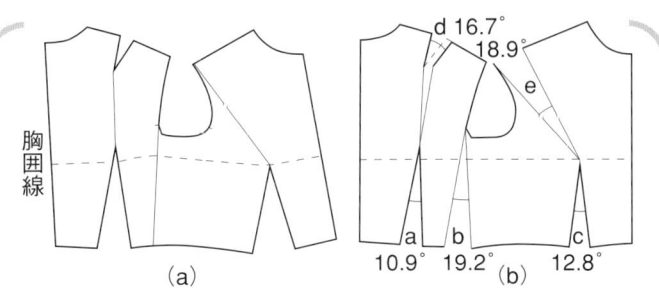

(a)は写し取ったままの輪郭線，(b)はバストラインの曲率の大きいところで4部分に切り離し，各部分を通るバストラインが水平に連なるように配置し直し，その結果ダーツ状に切れ目ができた状態である。

**図3-26 体表展開図にみるダーツの位置と量の平均値**
資料）板倉朝子，松山容子：日本家政学会第34回大会要旨集，172（1982）

### 3) 体型分類と個人へのフィット

体つきは千差万別で，数項目の計測値では表しきれないものがある。そこで，前述のような胴部体表近似展開図を110名の女子大学生について採取し，展開図の上で37項目を測定し，測定値に盛り込まれた個人の情報を主成分分析法によって分析した。個人の特徴を要約して表す主成分は5つ抽出され，この5つで個人の情報の66％が要約されている。各主成分の意味は次のように解釈された。主成分値の大きい例と小さい例とを対比させて描いた図3-27でも視覚的に理解できる。

[各主成分の意味]

**第1主成分** 全体としての大小が対比されている。いわゆるサイズ・ファクター。

**第2主成分** 肩から胸にかけての後ろ幅と前幅とのバランスの要因，腕が前寄りに付いているかどうかに関係していると考えられる。

**第3主成分** 胸囲と肩幅のバランス要因。

**第4主成分** 怒り肩かなで肩か，肩傾斜の要因，肩関節の体幹上での位置が高め

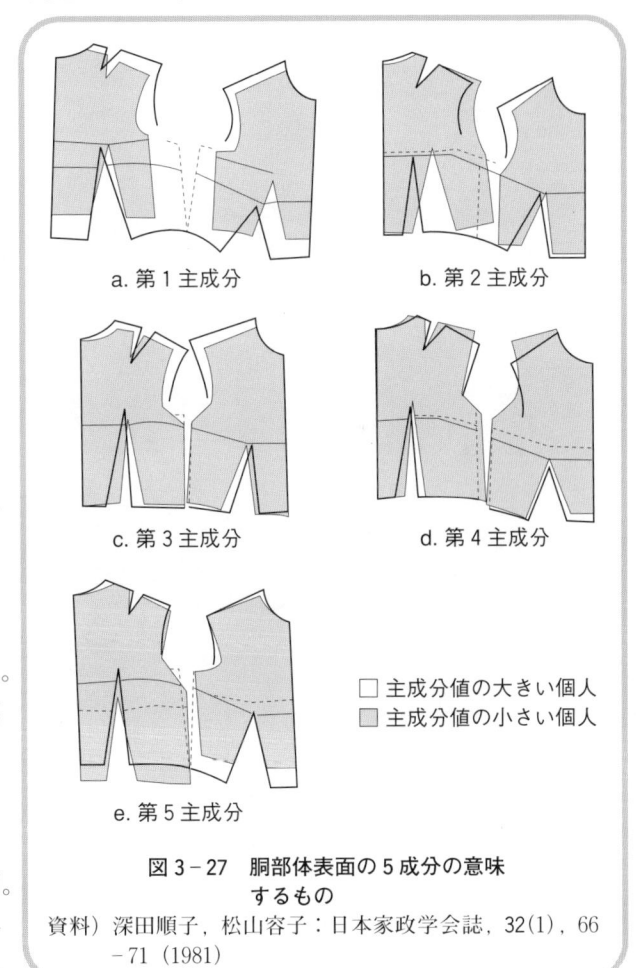

**図3-27 胴部体表面の5成分の意味するもの**
資料）深田順子，松山容子：日本家政学会誌，32(1)，66-71（1981）

か低めかに関係すると思われる。

**第5主成分** 後ろ丈と前丈とのバランスの要因，姿勢が屈身タイプか反身タイプかに関係していると考えられる。

個人の体は，これらの主成分が表す特徴をさまざまな程度で併せもつものと考えられる。これらの主成分に表された特徴を型紙に取り込むことにより，衣服の適合性が高められる。すでに設計した胴部原型ではこれらの主成分のうち，第1「サイズ・ファクター」，第3「胸囲と肩幅のバランス」は採寸項目として取り入れられている。そこで，個人へのフィットを追求する原型では，残された第2，第4，第5の各特徴についてのみ考えればよい。これらは洋服の適合上重要でしかも比較的に多くみられるもので，下記のような寸法情報に基づく処置が必要となる。

第2主成分「前肩」といわれる体形では，背幅と胸幅の差が大きい。図3-28(a)のように肩縫目線を肩先で前に寄せるとともに，前身ごろの肩幅を少なくする。前肩幅の減分に応じて衿ぐりや肩ダーツを調節し，前後の肩縫目線の長さが合うようにする。

第4主成分「なで肩・怒り肩」に対しては肩傾斜の情報が有効である。図3-28(b)のようにアームホール（AH）全体を下，または上に移動する。

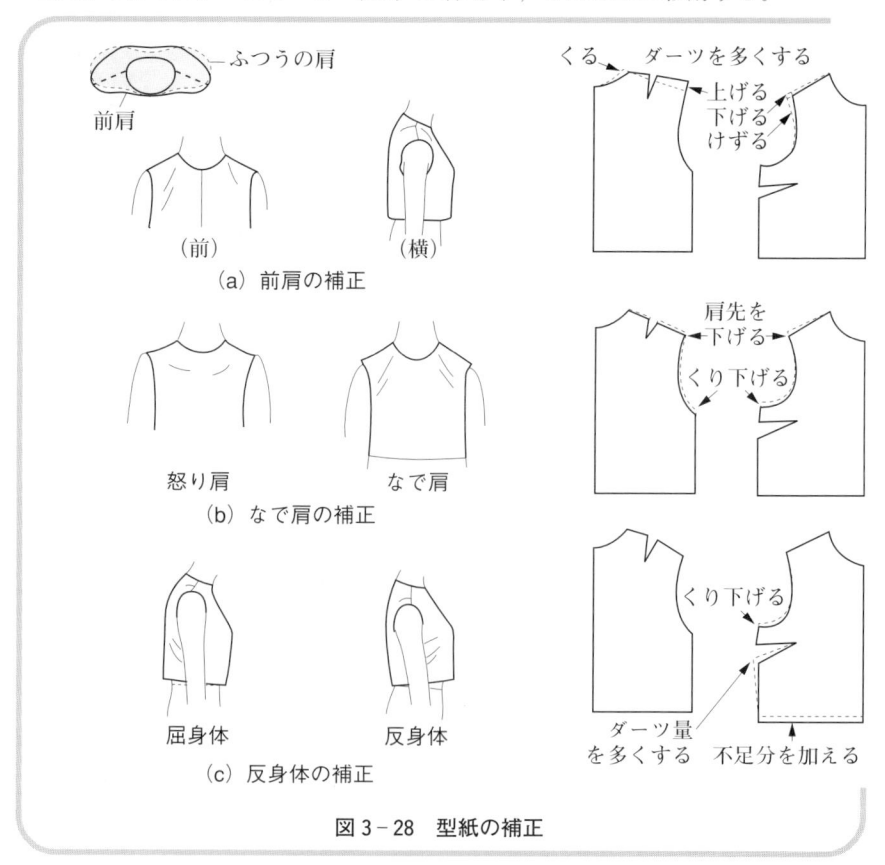

AH
　arm hole

(a) 前肩の補正

(b) なで肩の補正

(c) 反身体の補正

図3-28　型紙の補正

第5主成分「反身体」では背丈に対して前中心丈が大きい。図3-28(c)のように、後ろ身ごろの丈に対して前身ごろの丈が不足となる。前身ごろの丈の不足分を加えるが、加えた分だけアームホールやダーツを調節し、脇縫目線の長さが前後で合うようにする。「屈身体」はこの逆である。

以上、胴部原型について示したが、これはブラウス、シャツ、コートなど、上半身用衣服に共通に適用できるものである。

### （2）袖原型

原型はセットインスリーブタイプとする。腕を筒型に包み（図3-29）、その最上部の袖山は身ごろに縫合される。原型の製図に必要な項目は、袖丈、胴部原型のアームホール寸法（AH）、手くび囲である。図3-30は袖の製図法である。

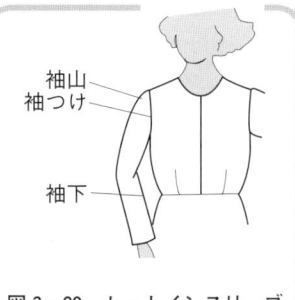

図3-29 セットインスリーブ

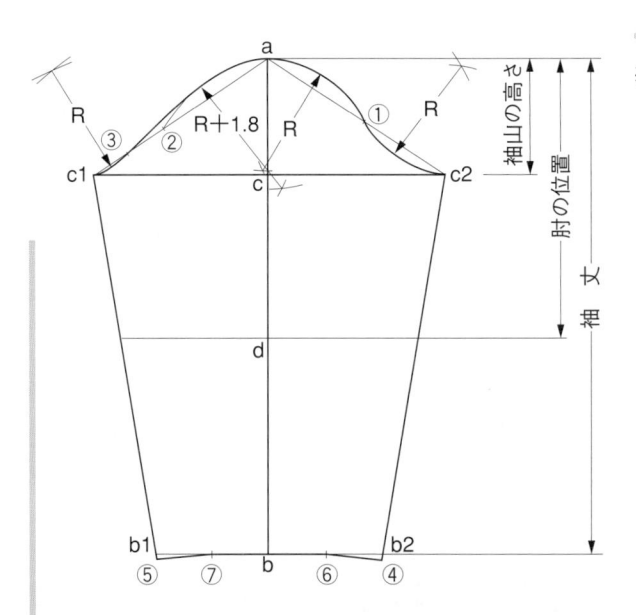

**基礎線** a～bは袖丈で、袖の中心線となる。a～cは袖山の高さ。前節で述べたとおり袖山の高さは袖の運動機能性と外観の双方に深く関係する。胴部原型のアームホール寸法（AH）の20％～33％の範囲から選ぶが、原型では28％を目安とする。これを袖山係数とする。a～dは肘の位置で、(袖丈×0.56)cm とする。これは肘丈よりもやや小さい。c1-c2はcを通り、a-bと直交する線。a-c1, a-c2は $\frac{AH}{2}$（布地の厚さなどによって0～1cmを加える）をaから計ってc1、c2の位置がきまる。bを通る水平線上に $\frac{手くび囲+ゆとり・8}{2}$ cm を左右にとってb1、b2とする。b1～c1、b2～c2をそれぞれ結び、袖下線とする。

**袖山と袖口** 袖中心線の左を後ろ袖、右を前袖とする。袖山は前側で凹凸が強く、後ろ側はなだらかに描くが、円弧と直線とを組み合わせるとよい。袖山のカーブを描く円弧の半径を求めるときに袖山係数を用いて、高い袖山には小さい半径、低い袖山には大きい半径になるように調節する。

**袖山のカーブ** 袖山係数が0.28のとき、円弧の半径Rは、$\left(\frac{AH×0.055}{0.28}+3\right)$cm とする。

前袖山：①はaから $\frac{AH}{2}$ の55％の点。aと①を半径Rの円弧で結ぶ。c2と①を半径Rの円弧で結ぶ。

後ろ袖山：②はaから (AH/2の55％+1)cm の点。aと②を半径 R+1.8cm の円弧で結ぶ。③はc1から $\frac{AH}{2}$ の25％の点。c1と③を半径Rの円弧で結ぶ。二つの円弧を接線で結ぶ。

袖口　④、⑤はc1、c2からb1、b2の線をそれぞれ0.5cm延長した点。⑥、⑦は袖口を4等分する点。④と⑥、⑤と⑦をそれぞれ結ぶ。

図3-30 袖の製図法

3. 衣服原型とデザイン

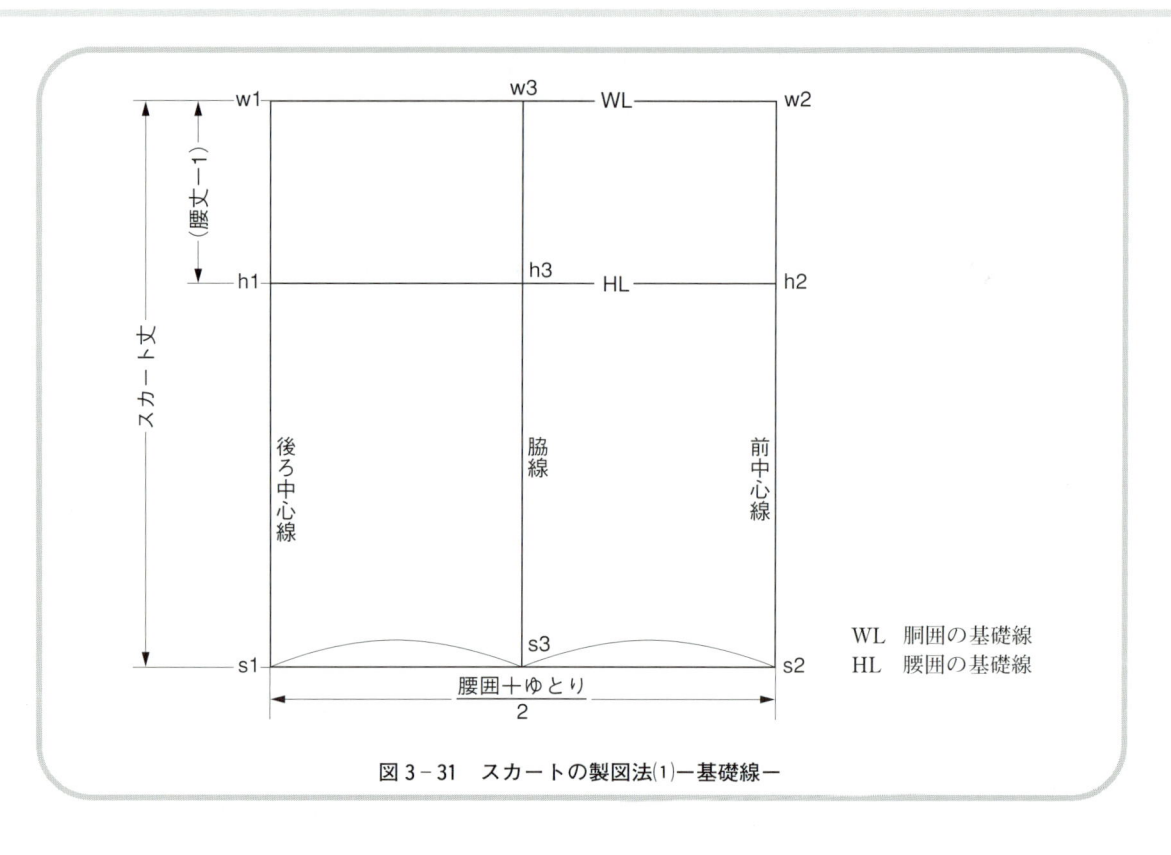

図 3−31　スカートの製図法(1)―基礎線―

### （3）スカートとスラックスの原型

#### 1）スカートの原型

　下体部を覆う衣服として，スカートの原型を設計する。製図のデータは，腰囲，胴囲の 2 身体計測値と，スカート丈とする。図 3−31 は製図のための基礎線である。腰囲は下半身の最大周径であり，胴囲は下半身用衣服の支持部位として重要である。原型のスカート丈は（後胴高−膝高），つまり膝までの丈で，平均的には身長の 36% 程度とする。腰丈は製図上のヒップラインの位置である。ここでは成人女子の平均値 20.1 cm（工業技術院 1975）からベルト幅の 1/2 の分 1 cm を減じて，19 cm とする。腰囲のゆとりは 4〜6 cm とする。

表 3−5　腰部体表展開図に表れたダーツ量と脇カット量（半周）
−20〜39 歳女性−

| 部　位 | 後ろ | | | 前 | | | 計 |
|---|---|---|---|---|---|---|---|
| | 後ろ第 1 ダーツ | 後ろ第 2 ダーツ | 後ろ脇カット | 前脇カット | 前第 2 ダーツ | 前第 1 ダーツ | |
| 部位ごとの量 | 2.7 cm | 1.9 cm | 2.9 cm | 3.2 cm | 2.4 cm | 1.2 cm | 14.3 cm |
| 部位ごとの割合 | 18.9% | 13.3% | 20.3% | 22.4% | 16.8% | 8.4% | 100.1% |
| 後ろ・脇・前の割合 | 32.2% | | | 42.7% | | 25.2% | 100.1% |

資料）大妻女子大学被服体型学研究室（未発表）

20～39歳の女性の体表を覆う図形を求め，それによってダーツの配分を観察した結果が表3-5である。ダーツ量は若い成人女子では前よりも後ろの方に多い傾向があることが分かる。

図3-32はスカートの各部輪郭線の製図法である。

腰部の形には腰囲と胴囲だけでは表しきれない個人差がある。ダーツや脇線上部のカーブなどでは，前節を参照して補正をすることができる。

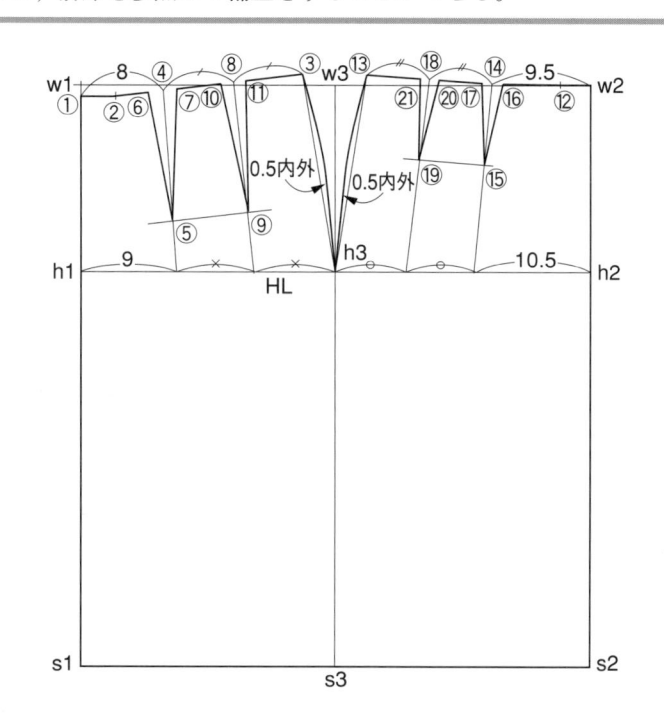

**ダーツの配分**　半身ごろのダーツ量の配分は，下記のように後ろで35％，前で25％，脇縫目線で40％を目安とする。すなわち，

半身ごろダーツ量　$D = \frac{1}{2}\{(腰囲＋ゆとり4\,cm)－(胴囲＋ゆとり2\,cm＋いせこみ2\,cm)\}$

　　後ろダーツ　　$D \times 0.35(\%)$　　　　前ダーツ　　　$D \times 0.25(\%)$
　　前脇カット　　$D \times 0.2(\%)$　　　　後ろ脇カット　$D \times 0.2(\%)$

なお，前・後のダーツは分量やデザインによって1本にまとめるが，2本に分ける場合を示す。

**後ろスカート**　①はウエストの後ろ中心で，w1の1 cm下。②は①の3 cm脇寄り。③はw3よりも脇カット量（後ろ）だけ後ろ中心寄りでWLより1 cm上。②と③を直線で結ぶ。④はこの直線上で後ろ中心線から8 cmの点。

h1から9 cm脇よりの点と④を結び，その線上で④から12 cm内外の点が⑤。後ろダーツ1本分を④を中心としてとり，⑥，⑦とする。⑧は③と④の中央。

HL上でh1から9 cmとった残りの部分を2等分する点と⑧を結び，⑧から12 cm内外の点を⑨とする。

後ろダーツの残り1本分を⑧を中心としてとり，⑩，⑪とする。後ろスカートの輪郭線を描くが，h3から③は0.5 cm内外の丸みをつける。

**前スカート**　⑫はw2の3 cm脇寄り。⑬はw3よりも脇カット量（前）だけ前中心寄りでWLより1 cm上。以後，㉑まで，後ろスカートと同様の方法で描く。なお，⑮は⑭から8 cm内外の点。

**図3-32　スカートの製図法(2)－各部の輪郭線－**（単位：cm）

## 2) スラックスの原型

下肢を左右別々に包む衣服にはキュロットスカートやスラックスがある。そこでスラックスとキュロットスカートの型紙をタイトスカートと比較したものが図3-33である。

スラックスやキュロットスカートには「股下」の部分がある。キュロットスカートでは「股下」部分の幅は腰部の厚み程度あり，裾幅も広いので，歩行や階段昇降のような股関節運動を拘束しない。スラックスでは「股下」の幅はこれよりも少なく，脚部は先細りになるので，股関節運動を拘束しないように，股の位置にスカート原型を切り開いたような縦方向のゆとり（図3-33(a)の8°，3°程度）が必要となる。

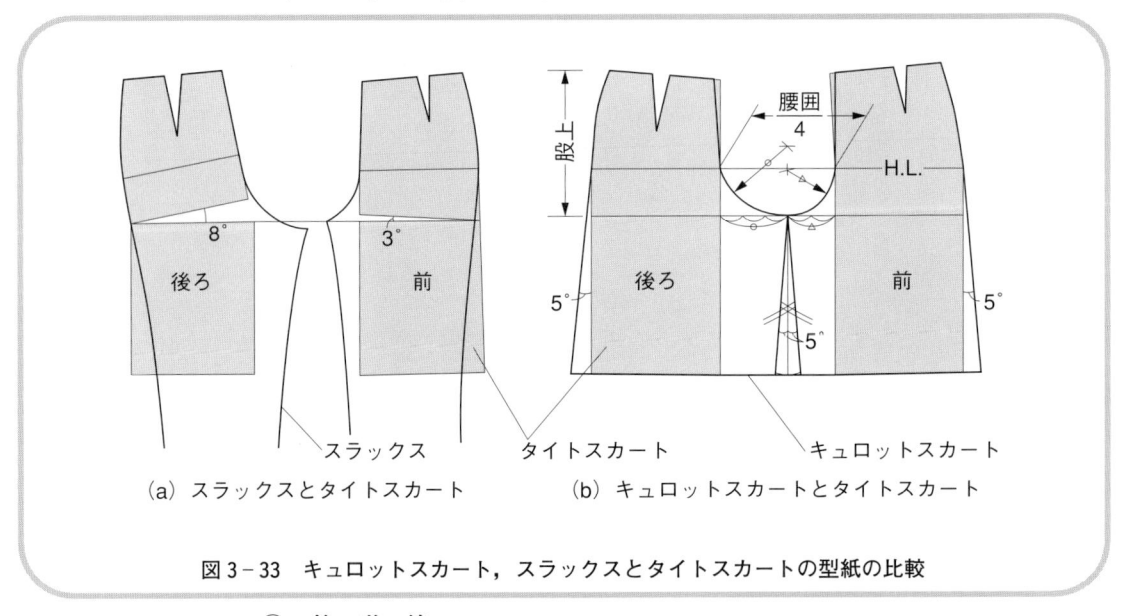

図3-33 キュロットスカート，スラックスとタイトスカートの型紙の比較

### ① 基礎線

製図に使用する計測項目は胴囲・腰囲，股上・スラックス丈・大腿最大囲である。ゆとり量として当初に加えるのは，胴囲で2cm，腰囲で2cm内外，大腿最大囲で8cm，膝囲で10cmとする。腰囲のゆとりは，製図完了時には，さらに2～3cm増える。

図3-34のスラックスの製図法(1)は基礎線の描き方を示している。

### ② 型紙の輪郭線

図3-35のスラックスの製図法(2)は，型紙の輪郭線の描き方を示したものである。

まず，ヒップからウエストにかけてシェイプする。すなわち，前後それぞれ2本のダーツと，脇縫目線で前と後ろをカットする分量を計算し，それによって①から⑬の順に形作る。次に各部分の幅を決めるが，CL（股の基礎線）・KL（膝の基礎線）・AL（足くびの基礎線）における後ろ幅は前幅よりも4cm大きい。

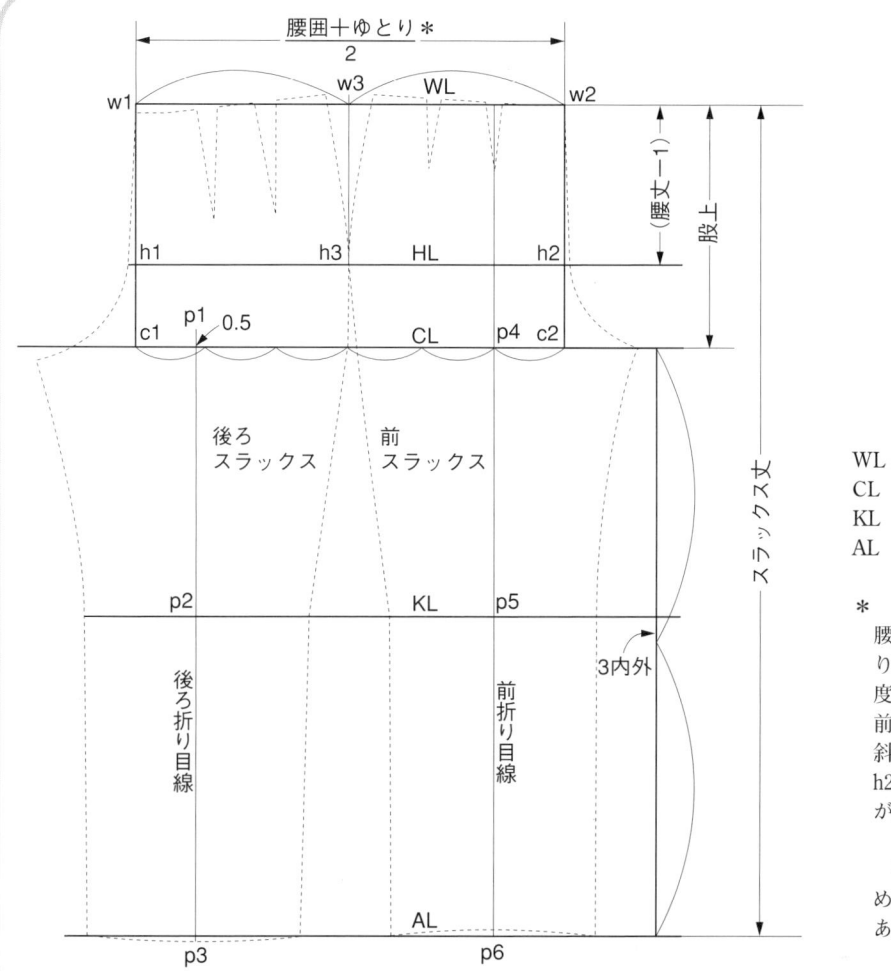

WL　胴囲の基礎線
CL　股の基礎線
KL　膝線の基礎線
AL　足くびの基礎線

＊　このゆとり量は腰囲に加えるゆとりの半分，2cm程度。残りとしては，前後の股上線が傾斜しているのでh1，h2あたりにゆとりが生じる。

破線は参照のための型紙輪郭線である。

　w1～w2（WL）は胴囲の位置，h1～h2（HL）は腰囲の位置，c1～c2（CrL）は股の位置，KLは膝(ひざ)の位置，ALはくるぶしの位置を表す。
　w1～w2，およびc1～c2の寸法は下半身の最大周径である腰囲にゆとりを加えたものの1/2である。WLとHLの距離は（腰丈－1）で19cm内外，WLとCLの距離は股上，WLとALの距離はスラックス丈である。CLとALの距離の1/2より3cm内外上方にKLを描く。
　腰の部分を2等分するようにw3，h3を印す。左側が後ろ，右側が前となる。
　脚部の折り目線を印すために，c1～c2を6等分する。左側1/6よりもさらに0.5cm，c1寄りに後ろ折り目線p1～p2～p3を，右側1/6に前折り目線p4～p5～p6を垂直にALまで描く。

**図3-34　スラックスの製図法(1)－基礎線－（単位：cm）**

　これは立位の人体を側面から見ると一般にウエストよりもヒップと脚部が後方に位置するので，スラックスの脇線がなるべくウエストから垂直に降りるようにするためである。図3-35の後ろスラックスは，そのままでは股関節運動時の臀溝付近の伸びに対応できない。そこで図3-36のようにCLから上の部分を回転し縦のゆとりを作る。最後に股上から股下，裾，脇線を結び輪郭線を描く。

3．衣服原型とデザイン

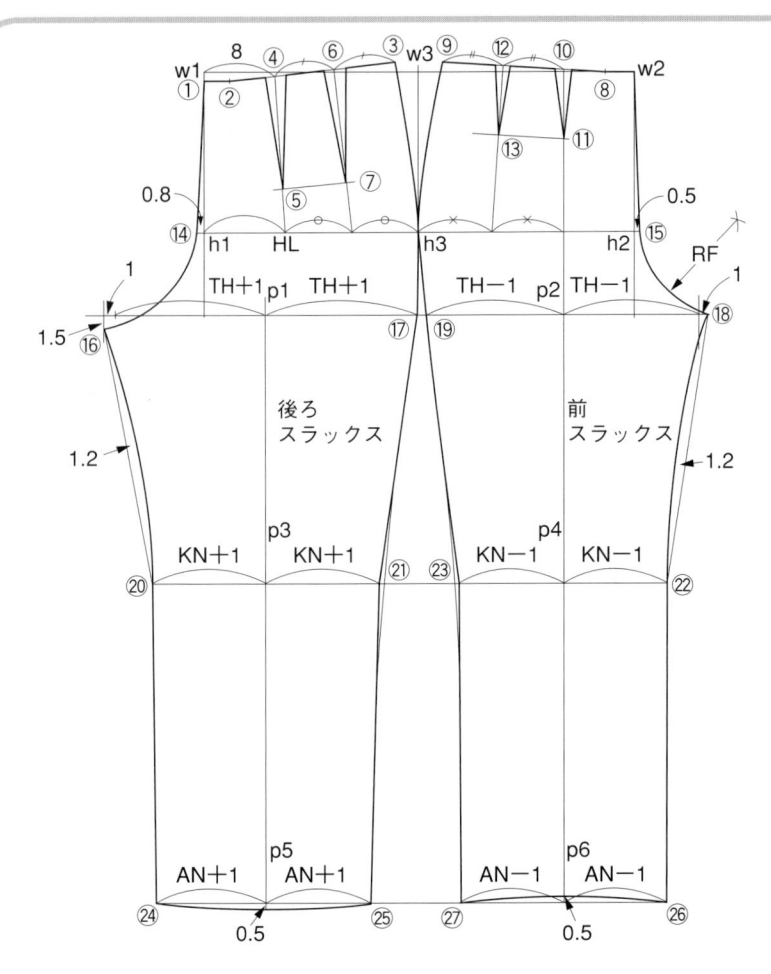

TH　大腿における幅の $\frac{1}{4}$　　　KN　膝における幅の $\frac{1}{4}$

AN　足くびにおける幅の $\frac{1}{4}$　　　RB　後ろ股上を描くコンパスの半径

RF　前股上を描くコンパスの半径

**ダーツの配分**　胴囲のダーツ量を次のように計算し，配分する。

半身ごろダーツ量

$$D = \frac{1}{2}\{(腰囲+ゆとり)-(胴囲+ゆとり2cm+いせこみ2cm)\}$$

| | |
|---|---|
| 後ろ脇カット | $D \times 0.2$ (cm) |
| 後ろダーツ1（前中心寄り） | $D \times 0.17$ (cm) |
| 後ろダーツ2（脇寄り） | $D \times 0.18$ (cm) |
| 前ダーツ1（前中心寄り） | $D \times 0.13$ (cm) |
| 前ダーツ2（脇寄り） | $D \times 0.12$ (cm) |
| 前脇カット | $D \times 0.2$ (cm) |

図3-35　スラックスの製図法(2)―各部の輪郭線―（単位：cm）

**ダーツの位置と長さ**　①は胴囲の後ろ中心で，w1の1cm下。②は①の3cm脇寄り。

③はw3よりも後ろ脇カット量だけ後ろ中心寄り，WLよりも1cm上。②と③を直線で結ぶ。

④はこの直線上で後ろ中心線から8cmの点。h1から9cm脇よりの点と④を結び，その線上で④から12cm内外の点が⑤。後ろダーツ1本分を④を中心としてとる。⑥は③と④の中央。

HL上でh1から9cmとった残りの部分を2等分する点と⑦を結び，後ろダーツの残り1本分を⑥を中心としてとる。

⑧はw2の3cm脇寄り。⑨はw3よりも前脇カット量だけ前中心寄り，WLよりも1cm上。⑩はp2の上方WL上の点。⑪は⑩から8内外，前ダーツ1（前中心寄り）を⑩を中心としてとる。

⑫は⑨と⑩の中央で，⑫，⑬を中心として前ダーツ2（脇寄り）をとる。

**各部分の幅**　HL，CL，KL，ALにおける幅を決める。

**HLにおける幅**　⑭はh1から0.8cm。⑮はh2から0.5cm。

**CLにおける幅**　$TH = \frac{1}{4}$（大腿最大囲＋ゆとり8cm）を基本とし，折り目線を中心として幅を決める。

**KLにおける幅**　$KN = \frac{1}{4}$（膝囲＋ゆとり10cm）を基本とする。

**ALにおける幅**　$AN = \frac{1}{4}$（ヒール囲＋ゆとり10cm）を基本とする。

**後ろ股上の回転**　CLで後ろ型紙を8°切り開く。開く角度は，大腿部のゆとり（E2）が少ないスラックスでは多く，ゆとりの多いスラックスでは少なくてよい。E2が8cmの場合には8°内外が目安となる。後ろ股上のカーブは半径 $RB\left(\frac{腰囲}{10}+3\right)$ の円弧で描く。㉘，㉙はRB，⑨と㉙を通る円弧とする。

**前・後ろスラックスの輪郭**　各作図点を結んで，輪郭線を描く。股上のカーブは，後ろでは $\frac{腰囲}{10}+3\,cm$ を半径とし，前では $\frac{腰囲}{10}+1.5\,cm$ を半径とする円弧とする。なお，後ろ股上は倒しの処理（上記）を行ってから描く。脇縫い目線や股下縫い目線はなだらかなカーブを描く。裾は，ウール地などを使用したテーラードな仕上げの場合には図のようなカーブをつける。

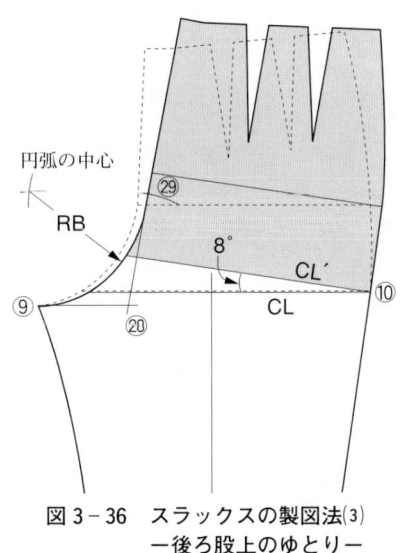

図3-36　スラックスの製図法(3)
　　　　－後ろ股上のゆとり－

## 3.2 デザインの展開
### (1) 衣服型紙の設計

衣服の型紙は，デザインの意図に応じてさまざまに設計される。その場合，着やすさ・動きやすさを保つためには，次の条件が大切である。

① **支持部**　衣服の重さを支えたり，衣服着用時に体に安定させておく部位で，上半身では肩，下半身ではウエストである。ゆとり量の多い場合には，ベルト，バンドなどで固定することもある。

② **ゆとり**　ゆとり量は，デザインによって異なるが，一般にワンピースドレスよりもジャケット，コートなど外側に着用するものの方がゆとりを多く必要とする。

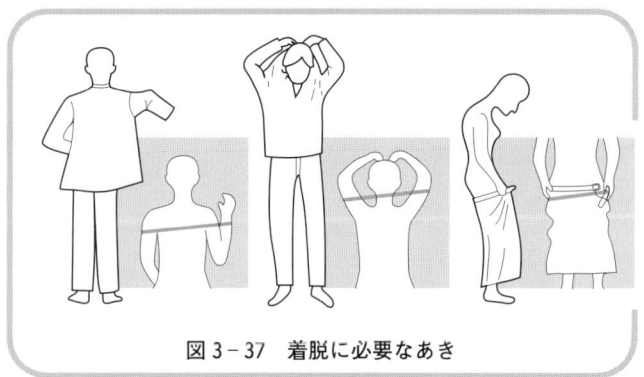

③ **あき**　衣服の着脱は，はおる，かぶる，はくなどの動作によって行われる。頭，手，足，体幹を通すためのあきの位置とあきの量は，着脱のしやすさを大きく左右する。乳幼児や高齢者の衣服では，楽に着脱できるよう特に注意を要する（図3-37）。

ボタン留めにする場合には，図3-38のように打ち合い量をもち出す。一般に，衣服材料が厚地の場合の打ち合い量は多く必要である。なお，あきをはじめ，衿ぐり・袖ぐりなど，衣服の開口部のしまつには，見返しをつけてその部位の美観と補強に役立てる。

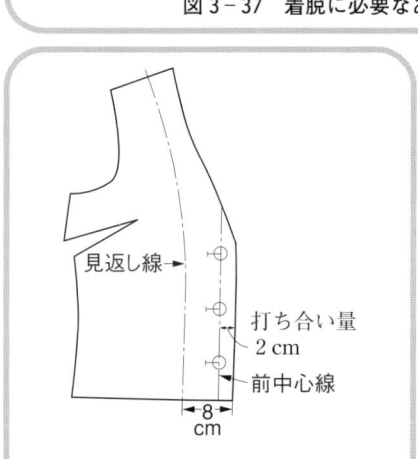

図 3-37　着脱に必要なあき

図 3-38　打ち合い量と見返し幅の例

④ **ポケット**　ポケットは「物を身に着けて運ぶ働き」をする。ポケットの口の位置，方向，大きさ，布地の張りなどは使い勝手の善し悪しに関係する（図3-39）。

### (2) 身ごろ

胴部原型の前身ごろでは乳頭点，後ろ身ごろでは肩甲部の突出に向かうダーツがある。このダーツはどの方向に切り開いても乳房や肩甲骨のふくらみに対応した同じ形に組み立てられる。身ごろのデザインはこのダーツを移動させたり，**ダーツをギャザー，タック，プリーツ**に変えることによって展開される。ダーツの移動の方法を図3-40に示したが，パターンにはさみを入れる方法とパターンを新しく描き写す方法がある。いずれも，前身ごろでは乳頭点（BP），後ろ身ごろでは肩甲部の突出を中心にダーツを回転させて新しいダーツを設定する。前身ごろのダーツ展開を図3-41に示した。

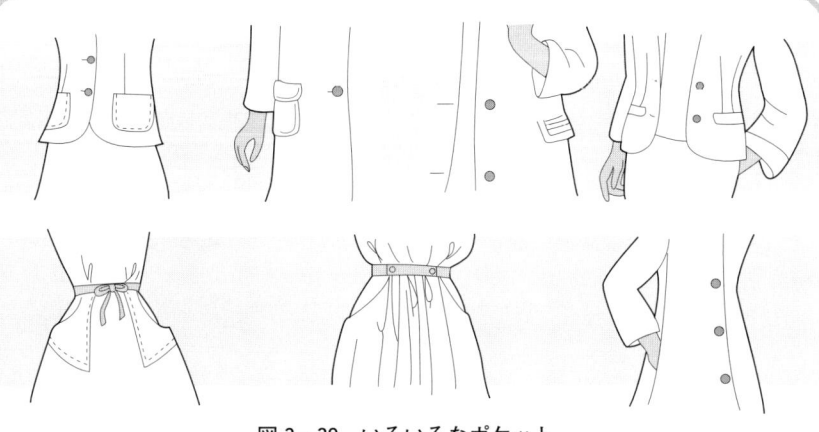

図3-39 いろいろなポケット

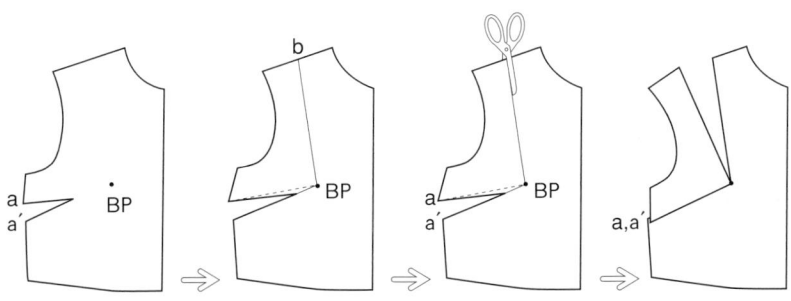

ダーツをBPまで延ばす。新しいダーツの位置にガイドラインを描く(b)。　ガイドラインにはさみを入れる。　元のダーツa，a′をたたむと、自動的に新しいダーツが開く。

● パターンにはさみを入れて新しいパターンを作る方法

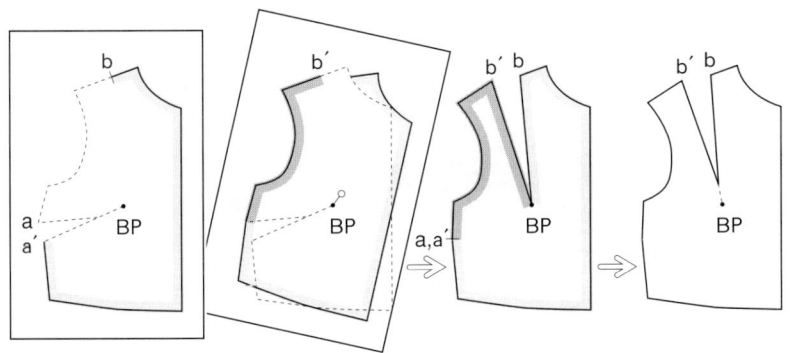

図の実線(薄あみ線)を新しい紙に写す。　BPにピンを刺して固定し、BPを中心に新しい紙を回転し、aとa′を一致させると、脇ダーツが閉じる。次に、濃いアミ線の実線を新しい紙に写す。　新しい紙の上でb，b′とBPを直線で結ぶ。　b-BPの線をBPから4cm離して、ダーツを完成させる。

● パターンを回転させながらトレースし、新しいパターンを作る方法

図3-40 ダーツの移動

3. 衣服原型とデザイン●

図 3-41　ダーツのデザイン展開

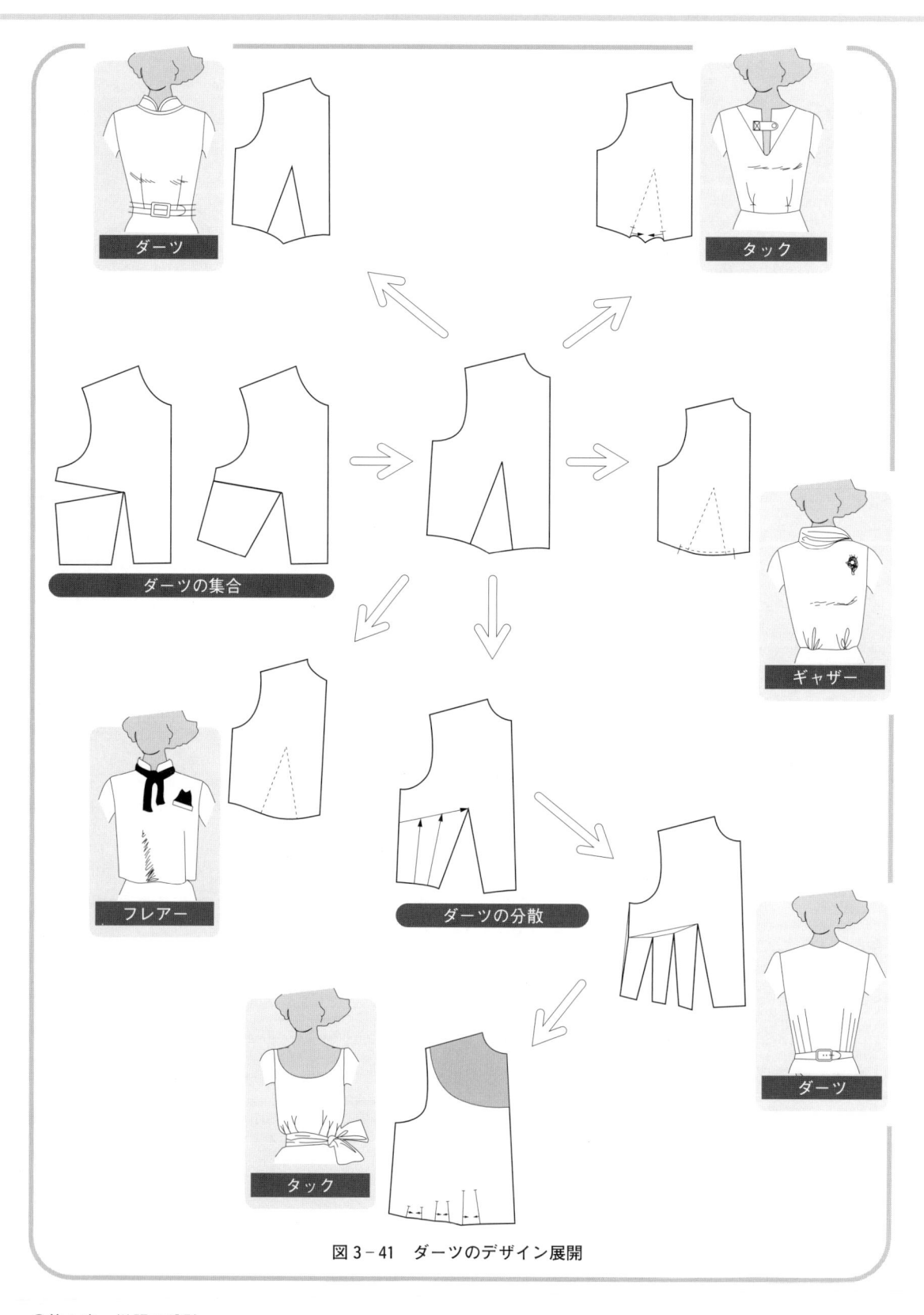

## （3） 袖

袖は，身ごろの袖ぐり（アームホール）が定まってからデザイン展開される。身ごろの袖ぐり寸法を基として袖の袖付け寸法が決まる。同じ袖付け寸法で袖山の高さが低い場合，袖幅は広く，71ページの袖のモデルで示したように，上肢を挙げた状態で身ごろと袖が縫い合わされているので動作に対応しやすい。また，上肢を自然に下ろすと，前腕は前方に傾く。したがって，**タイトスリーブ**では図3-42のように肘に向かうダーツをとって袖にカーブをつけるとよい。肘に向かうたてのダーツ線の延長線を切り離し，内袖と外袖に分けた袖を**二枚袖**という。二枚袖はジャケットやコートに用いられる（図3-43）。

図3-44に袖の袖付け寸法のゆとり量と袖口のゆとり量の違いによるデザイン展開を示した。その他，身ごろの肩の部分と続いている**ラグランスリーブ**や身ごろと袖がつながっている**キモノスリーブ**などがある（図3-45）。

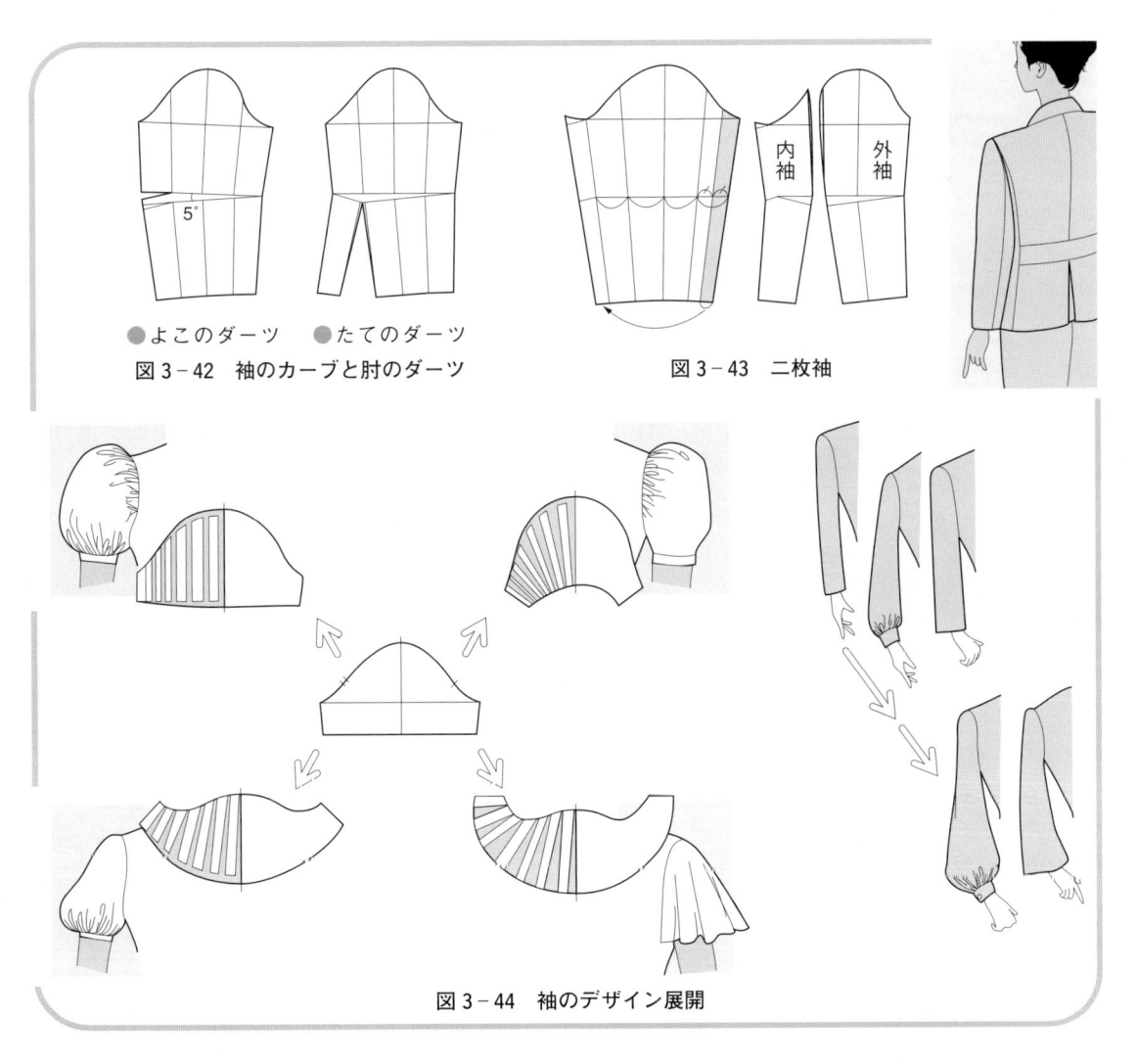

● よこのダーツ　● たてのダーツ

図3-42　袖のカーブと肘のダーツ

図3-43　二枚袖

図3-44　袖のデザイン展開

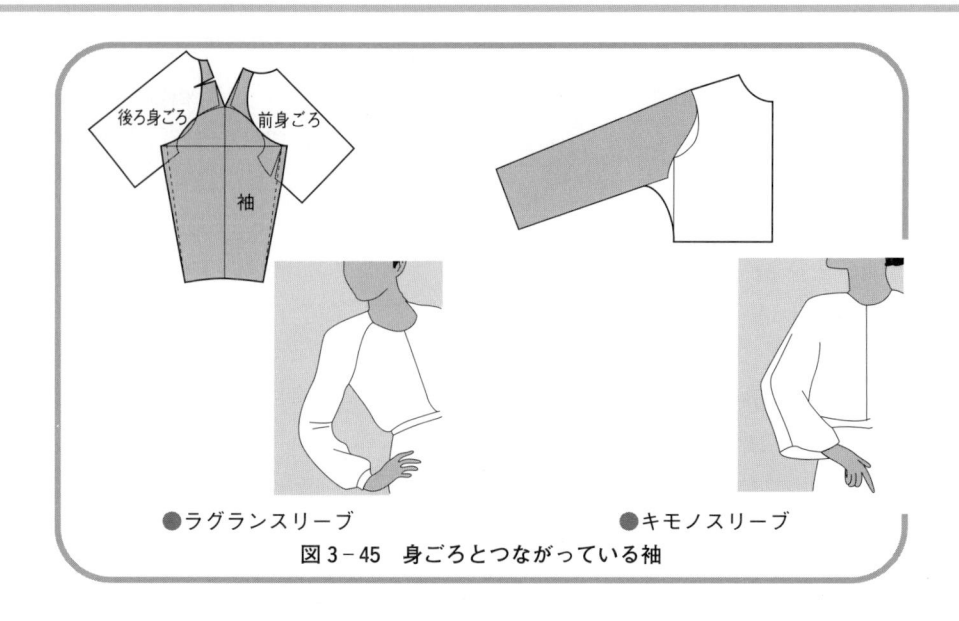

●ラグランスリーブ　　　　　　　　　●キモノスリーブ
図3-45　身ごろとつながっている袖

### （4）衿

　衿は身ごろの衿付け線に合わせて設計される。図3-46はデザインの意図に合わせて原型の衿ぐり線を修正した例で，o-aは後ろ衿付け線の長さ，a-bは前衿付け線の長さとなる。

　基本的な衿としては，図3-47に示す**スタンドカラー**，**ロールカラー**，**フラットカラー**の三つが挙げられる。さらに台衿に上衿が付いた**シャツカラー**（図3-48），身ごろの一部が折り返し衿を形成する**オープンカラー**（図3-49），**テーラードカラー**などがある（図3-50）。

　いずれにおいても図中の $α$ の値を変えることで衿のカーブの強さを調節することができる。衿の形は紙かシーチングなどで仮裁ちをして，全体とのバランスを確かめてみるとよい。

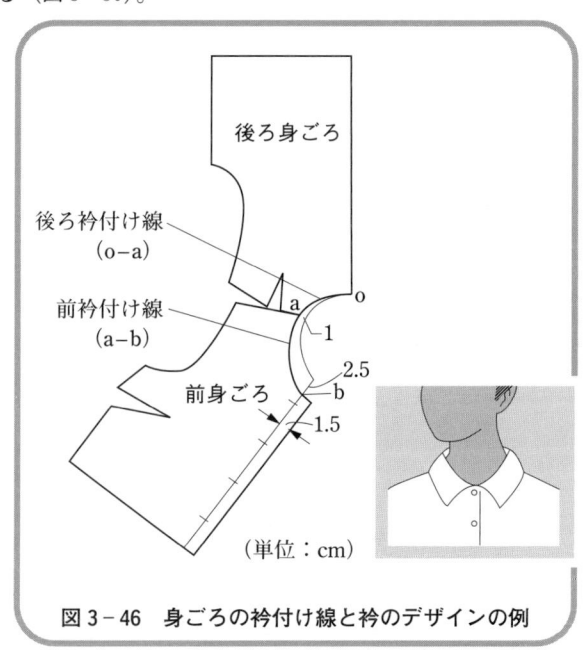

図3-46　身ごろの衿付け線と衿のデザインの例

### スタンドカラー

外まわり線
衿付け線

後ろ中心線
3内外
2.5内外
(1〜1.5)
o〜b′=(o〜a)+(a〜b)

### ロールカラー

衿腰

後ろ中心線
6内外
α
(4〜6)
o〜b′=(o〜a)+(a〜b)

### フラットカラー

後ろ中心線
α
$α = 30〜35°$
0.5

●製図法（単位：cm）

図3-47　衿のデザイン展開

図3-48　シャツカラー

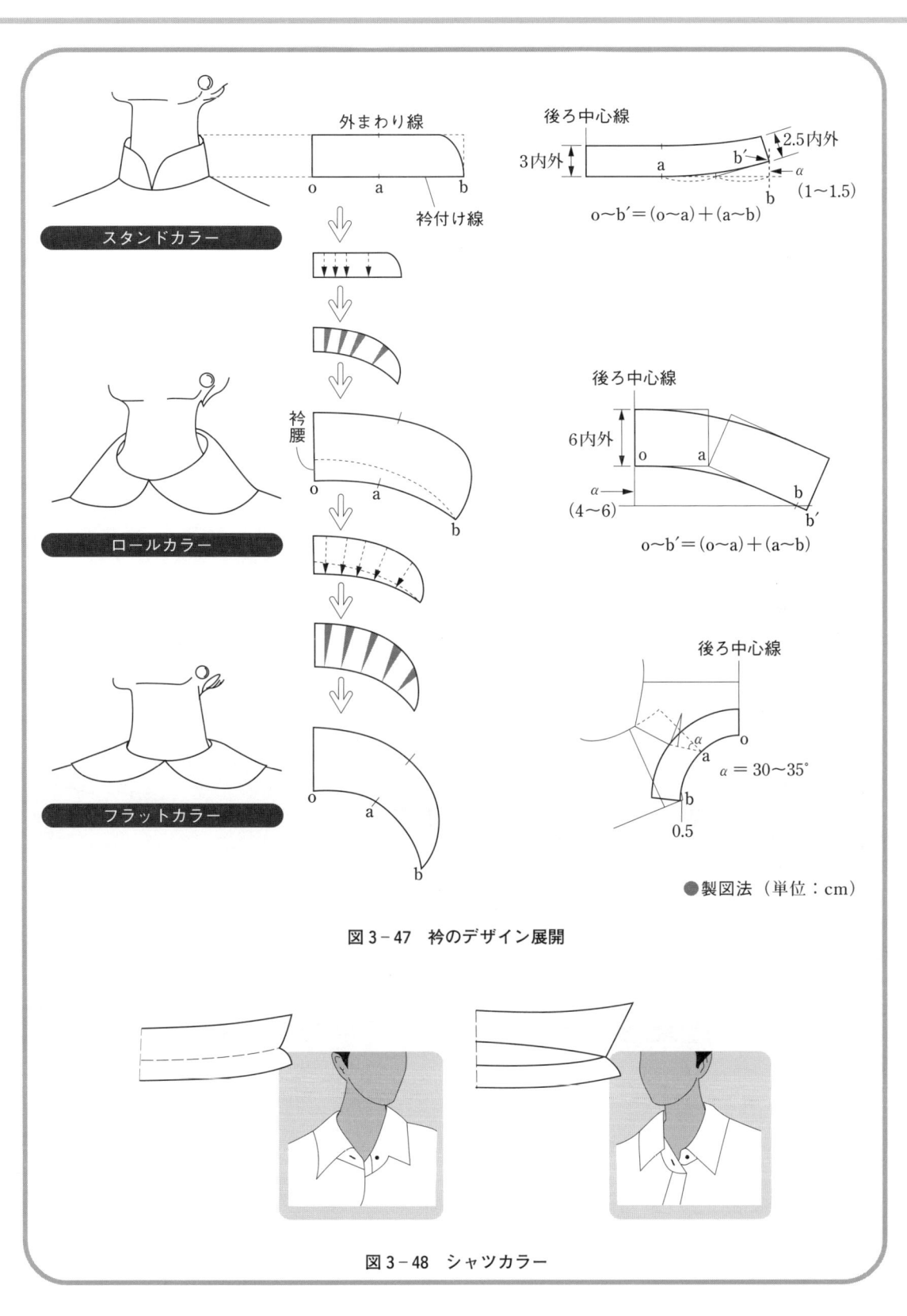

3. 衣服原型とデザイン●

後ろ中心線

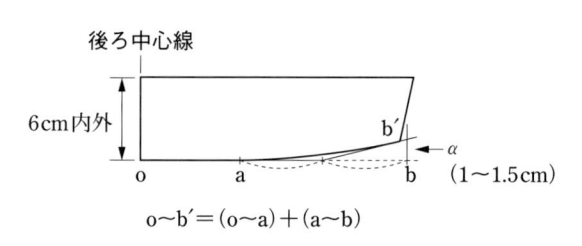

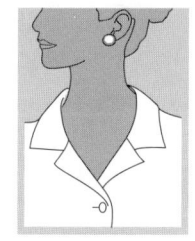

6cm内外

$o \sim b' = (o \sim a) + (a \sim b)$

α (1～1.5cm)

図3-49　オープンカラー

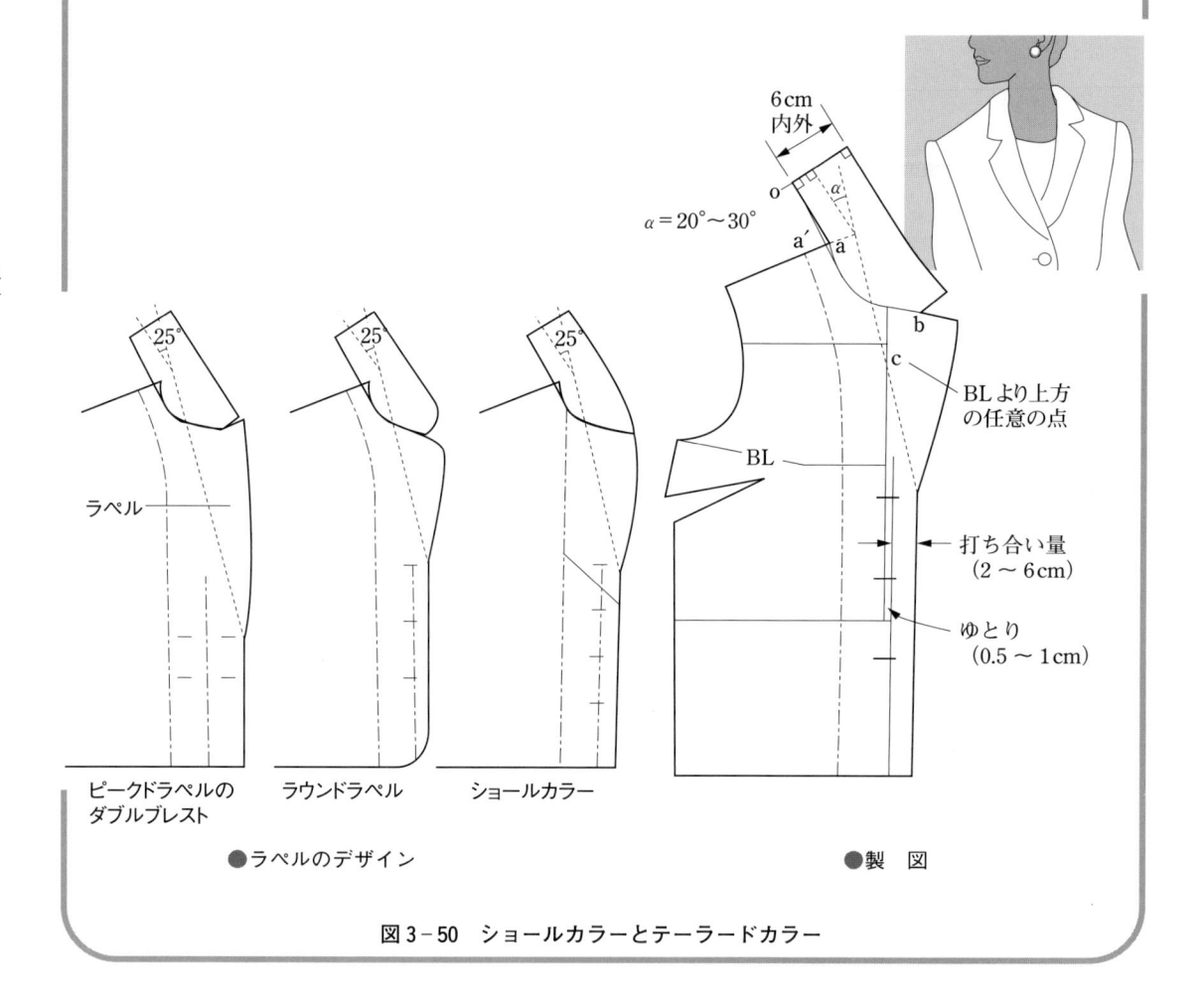

6cm内外

$α = 20° \sim 30°$

25°

BLより上方の任意の点

打ち合い量 (2～6cm)

ゆとり (0.5～1cm)

ピークドラペルのダブルブレスト　ラウンドラペル　ショールカラー

ラペル

●ラペルのデザイン　　　●製　図

図3-50　ショールカラーとテーラードカラー

●第3章　洋服の設計

## （5） スカート

図3-51にスカートのデザイン展開例を示す。裾やウエストに入れるゆとり量の多少により雰囲気が変わる。この他にプリーツスカートやタックスカートなどさまざまな形にデザイン展開することができる。

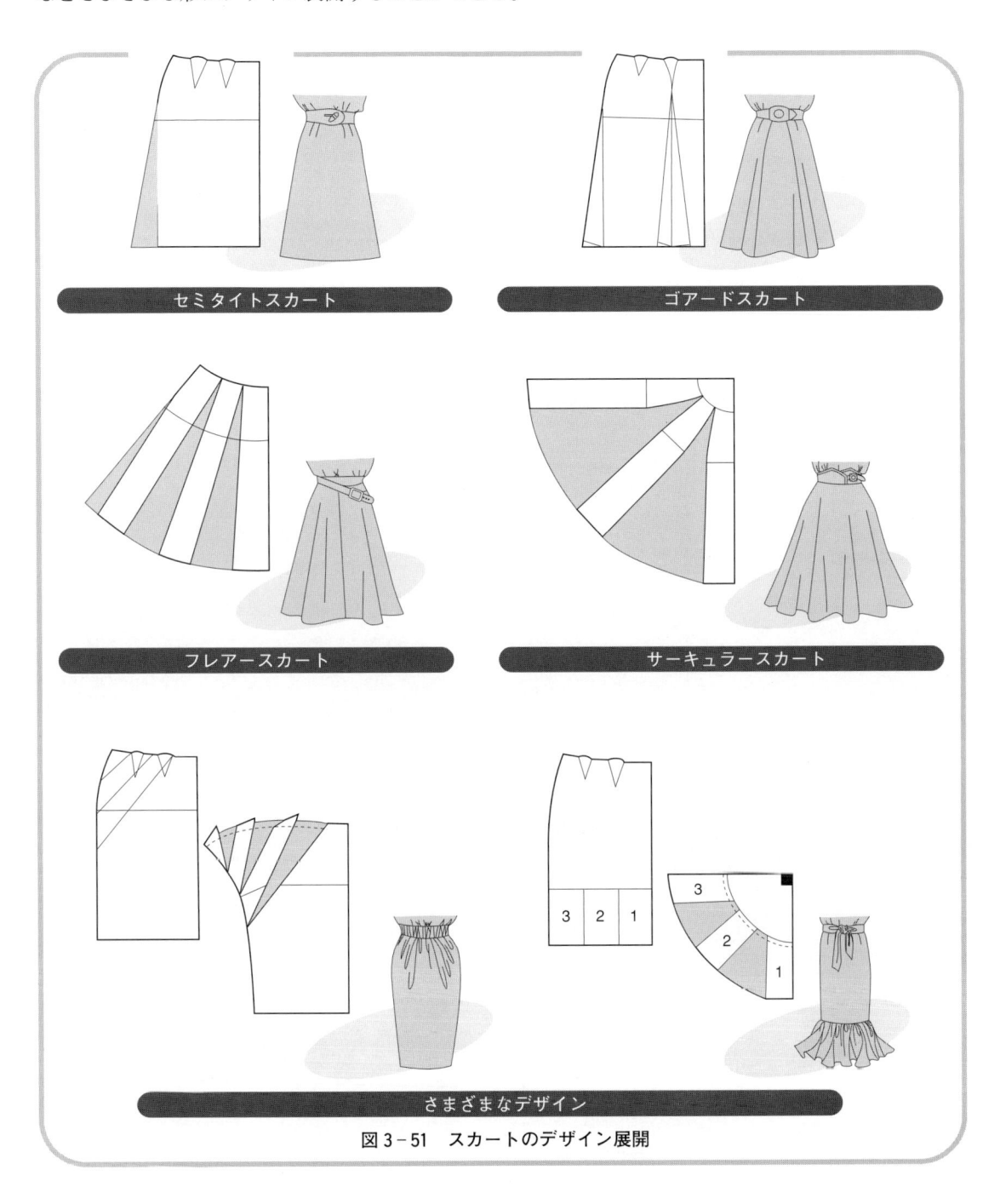

セミタイトスカート

ゴアードスカート

フレアースカート

サーキュラースカート

さまざまなデザイン

図3-51 スカートのデザイン展開

3. 衣服原型とデザイン

## 4. 衣服の適合性評価

### 4.1 感覚による評価

一般に衣服が着用者に適合するかどうかは，その人が試着することで評価される。これをシステマティックに行うことで，衣服の適合性を客観的に評価し，衣服設計に生かそうとするものである。衣服の形，ゆとり量，材質などの条件を変えて，着用したときの圧迫感や拘束感などを定量化し，評価するのである。

一般に人の感覚を用いて物の品質特性を評価・判定することを，**官能検査**（sensory evaluation）といい，製品設計の広い領域で用いられている。近年，**感覚計測**ともいわれる。衣服の適合性を感覚で評価し，正しい結論を得るためには，人の感覚に関わる生理と心理の働きを理解し，適切な統計的手法を適用する必要がある。

表3-6 感覚の分類

| | | |
|---|---|---|
| 特殊感覚 | 味覚，嗅覚，平衡感覚，視覚，聴覚 | |
| 体性内臓感覚 | 皮膚感覚 | 機械的感覚（圧，触，振動，くすぐったさ）<br>温度感覚（温，冷）<br>痛覚 |
| | 深部感覚 | 運動感覚<br>位置感覚<br>力感覚<br>痛覚 |
| | 内臓感覚 | 内臓感覚<br>痛覚 |

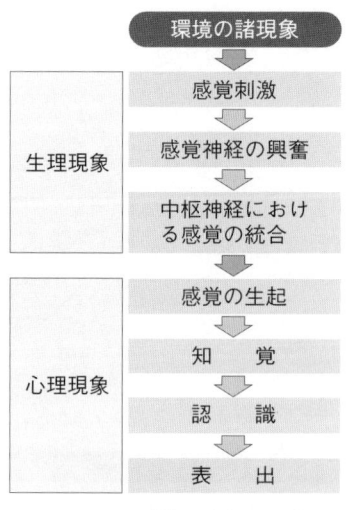

図3-52 感覚の生起から表出までのプロセス

（生理現象：環境の諸現象 → 感覚刺激 → 感覚神経の興奮 → 中枢神経における感覚の統合／心理現象：感覚の生起 → 知覚 → 認識 → 表出）

### （1） 感覚の知覚と計量

感覚の種類では，視覚，聴覚，味覚，嗅覚などがよく知られているが，衣服の着用感に直接関連があると考えられるのは，皮膚感覚，深部感覚である。

表3-6に感覚の分類を示す。そのうち，例えば圧覚は皮膚の機械的感覚の一種である。これは圧迫刺激がある時，その強さのみをよく感知する細胞（受容器）で検出され圧迫の感覚が起こる。このように一つひとつの感覚には固有の受容器が存在する。しかし日常，圧覚と触覚を区別することが難しいように，衣服の着用感などには単独の受容器に帰することが難しいものが多い。

図3-52は，ある現象が特定の感覚を起こし，知覚・認識され，その結果が表出されるまでのプロセスを示している。環境が生体に加える刺激は，その刺激に適した受容器で感知され，感覚神経の興奮として中枢神経系へと伝達され，統合されて初めて感覚が起こり，さらに感覚を介して刺激物の性質が知覚され，過去の経験に基づいて判断・推理し，意味あるものとして認識される。認識の内容が第三者へ伝えられるには言葉や動作などで表出さ

れなければならない。このプロセスのうち，神経の興奮が中枢神経で統合されるまでは，生理現象として理化学的にとらえることの可能な領域といえるが，感覚が生起してから言語などによって表出されるまでの部分は，理化学的にとらえることのできない領域で，計量には心理学的方法が必要である。

　感覚を規定するのは，性質（quality），強さ（intensity），持続時間，空間的広がりである。感覚の強さを数量化し，刺激の強さに対応する感覚量の関係（例：締めつけの「つよさ」に対応する「不快」の程度）が明らかになれば，これを製品の設計に生かすことができる。

（２）　感覚による品質評価の方法と留意点

　感覚による評価には理化学的評価[*1]とは異なった特徴がある。それには，1．嗜好，快・不快等の評価ができる，2．総合的な評価がしやすい，といった大きなプラス面と，同一の刺激に対しても，3．個人によって感覚強度が異なること（個人差），4．疲労，順応，環境の影響があって，いつも同じ評価がなされる（再現性）とは限らないなどのマイナス面がある。感覚に頼る評価にはいろいろな方法[*2]がある（表3-7）。マイナス面をなるべく補うためには，検査の目的や条件に合った方法を選び，次のような配慮をする。

① 　品質特性を表す用語

　誰もが同じ意味に使えるように定義しておく。その場合，その特性を識別する用語（例：きつい・ゆるい）と，好ましさや優劣を表す用語（好き・嫌い，良い・悪い）とは，意味が必ずしも一致しないので，区別するとよい。

② 　試　　　料

　検査ごとに変化したり，バラついたりしないように，十分調整しておく。

表3-7　官能検査のための手法例　（JIS Z 9080 解説より）

| | 名　称 | 目　的 | 方　法 |
|---|---|---|---|
| a | 一点識別試験法 | 差の識別<br>分類 | 試料を1個ずつ提出して，それがAであるかないか，またはAであるかBであるかを判定させる。 |
| b | 二点識別試験法 | 差の識別 | A，B2個の試料を与え，ある特性について，どちらがより大きいかを判定させる。 |
| c | 順　位　法 | 特性の大きさ，優劣または好ましさの序列づけ | A，B，…M$t$ 個の試料について，ある特性の大きさに従って順位をつけさせる。 |
| d | 一対比較法 | 特性の大きさ，優劣または好ましさの尺度化 | A，B，…M$t$ 個の試料を比較する際，2個ずつを組にして比較させる。C通りの組合せすべてについて行う。 |
| e | 採　点　法 | 特性の大きさ，優劣，または好ましさの測定または評価 | 試料を与えて，ある特性の大きさ，品質の良否や好ましさの程度などを採点させる。 |
| f | カテゴリー尺度法 | 特性の大きさ，優劣または好ましさの測定，分類または評価 | 例えば，良い，やや良い，普通，悪いというように順序に並べた言葉を与えておき，試料がどの分類に属するかを答えさせる。 |

[*1]　被服の適合性評価について用いられる理化学的評価の方法としては，被服圧，血流量の測定，脳波測定などがある。

[*2]　JIS Z 9080 およびその解説などが参考となる（表3-7）。

③ パネルの状態

パネルの協力が得られるように配慮し，特に判断に疲労・慣れなどが影響しないようにする。パネルとしては，十分に訓練されて識別能力のある，判断基準の安定した者の場合は3～10名，未訓練の者ではその10倍程を見込むことが多い。

(3) 感覚による評価の例

1) ウエスト・ベルトの適合感と胴囲寸法の関係

スカートやスラックスのウエスト・ベルト寸法を効果的に設定する目的で，ベルトの締め加減の好みがウエストの太い者と細い者で異なるかどうか，また本人が最適と評価した寸法と許容できる寸法範囲がどの程度かをみたのがこの実験である。

● 実験の要点

　試　料：ベルト寸法の目盛りの入った，任意サイズに留められるベルト
　パネル：女子大学生66名
　評価法：調整法。すなわち，ベルト寸法としての最適値，許容上限値，許容下限値の3種類をパネル自身のベルト調節によって求める。
　　　　　パネルをランダムに2分し，半数は不適当なほどきつい状態からゆるい方向へ（上昇方向），残りの半数は不適当なほどゆるい状態からきつい方向へ（下降方向）と，それぞれ3回試行して，平均値を記録する。
　解析の方法：回帰分析法

表3-8　身体の方法としての胴囲と3種のベルト寸法との差の相関係数

| 項　目 | r |
|---|---|
| （ベルト寸法の許容上限値－胴囲）と胴囲 | －0.82 |
| （ベルト寸法の許容最適値－胴囲）と胴囲 | －0.94 |
| （ベルト寸法の許容下限値－胴囲）と胴囲 | －0.91 |

図3-53　ベルトサイズの許容範囲

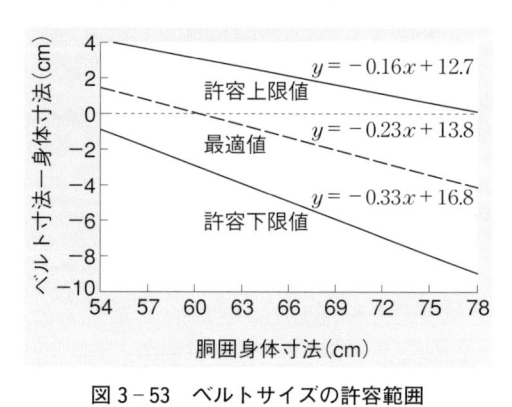

表3-8は，ベルト寸法の最適値，許容上限値，許容下限値と胴囲寸法の差と胴囲寸法の相関係数である。いずれも，－0.82から－0.94と高度の逆相関を示している。

そこで両者の関係を視覚的にとらえたのが図3-53である。まず，最適と感じるベルト寸法（最適値）は胴囲60 cmの辺りを境として，ウエストの太い者は胴囲よりも小さい寸法のベルトを好み，逆に，細い者では胴囲よりも大きめの寸法のベルトを好む傾向がみえる。さらにベルトサイズの許容範囲（上限値－下限値）では，ウエストの太い者が細い者に比べて広いと考えられる。

## 2) 衣服材料の物性とゆとり感の関係

ゆとり感の強さは衣服材料によっても影響をうけると考えられる。そこで、ワンピースドレスについて、布地の物性がゆとり感に影響を与えることを確認したのがこの例である。

●実験の要点

試　料：4種の布地による同一型紙のワンピースドレス

パネル：女子大学生5名

検査法：シェッフェの一対比較法

比較の仕方：パネル1名につき $4×3=12$ の組合せを作り、ランダムな順に取り上げ、先に着用したものに対する後のものの着心地を判定する。

評定尺度：ゆるい＋1，同じ0，きつい－1

解析の方法：分散分析，主効果の推定，その他

材料の物性：ゆとり感に関係があるもの6種の測定

図3-54は判定をする部位である。また図3-55は分散分析の結果をまとめたもので、主効果つまり素材の違いが着心地に対して大きな影響を与えていることが分かる。

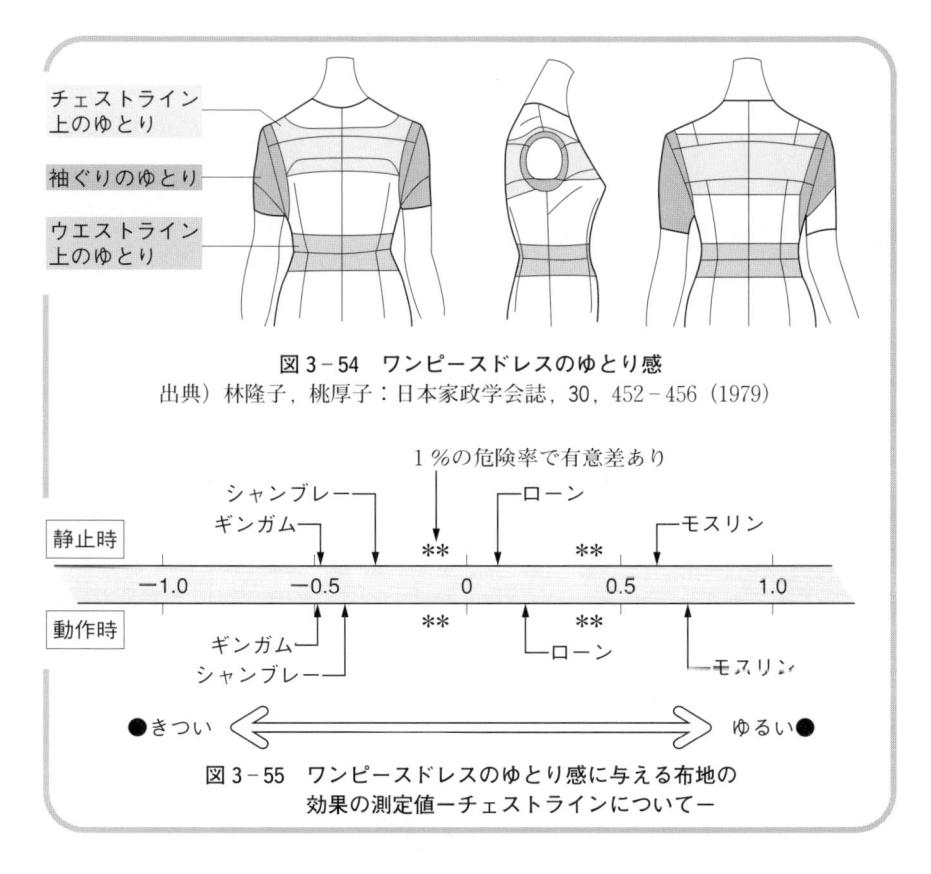

図3-54　ワンピースドレスのゆとり感
出典）林隆子，桃厚子：日本家政学会誌，30，452-456（1979）

図3-55　ワンピースドレスのゆとり感に与える布地の効果の測定値－チェストラインについて－

## 4.2 キネシオロジー的評価

歩く，棚のものをとる，パソコンを操作するなどの日常動作を行うときに，衣服の拘束により動きにくいと，歩幅を小さくするなど動きを変えて対応することになる。衣服による拘束がない場合と衣服を着用した場合の動作の変化を知ることによって，動きやすさを評価することができる。動作の変化は，ビデオなどの録画装置を利用した動作の観察や関節角度や歩幅の測定，筋電図の測定，着脱やボタンかけの時間などから分かる。

### (1) 動作の観察

写真やビデオなどの録画装置を利用し，動作を記録する。着衣による動きの変化や，幼児，成人，高齢者の加齢による動作の違いが観察できる。この記録から，後に述べる関節角度の変化の確認や，筋電図の変化，動作所要時間の違いの原因を探ることができる。

### (2) 関節角度の測定

関節をはさんだ二つの骨と骨の間には骨格筋がつながっており，その筋の収縮によって骨が関節を中心とした回転運動を起こす。関節の回転運動を記録する方法としては，写真やビデオなどの映像から解析する方法と，電気ゴニオメーター（関節角度計）を使用する方法がある。

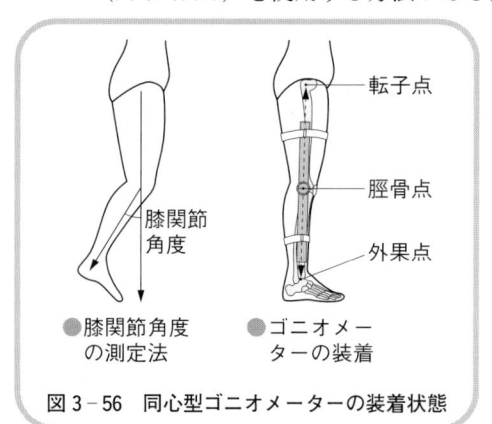

ゴニオメーターにはアームの回転によって生じる電気抵抗値の変化を利用した同心型ゴニオメーターや，ストレーンゲージ（ひずみ測定機）を利用した2軸ゴニオメーターなどがある。同心型ゴニオメーターでは関節とゴニオメーターの回転中心を合わせなければいけない。図3-56に，同心型ゴニオメーターを装着した状態を示した。

**図3-56 同心型ゴニオメーターの装着状態**

図3-57は拘束の小さいスカートAと拘束の大きいスカートBを着用して平地歩行した場合の膝関節角度を比較したものである。スカートBの場合は測定している側の脚が後方にある時の両足支持期（ds）に入るところで水着やスカートAの場合にはみられない小さな屈曲がある。これは，両足支持期で，スカートの裾幅が狭いことにより左右の脚の膝の前後方向の距離が十分にとれないためである。

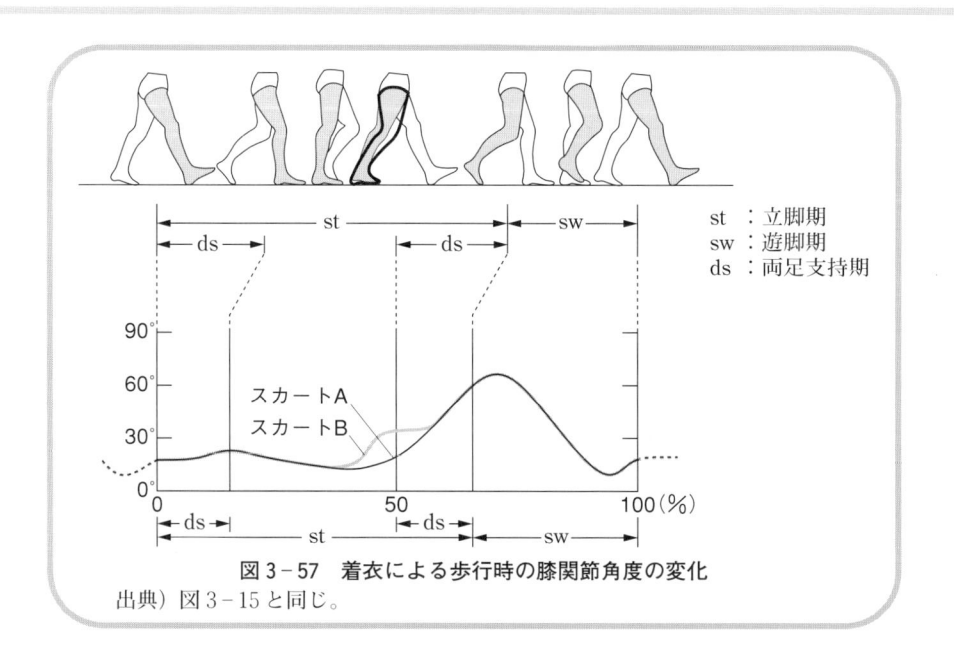

図3-57 着衣による歩行時の膝関節角度の変化
出典）図3-15と同じ。

st ：立脚期
sw ：遊脚期
ds ：両足支持期

## （3） 筋 電 図

　筋電図は骨格筋の収縮に伴って発生する微弱な活動電位を導出し，増幅して記録したものである。筋の収縮が強くなるほど放電間隔は短く，活動する運動単位（1個の運動ニューロンとそれに支配される筋線維群）の数も増加する。したがって，筋電図から筋活動の状態とその程度を知ることができる。筋の収縮が強くなるほど筋電図の振幅が大きくなるので，筋電図を記録することによって衣服の拘束の程度を表す指標として利用したり，衣服の拘束による動作の変化を知ることができる。

　図3-58は，着衣条件を変えて上肢を180°挙げた時の上腕三角筋の筋電図である。Tシャツ，摩擦の小さいジャケット＋裏付きコート，摩擦の大きい毛足のあるジャケット＋裏なしコートの順に筋電図の振幅が大きくなっている。重ね着による摩擦が大きいとき動作拘束が起こっていることがうかがえる。このような測定を行う場合，上肢を挙げる角度により筋電図の振幅が異なるので関節角度を同時に測定するとよい。

　図3-59は，スリットの縫い止まり位置が異なる（⇨ p.61，図3-14）ストレートスカートを着用して階段を上がったときの膝関節角度と大腿直筋の放電パターンを示したものである。サイクルの前半の上の段に足をかけて，そのまま片脚支持で身体を持ち上げる際に使われている大腿直筋の放電が，着衣の拘束に比例して次第に大きくなっていることが分かる。

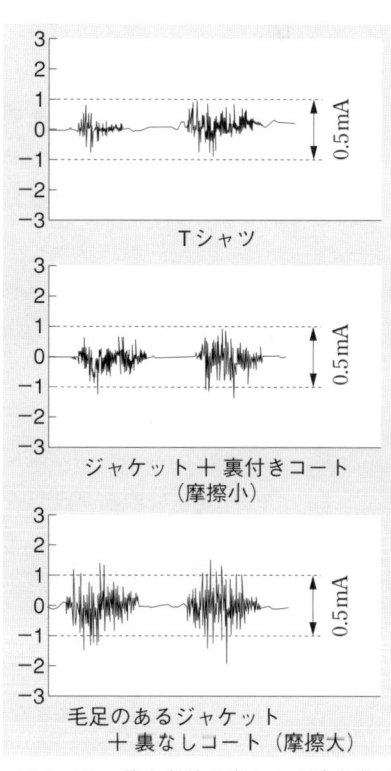

図3-58 着衣条件を変えて上肢を挙げた時の筋電図（三角筋前部）

資料）中島利誠編著，猪又美栄子他：『衣生活論』，光生館，27（1999）

4．衣服の適合性評価●

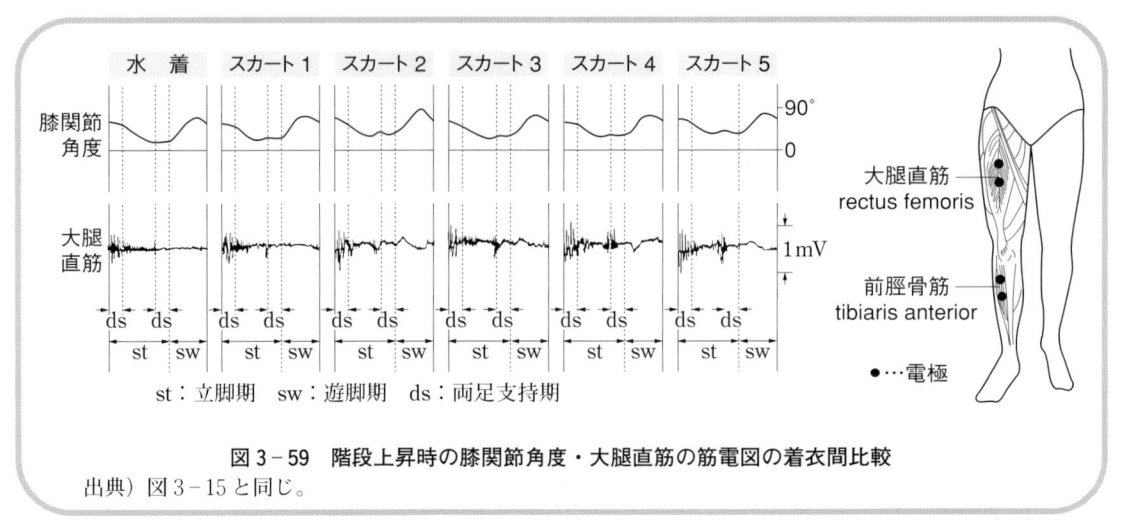

図3-59 階段上昇時の膝関節角度・大腿直筋の筋電図の着衣間比較
出典）図3-15と同じ。

また，膝関節角度のパターンに変化が現れた時点，すなわち膝が着衣で不自然に屈曲した時，水着着用時にはみられない放電が現れている。大腿直筋は膝関節の伸展に関与しているが，ここでは着衣によって強いられる膝の屈曲と同時に拮抗して収縮することにより，膝関節の固定をして安定を確保しているものと考えられる。

### （4） 動作所要時間

衣服の着脱時間，ボタンかけ時間などの動作所要時間を測定し，着脱のしやすさやボタンのかけやすさの指標とする。動作所要時間から衣服のあきの位置や量，ボタンホールの方向と動作のしやすさ，成長による動作の習熟，加齢による動作の衰えなどを推定することができる。

図3-60は，ボタンホールの方向とボタンの直径を変えた場合の2歳児の前ボタンをかける所要時間の変化を示している。やっと一人でボタンをかけられるようになった2歳児にとっては，ボタンホールの方向やボタンの直径がボタンのかけやすさの大きな要因となっていることが分かる。

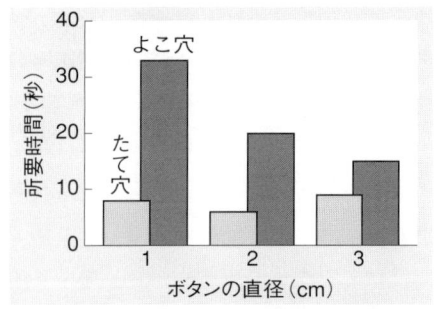

図3-60 ボタンホールの方向とボタンかけの所要時間（2歳時）

資料）Inomata, M. and Shimizu, K.: Ability of Young Children to Button and Unbutton Clothes, *J. Human Ergology*, 20, 249-255（1991）

## 4.3 衣服圧による評価

衣服圧は，人体と衣服の間に生じる接触圧である。衣服圧の測定により，衣服の重さによる圧力や動作を行った時の衣服による圧迫の程度を知ることがで

きる。衣服圧の計測法には，衣服下に受圧部を挿入して測定する直接法と，布地の変形量から推定する方法がある。直接法としては，ひずみゲージや半導体ゲージを内蔵した圧力センサーを用いる電気抵抗法や，受圧部に蒸留水や空気を封入して，衣服圧変動を連結した圧力センサーで感知させる液圧平衡方式・エアーバック方式がある。

　図3-61と図3-62に立位からしゃがみ込み動作をしたときのパンツの後ろ股上線のゆとりと衣服圧との関係を示した。ゆとりを加えると臀部の衣服圧が減少しており，後ろ股上線の傾斜度が動作適応に重要であることが分かる（⇨p.58〜59およびp.63）。

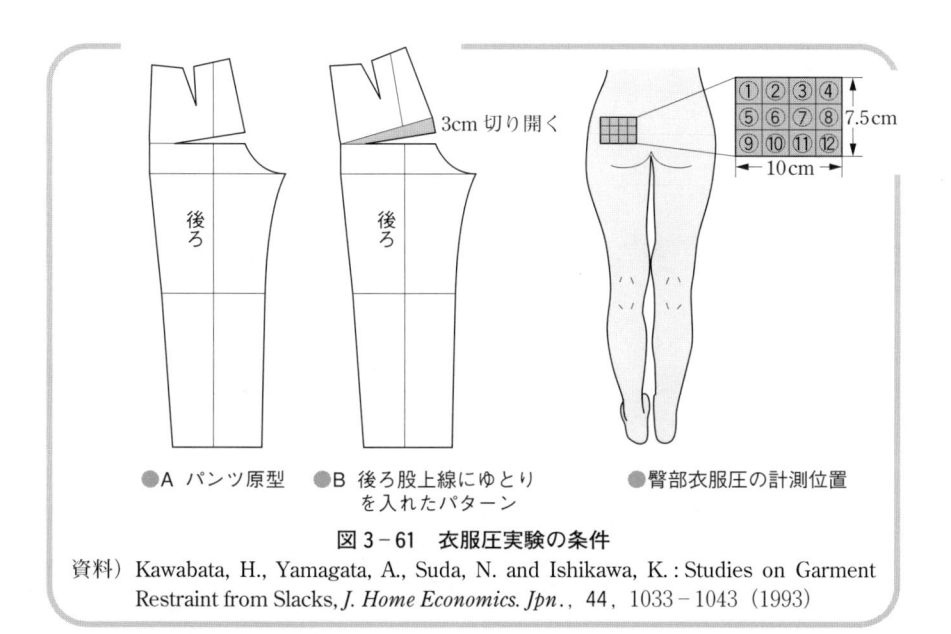

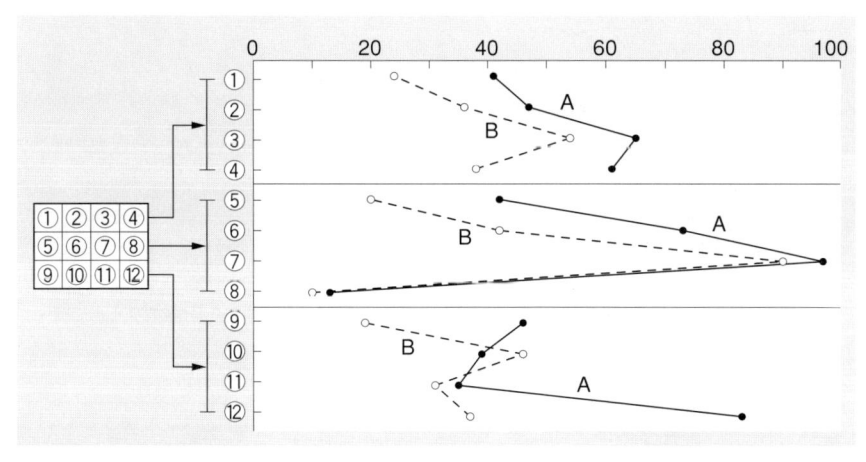

●A　パンツ原型　　●B　後ろ股上線にゆとりを入れたパターン　　●臀部衣服圧の計測位置

**図3-61　衣服圧実験の条件**

資料）Kawabata, H., Yamagata, A., Suda, N. and Ishikawa, K. : Studies on Garment Restraint from Slacks, *J. Home Economics. Jpn.*, 44, 1033-1043 (1993)

**図3-62　しゃがみ込み動作時のスラックス臀部の衣服圧**

出典）図3-61と同じ。

**文 献**

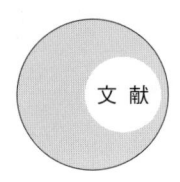

1) 猪又美栄子,堤江美子,西野美智子：衣服のゆとりと適合性に関する一考察,日本家政学会誌, 33, 129-135（1982）
2) 西尾愛子,猪又美栄子：衣服の動作適合性に関する研究（第2報）スラックス上部の構造について,日本家政学会誌, 30, 855-859（1979）

# 第4章 和服の構成と着装

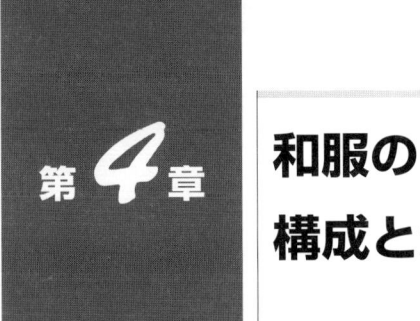

　明治時代になってヨーロッパから衣服が入ってくると，これを洋服とよんだ．これに対して，日本固有の衣服は**和服**とよばれるようになった．今日，和服は，着る物の総称である「きもの」という名称で呼ばれる場合も多く，さらに「きもの」は，特に和服の種類の一つである「**長着**」をさす場合もある．

　和服の特徴は，和服地（染めと織り），構成法，着装法のそれぞれにみられ，わが国独自の衣服文化を築いてきた．100年程前にはフランスの服飾に和服が影響を与えた例があり，和服の影響を受けたとみられる室内着の実物が残されている．第二次世界大戦後の洋服，特に既製服の普及とともに，和服を着用する機会はほとんどなくなった．しかし今日，日本人デザイナーが海外で発表する作品には，和服からヒントを得たものも多い（図4-1）．国際化が進んだ今日こそ，和服の良さを理解し，日本人としてのアイデンティティを確立させたいものである．

## 1. 和服の種類と着装

### 1.1 種　　類

　和服は，生活着として着用される**衣服**と，日本の伝統行事の際に着用される**衣装**に大別される．後者の和服には，宮中の祭儀式の服装，僧職の法衣，神官・神職の服装，能・歌舞伎の衣装などがあるが，本節では，前者の生活着としての和服について，その種類を，(1) 構成の観点から形による分類，(2) 染めと織りの観点から布地による分類，に分けて説明する．

**図4-1　和風の洋装**
（高田賢三氏の作品）
出典）京都服飾文化研究財団編集：モードのジャポニスム，27（1994）

#### （1）　形による分類

##### 1）　呼　　称

　和服は，大きさ，性別，層構造，服種などで分類されており，正式な名称にはこれらの属性が表現されている．まず，大きさでは，**大裁ち**（成人），**中裁ち**（3，4歳から12，13歳まで），**小裁ち**（新生児から3，4歳まで）に分かれる．層構造では，ひとえ仕立て，あわせ仕立て，綿入れ仕立てがある．服種には，

図4-2 和服の種類

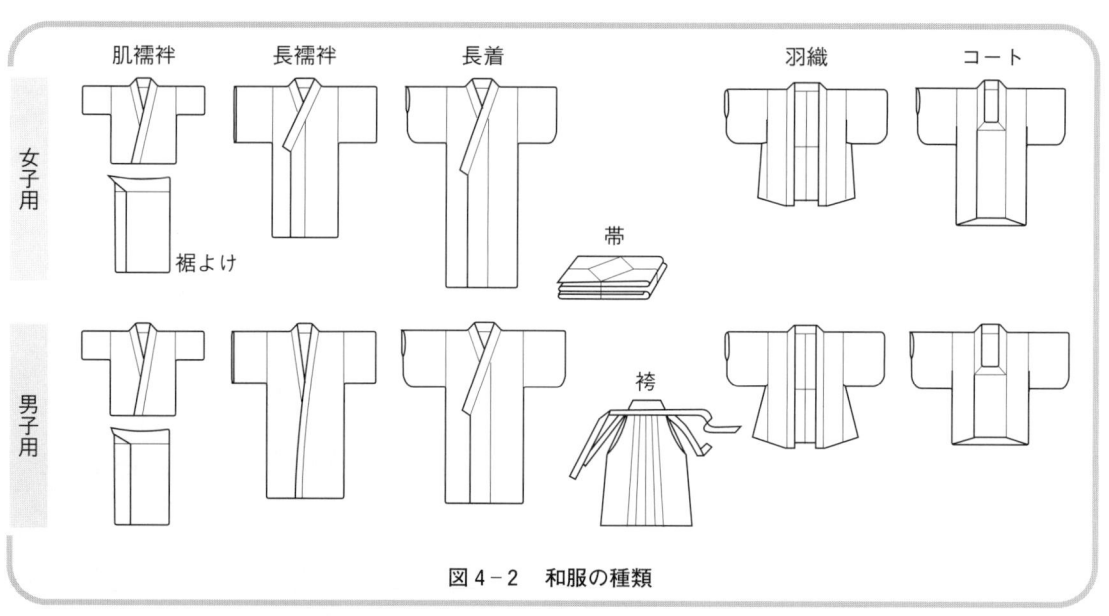

肌着である肌襦袢・裾よけ，下着である長襦袢，表に着る長着，帯，袴，羽織，コートなどがある（図4-2）。したがって，正式な呼称は，「大裁ち女物あわせ長着」「大裁ち男物ひとえ長襦袢」などとなる。和服の形は，服種ごとにほぼ一定であるが，各部の名称は「長着」が基本となっている。和服の各部分の名称については，「2.1 和服の形状と名称」（⇨ p.102）の項で述べる。

### 2）小袖から長着へ

長着は和服の着装の中心となる服種であり，長着の袖口のあきは小さく縫い閉じられている。このような和服は**小袖**とよばれ，その原型は，平安時代中期の公家の装束の下着として用いていた小袖と，庶民が表着として用いていた小袖とが影響し合って形成されたものである。小袖は大正時代以降，**長着**とよばれるようになった。

初期の小袖は，図4-3（a）に示すように室町から安土桃山時代に公家が用いた小袖であり，現在の長着と比較すると，袖幅が狭くて身幅が広い，身丈が短いなど，形の上でかなりの違いがみられる。この時期の小袖の模様は，刺繍と絞り染めによるものが多く，絞り染めと描き絵模様を特徴とする辻が花染めはその代表的な染め技法である。江戸時代前期の小袖では，寛文模様[*1]にみるように，模様の上で華

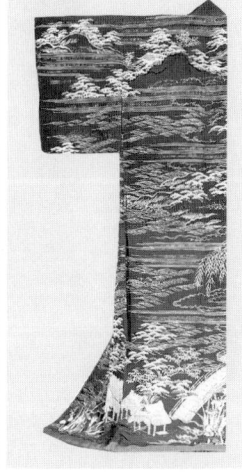

(a)安土桃山時代　(b)江戸時代後期
図4-3 小袖（東京国立博物館蔵）

---

[*1] 寛文年間（1661～72）に流布した見本帳『ひいながた』にみられる模様で，小袖を一つのキャンバスに見立てて，一方の肩から曲線状に斜めに流れるように配した大胆な模様。

やかさを極めた。江戸中期以降には，裾模様，小紋，縞（しま）などの粋で地味な色の模様になるとともに，形の上でも，衿を抜き，身幅と袖幅がほぼ同寸の現在の長着に近づいた（図4-3(b)）。小袖の表着化とともに発達したのが帯である。これについては，「1.2 着装」（⇨ p.98）で述べる。

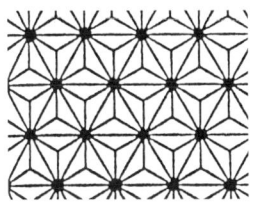

図4-4 麻の葉模様

### （2） 布地による分類—染めと織り—

絹は昔から高級品であり，一般庶民の主たる衣服材料には長い間，楮（こうぞ），麻などの植物の繊維が用いられてきた。木綿が栽培されるようになったのは室町時代後期からであるが，木綿が麻にとって代わり，毛織物が広く普及するようになったのは，明治時代以降である。さらに第二次世界大戦後は安価で管理しやすい合成繊維の発達が著しく，絹の風合いをもつポリエステル素材が，和服の普段着に用いられることが多くなった。

「染め」の和服地の模様の素材には，生活と自然の風物を組み合わせた伝統的な模様も多い（麻の葉模様 図4-4）。模様の配置では，長着全体が一つの絵画のように扱われているものや，小さなモチーフの繰り返しによるものなどがあり，染めや刺繍で表現されている（友禅染め 図4-5(a)，小紋染め 図4-5(b)）。縫い目を挟んで絵画的に続いている模様を**絵羽模様**（えばもよう）といい，白生地に模様付けされた絵羽模様は，表4-1にある留袖，振袖，訪問着などに用いられている。

「染め」とは対照的に，先染め*¹の糸を用いて模様を織り出した「織り」と総称される和服地として，縞や絣（かすり）がある。これらは，手触りも硬く，丈夫で実用的な普段着に用いられてきたものが多い（縞柄 図4-6(a)，絣柄 図4-6(b)）。

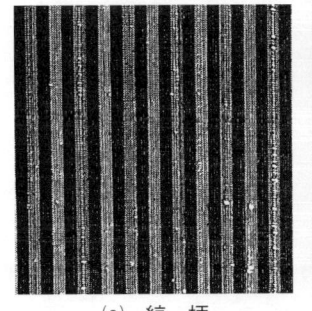

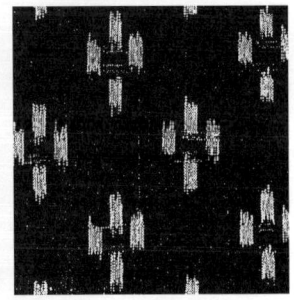

---

*1 お召し縮緬（ちりめん）や紬のように，布を織る前に糸を染めておくこと。

(a) 友禅染め　(b) 小紋染め（むじな菊）
図4-5 模様の配置

表4-1 和服の着用目的による模様の付け方
（大裁ち女物長着の場合）

| 目　的 | 種　類 | 模様の付け方 |
|---|---|---|
| 礼　装 | 留　袖<br>振袖・打掛<br>喪　服 | 江戸褄模様<br>総模様<br>紋付黒無地 |
| 略礼装 | 色　無　地<br>訪　問　着<br>付　下　げ | 紋付無地<br>絵羽模様<br>付下げ模様 |
| 外出着 | 小　紋 | 小紋柄 |
| 普段着 | 絣<br>縞<br>格　子 | 絣　柄<br>縞　柄<br>格子柄 |

出典）『和服—平面構成の基礎と実際—』，衣生活研究会，23 (1986)

(a) 縞柄　(b) 絣柄
図4-6 先染め

着尺地*¹といわれる和服地では，染めと織りで，さらに染め模様の付け方でその用途が異なり，現在では，模様の付け方と着用目的との関係に，表4-1に示すような習慣的なきまりがある。習慣的なこれらのきまりは時代とともに変化してきた。例えば，模様が全部上向きになるように配置された付下げは，訪問着を簡略化したものであるが，第二次世界大戦後から普及したものである。また，礼装，略礼装の「染め」の長着には，金糸・銀糸などを用いた豪華な「織り」の帯を組み合わせて用いる。これに対して，「織り」の長着には「染め」の帯を組み合わせて，普段着や外出着として用いることが多い。

和服のきまりごとは，着用季節にも及んでおり，梅・菖蒲などの季節感のある模様を季節に応じて選ぶとともに，ひとえ・あわせなどの区別，麻・絹などの素材の区別を行っている。「衣替え」は，平安時代に宮廷儀礼の年中行事として始まったものであり，今でも和服には6月と10月に夏服あるいは冬服にかえる習慣が残っている。この習慣は洋服である制服にもみられる。

### 1.2 着　　装
#### （1）　着装法の変遷
##### 1）　和服と「包み，結び，たたみ」

和服の着装法は，身体を衣服で「包み」，紐・帯・帯締め・帯揚げなどで「結び」ながら，身体に着付けていく方法と解釈できるであろう。「包み，たたみ，結び」という一連の行為は，律令文化において斎宮*²などの巫女が修行として行った行為であった[1]。また「包み」「結び」「たたみ」の三法は，武家文化の礼法にみられる[2]。ここに，和服の着装行為が，日本の精神文化と深く関連していることが読み取れる。特に「たたみ」は，着装時に限らず，縫製時の縫い代の始末から収納の際の「たたむ」という行為に至るまで，和服の縫製・着装・収納の随所に見受けられる行為であり，立体的に仕立てる洋服のそれらにはほとんどみられない。

##### 2）　着装法の変遷

衣服の形の変化とともに，その着装法も変わる。これを現在の和服の着装の中心となる長着を例に説明する。先に述べた「小袖」の表着化と同様に，帯も実用的なものから装飾的なものに変化してきた。最初の装飾結びは，江戸元禄時代に流行した吉弥結びである（図4-7）。その後，優雅で装飾性に富んださまざまな帯結びの流行を経て，江戸時代後期までには，現在の着装法の基本である帯締め（帯留め）を用いる太鼓結び

図4-7　小袖帯（吉弥結び）
　　　　見返り美人（菱川師宣筆）

---

\*1　大裁ちの長着一枚に要する11.5～12.0 mの長さの反物（幅36～38 cm）。
\*2　「さいぐう」とも読む。天皇に代わって伊勢神宮の神に仕えるために派遣された未婚の内親王または女王を斎王（さいおう）といい，斎王の御殿や事務を司る寮を総称して斎宮といった。斎王と斎宮を同義に使うこともある。

と帯揚げが作られた。さらに，明治時代に入り，それまでの引き裾から，お端折り*1で短くするような現在の着装法が完成した。

長着が日常着として着用されていた昭和初期頃には，襷がけ*2や尻端折り*3といった着装法の工夫で手くびや足くびの動きを自由にしていた。また，袂をまとめて作業しやすいようにした割烹着が生まれたのもこの頃であった[3]。今日みられる長襦袢の半襟に張りをもたせ，抜き衣紋を強調するような晴れ着向けの着装法は，第二次世界大戦後，日常着が和服から洋服に完全に移り，和服を着る技術を教える着付け教室が普及するようになって生まれたものである。

袂：和服の袖の部分

### （2） 今日の衣生活における和服

#### 1） 晴れ着

非日常的あるいは日常的といった生活場面を区別して，冠婚葬祭などの「正式」「よそゆき」という意味のハレと，普段という意味の褻という概念がある。これらの異なる場面で着る衣服も，それぞれ「晴れ着」「普段着（褻着）」とよんで区別している。「晴れ着」には社会的役割が大きいため，規制が働きやすく，変化しにくい。そのため，洋服が普及した現在でも，礼装，略礼装に和服が多く用いられる傾向がある。女性の和服の礼装は未婚・既婚そして慶事・弔事で異なるが，男性の和服の礼装には，未婚・既婚そして慶事・弔事の区別がない。「晴れ着」には，婚礼や葬礼の際の衣服の他に，正月の衣服や七五三などのお宮参りの衣服，成人式の衣服（図4-8）などがある。なお，普段着と異なり，着用回数が少ない「晴れ着」の入手法は，簡便性の点からレンタル衣料の利用が多くなっている。

図4-8 成人式の晴れ着
（振り袖）

社会状況が変化すると「晴れ着」のあり方にも変化がみられる。例えば，ゆかたは，従来は入浴中，入浴後に着用される普段着であったが，今では，外出着としても着用されるようになった（図4-9）。

また，国際的なパーティ等の機会で和服を着用することは，民族服であるという理由からだけでなく，他民族の中で相対的に「胴長短足」の印象が強い日本人の体型を美しく見せるものとしても望ましい。

---

*1 女子の長着の着装法で，身丈（衣服の丈）を腰のところでたくし上げて，着丈（衣服を着用した時の肩山から裾までの丈）に調節する方法，またはそのたくし上げた部分。
*2 襷で袂をからげて労働しやすくする着装法。
*3 労働に便利なように，長着の裾をまくり上げて帯にはさむ和服の着装法。

図4-9 盛夏の晴れ着
（ゆかた）

1. 和服の種類と着装●

### 2） 普段着・仕事着

和服を「普段着」として普及させるために，和服の扱いに手間がかかるという問題点が改善され，伝統を現代風に生かす工夫が行われてきた。例えば，プレタポルテ着物とよばれる既製服が市場にみられ，これは，ポリエステルを素材としているので管理が簡単であり，また，ウエストの余分なゆとりをダーツとし，これをマジックテープで始末したり，上下セパレートタイプになっているなどの工夫がなされている。このため，洋服のように簡単な着用が可能になっている。

一方，小袖の流れを汲む袖丈が長い長着とは別に，筒袖の「仕事着」が，昭和初期頃まで都市部以外では多く着用されてきた[4]。これらは，身丈が短い膝丈であったり，下衣に細袴を組み合わせるなど，労働向きの和服であった。現在でも，本来は僧侶の「仕事着」である筒袖に細袴の**作務衣**(さむえ)が「普段着」に，あるいは旅館や飲食店などのユニホームとして「仕事着」に用いられている例もある（図4-10）。また，**甚兵衛**(じんべえ)は，本来，江戸末期に袖無し羽織を指すものであったが，現在では，筒袖，膝丈で帯を締めずに紐を結んで着るように工夫され，男性や子どもの夏のくつろぎ着として用いられている。

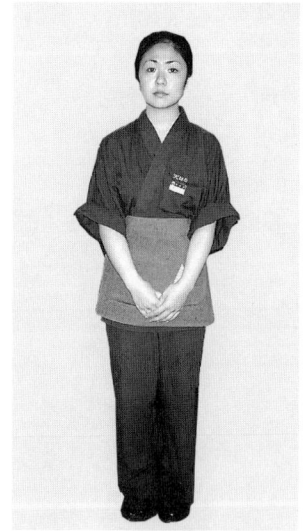

**図4-10 仕事着（作務衣）**

柳腰：細くてしなやかな腰

### （3） 着 装 法

体型に合わせて立体的に構成された洋服と異なり，平面的に構成された和服では，着装の技術が必要となる。ここでは，女物ひとえ長着の着方と半幅帯の結び方を図4-11に示す。身体のサイズに合わせてまず丈を調節し，次に前の合わせ具合（幅）を決めて，下半身部分を紐で身体に固定し着装する。ここで，お端折りの量が決まる。衿の合わせ方は，和装では男女ともに**右衽**(うじん)[*1]と決められている。着装のポイントである下半身の裾や上半身の衿合わせなどは，着崩れが生じやすい箇所である。このように，長着は身体を包むように着装するため，肩や腰の部分ではゆとりがなく，身体の輪郭が洋服以上にはっきりと外に現れる。和服が「撫で肩・柳腰」の体型に似合うといわれてきたのはこのためであろう。

### （4） 収 納

長着のたたみ方には，**本だたみ**，**夜着**(よぎ)**だたみ**がある。大裁ちの場合には縫い目に沿ってたたむ本だたみをする（図4-12(a)）。一方，子ども用の長着，礼装用の二枚がさね，**丹前**(たんぜん)のように厚いものは夜着だたみをする（図4-12(b)）。

---

*1 長着の右側の衽(おくみ)を内側に重ねる前合わせの方法で，719年の法令で定められて以来，和服の着装法となっている。なお，洋装では男性で右衽，女性で左衽である。

図4-11 女物ひとえ長着の着装

- 左右の衿先をもって，前身ごろを合わせる
- 褄先を少し引き上げる
- 第一の腰紐を前に当て，後ろで交差させる
- 腰紐を二回りさせて，少し横で結ぶ
- 後ろ前の順にお端折りを整える
- 身幅の余分をタックにとりながら第二の紐をしめる

- 手
- 垂れ
- 垂れを肩幅くらいにたたむ
- 幅を，中央を高く四つ折りにする
- 手で垂れを包む
- 2回まわして硬くしめ，手の残りを胴に差し込む
- 両手で帯をつまみ右回しで後ろへ回す

図4-12 長着のたたみ方

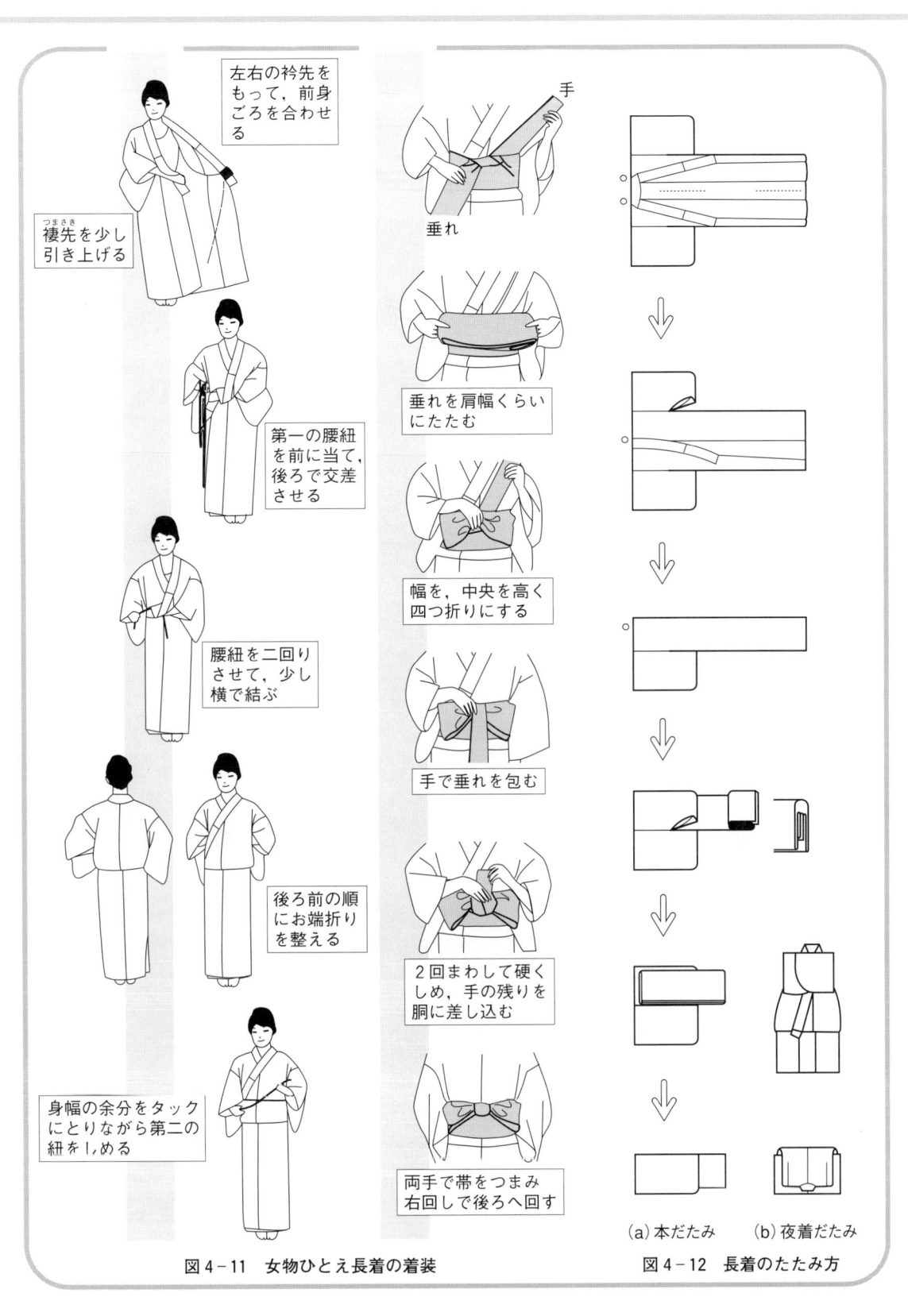

(a) 本だたみ　(b) 夜着だたみ

1. 和服の種類と着装

## 2. 和服の構成

### 2.1 和服の形状と名称

#### （1）長　　着

　長着は，袖・身ごろ・衽・衿・かけ衿などの各部から構成されており，袖・身ごろは袖山，肩山を境に前後に分かれる。大裁ち女物ひとえ長着（図4-13）では，身丈を着丈よりも長く仕立て，着用時にお端折りをして帯を結ぶ。男物の構成（図4-14）では，身丈を着丈と同寸に仕立てるため，裾がすり切れた場合の補いのために，縫い直しを考えて身丈を長く裁ち，その分を内揚げとして縫い込んでおく。また男物では袖付け寸法を長くして，女物の「振り」に相当する部分は縫いふさいで「人形」とする。さらに身八つ口を開口させないことも女物と異なる（図4-14）。

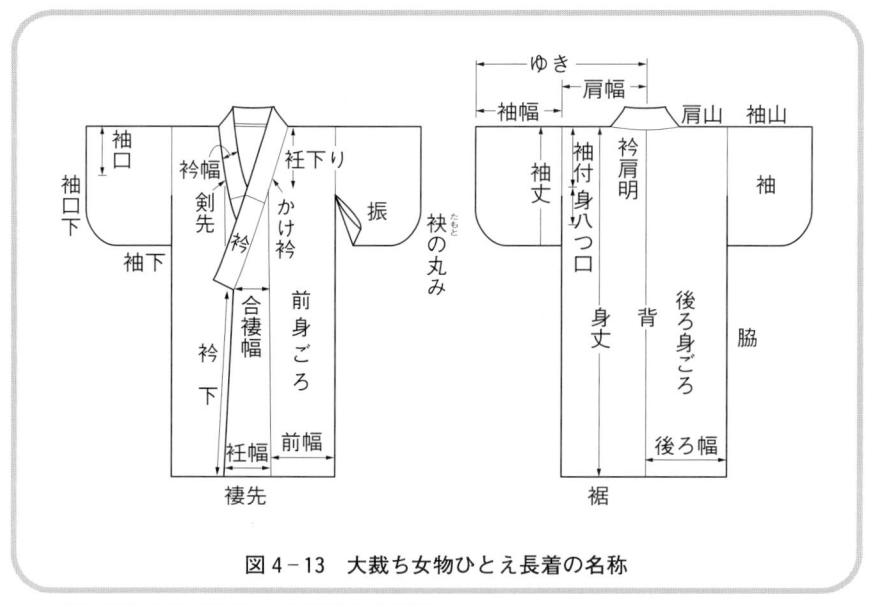

**図4-13　大裁ち女物ひとえ長着の名称**

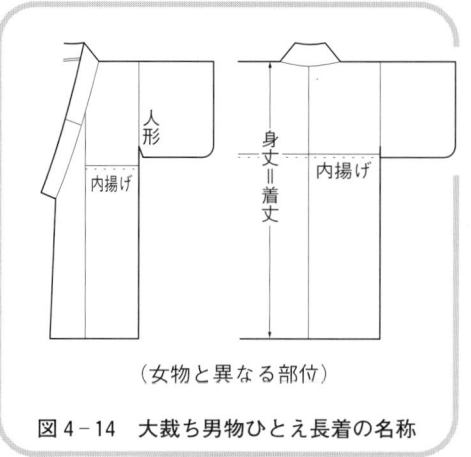

**図4-14　大裁ち男物ひとえ長着の名称**
（女物と異なる部位）

　大裁ちあわせ長着は，形は大裁ちひとえ長着と同じであるが，全体に裏をつけたもので，袖口と裾では表側に裏布をのぞかせる（図4-15）。これを「ふき」といい，この部分の裏布には八掛あるいは裾回しという，色どりの調和した別布を用いる。また，小さい子ども用の一つ身の長着（⇨ 実習編　ゆかたの製作，p.171）では，男女によって袖の形が異なり，「元禄

袖」は女子用，「筒袖」は男子用である。なお，「舟底袖」「広袖」は男女共用である。

### （2）帯

帯の構成や大きさは女帯，男帯，子ども帯で異なる。装飾結びをする女帯では華やかで種類も多い。女帯にはおたいこ結びができるような幅30 cm，長さ4 m程度の帯と，文庫結びをする幅12～20 cm，長さ3.5 m程度の半幅帯とがある。男帯には，装飾性の少ないものが多い。角帯は幅8～9 cm，長さ3.8 mである。男帯と子ども帯の普段用には，芯がなく柔らかい素材の兵児帯がある。

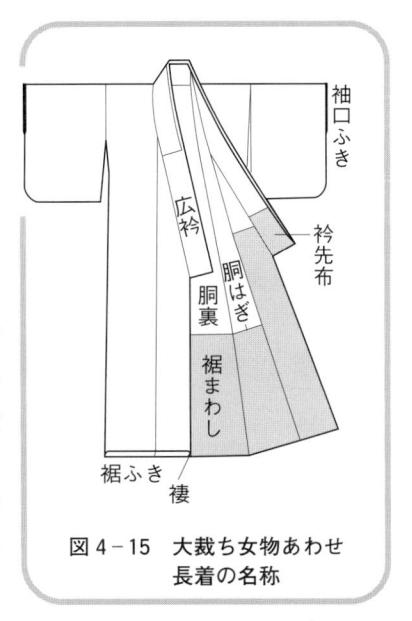

図4-15　大裁ち女物あわせ長着の名称

### （3）羽織・袴

羽織は，袖・身ごろ・衿・まちから構成されており，丈は長着よりも短く，前身ごろに紐をつけて結んで着る。衿は裾まで付き，これを着装時に表に返す。両脇にまちが入っている（図4-16）。

女袴は前に五つ，後ろに三つのひだがあり，男袴は前に五つ，後ろに一つのひだがある。それぞれ上部には前紐，後紐をつける。両脇の縫合部分は**相引**，その上の装飾を兼ねて縫い代を笹の葉形にたたみ込んだ部分は**笹ひだ**とよばれる（図4-17）。

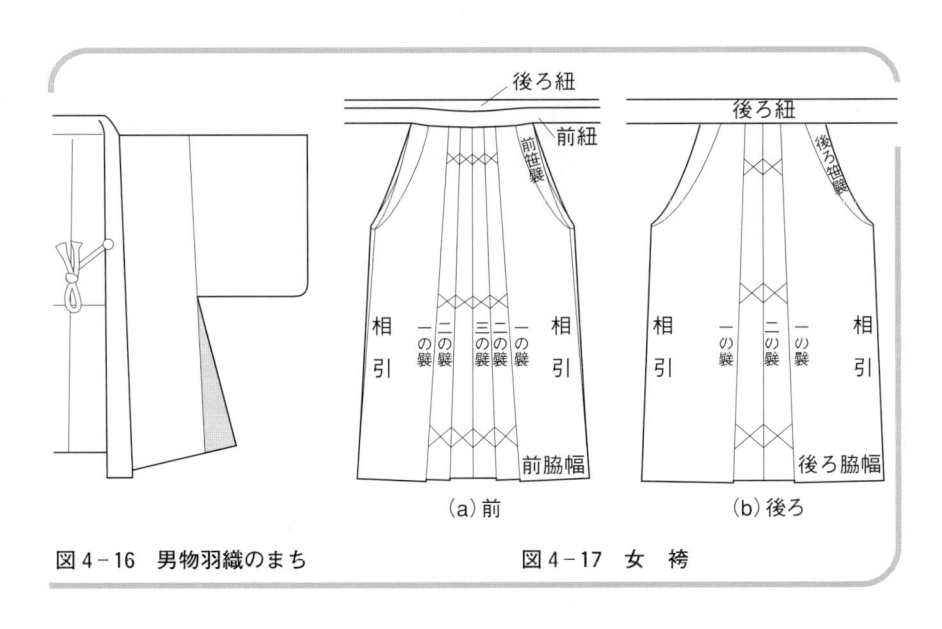

図4-16　男物羽織のまち　　図4-17　女袴

## 2．和服の構成

表4-2　大裁ちひとえ長着製作のための項目（単位：cm）

| 身体計測項目 | 項目 | 寸法の設定方法 | 各自の寸法 | 男性用標準寸法 |
|---|---|---|---|---|
| (a)身長 | 身丈 | 身長と同寸 | | 着丈[*3] |
| | 衿下 | $\dfrac{身長}{2}+3$ | | $\dfrac{着丈}{2}$ |
| | 袖丈 | $\dfrac{身長}{3}$ | | $\dfrac{身長}{4}+9$ |
| | 袖付け | 23～24 | | $\dfrac{身長}{4}$ |
| | 袖口 | 23 | | 29 |
| | 身八つ口 | 13～15 | | ― |
| | 衽下がり | 23 | | 20 |
| (b)腰囲[*1] | 後ろ幅 | $\dfrac{(腰囲+5)}{4}+4.5$ | | $\dfrac{腰囲}{4}+6.5$ |
| | 前幅 | $\left(\dfrac{(腰囲+5)}{2}-9\right)\times\dfrac{3}{5}$ | | $\dfrac{腰囲}{2}-7-衽幅$ |
| | 衽幅 | $\left(\dfrac{(腰囲+5)}{2}-9\right)\times\dfrac{2}{5}$<br>ただし，計算値によらず最低15cmとする | | 15～16 |
| (c)ゆき[*2] | 肩幅 | $\dfrac{ゆき寸法}{2}-1$ | | $\dfrac{ゆき寸法}{2}-1$ |
| | 袖幅 | $\dfrac{ゆき寸法}{2}+1$<br>ただし，最大袖幅は（反物の幅−2）程度に制限されるので，不足分は肩幅に加える | | $\dfrac{ゆき寸法}{2}+1$ |
| | 衿肩明き | 8.5 | | 8.5 |
| | 衿幅 | 5.5 | | 5.5～6.0 |
| | 繰り越し | 2.0 | | ― |

[*1] 腰囲：腹部にプラスチック板を当て，臀部最突点の高さでの水平周径。
[*2] ゆき：上肢45度側挙時の頸椎点から手くび点までの体表長。
[*3] 着丈：$\dfrac{(床面Aから肩の頸付根Bを通って後床面Cまでの寸法)}{2}$ − 外果高（右図）。

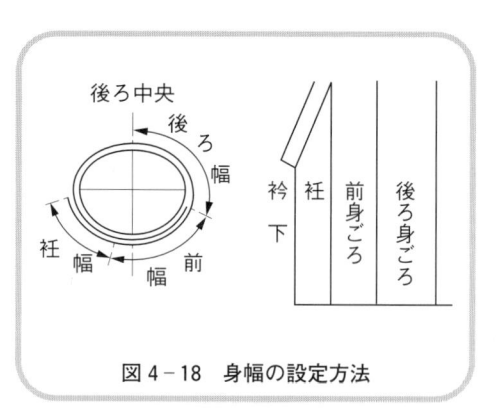

着丈の計測

図4-18　身幅の設定方法

## 2.2　長着の構成と製作方法

### （1）計測と各部の寸法

　和服製作には伝統的なきまりが多いが，縫製を合理的に行う工夫や，現代の衣生活に合うような和服を創造する工夫も必要である。

　大裁ち女物ひとえ長着を製作するのに必要な寸法は，表4-2に示すように，(a)身長，(b)腰囲，(c)ゆきの各計測値から算出される値，そして一部は定寸である。

　身長からは，「丈」に関する身丈，衿下，袖丈を設定

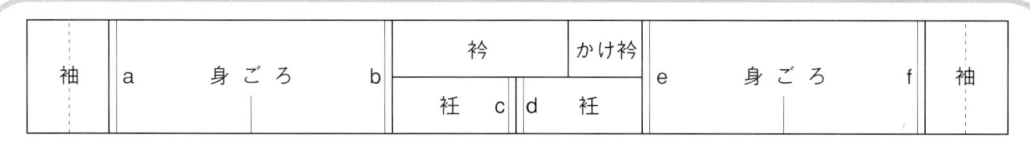

図4-19 裁断例（a～fは出来あがり裾線）

表4-3 裁ち切り寸法の決め方

裁ち切り袖丈
　袖丈＋袖下の縫い代（2～4 cm）

裁ち切り身丈
　身丈＋裾のくけ代（2 cm）

裁ち切り衽丈
　裁ち切り身丈－裁ち切り衽下がり（19～20 cm）

裁ち切り衿丈
　（身丈－衿下＋15～20 cm）×2
　衿肩まわり約10 cm＋衿先の縫い込み（5～10 cm）

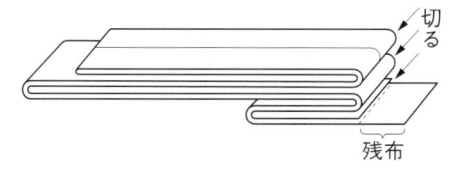

図4-20 見積り方の例

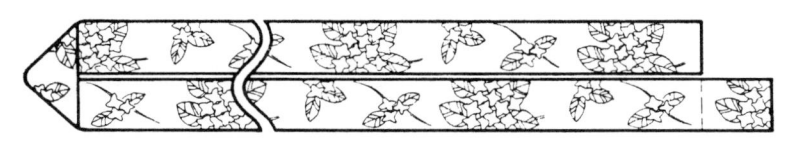

図4-21 柄合わせの例

する。腰囲からは，後ろ幅，前幅，衽幅などの身幅を設定する（図4-18）。ゆきは肩幅と袖幅に分けて設定する。

### （2） ひとえ長着の柄合わせと裁断

大裁ち女物ひとえ長着は，図4-19のように左右の袖・身ごろ・衽，衿とかけ衿とから成る。これらを幅約36～38 cm，長さ約11.5～12.0 mの着尺地一反から直線的に裁断する。幅は並幅または半幅をそのまま使い，しるし付けによって必要な寸法をとり，残りは裁ち落とさずに縫い込んでおく。

裁断する前に，各部分の用布丈を求め（表4-3），反物の残布量を計算する（図4-20）。柄合わせではこの残布量を考慮し，着装時に最も目立つ，左衽の膝上付近の模様に特に注意するとともに，長着全体の模様のバランスを配慮して裁断する（図4-21）。

### （3） しるし付け

各部の寸法が決まり，裁断が済んだら布にしるしをつける。しるしの形には，－，＋，⊥，∠があり，表に出ない位置にしるす。木綿にはつのべらを，絹にはこてべらを用いる。へらによるしるし付けは布表面に圧力あるいは熱を加え，織糸を変形させて，てかりを生じさせるものである。しかし，これらは布地を

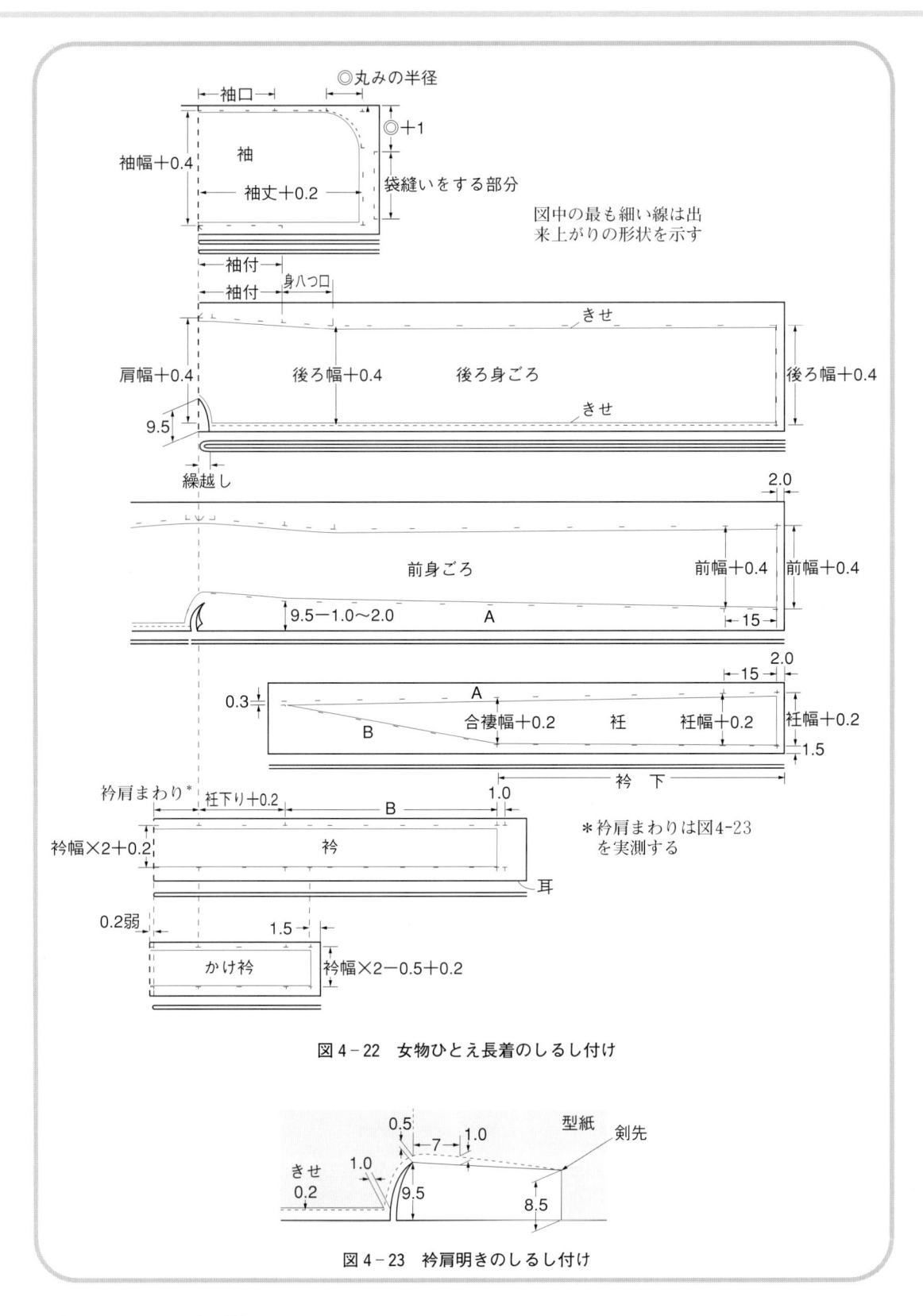

図4-22　女物ひとえ長着のしるし付け

図4-23　衿肩明きのしるし付け

●第4章　和服の構成と着装

損傷するおそれがあるものなので最小限に用いる必要がある。しるしが目立ちにくい布地や要所のしるしには糸じるしを用いる。

　図4-22は，大裁ち女物ひとえ長着のしるし付けの例である。衿肩明き（図4-23）や袖の丸みなどの曲線部分のしるし付けには，型紙を使用する。縫合後，縫い代を縫い目よりも1～2mm布端より離れて深く折ることを「きせ」をかけるという。しるし付けはこのきせ分の寸法を加えて行う。

（4）縫　　製

　しるしどおりに，布を並縫いあるいはミシン縫いで縫合する。縫い始めや縫い終わりの部分は，引張力に対して強化する必要があり，並縫いではすくい返し止めや半返し縫いを，ミシン縫いでは返し縫いをする。並縫いでは，布を座屈させて縫うため，縫製直後は縫いつれが生じている。この座屈を除去する動作，すなわち**糸こき**を必ず行う。

　また，和服の縫製では縫い代を裁ち落とさずに整えて始末することが多いために，縫い代の折り方や整え方には一定のきまりがある。まず，片返しあるいは割るという方法で縫い代を折る。次に，折りたたむ・ひだをとる・斜めに折るなどの方法で縫い代を平らに落ち着かせ，布端を二度縫い・袋縫い・耳ぐけ・折りぐけ・本ぐけなどの方法で始末する（⇨ 第5章 p.116～117，実習4 p.166～170）。

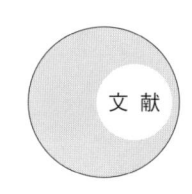

文献

1）額田　巌：『ものと人間の文化史20　包み』，法政大学出版局，東京，135（1992）
2）額田　巌：『日本の結び』，講談社，東京，48, 84（1977）
3）柳田国男：『木綿以前の事』，角川書店，東京，59, 257（1955）
4）柳田国男：『服装習俗語彙』，国書刊行会，東京，1-11, 14-27（1975）

●参考文献
・深井晃子：『ジャポニスム・イン・ファッション』，平凡社，東京（1994）
・文化出版局編：『最新きもの用語辞典』，文化出版局，東京（1983）
・岩松マス：『和服裁縫前編』，雄鶏社，東京，51, 54（1970）
・瀬川清子：『きもの』，六人社（1948）

# 第5章 衣服の素材と製作技法

　衣服の主な材料は布地である。布地は，自然界に存在する動植物の繊維と人工的に作られた化学繊維によって作られ，その組織には**織物**と**編物**，そして**不織布**の3種類がある。織物は，繊維を撚り合わせたたて糸とよこ糸を交錯させ，また編物は，1本の糸でループを作り絡み合わせて編み，それぞれ平面を作る。織物と編物は，たて・よこの方向性をもつが，不織布は，繊維を接着剤で接着して平面を作るので方向性はみられない。衣服材料としては，一般的に織物と編物が表地および裏地として用いられる。これに対して，不織布は衣服を構成する裏方の成型素材（芯地など）として用いられることが多い。ここでは衣服製作にかかわる布地の性能および製作技法について述べる。

## 1. 布地の造形性

　織物や編物は，軽くて伸縮性があり，私たちが衣服を着る場合，一般には生活環境や動作に適応した素材やデザインの物を選ぶため，衣服着用によって日常生活が妨げられることはない。衣服の材料や形の時代的変化は，既述したように1枚の布をまとうことから始まり，長い年月をかけて活動しやすいように無駄なものを省いて人体の形に適合したものを作り上げてきたと考えられる。その変化の過程には，社会生活の変化が大きく関与しているが，特に技術・産業の発達によるところが大きい。

　図5-1は，古代エジプト時代のロインクロスの着装図である。1枚の布を単純に腰に巻き付けて布端を挟み込んだだけのものから，プリーツをとった装飾的なものまで，着る人の階層に応じていろいろなものがあったと考えられる。また，古代ギリシャの女性が着たキトン（イオニア式）（図5-2）は，ゆったりとした布の上部をピンで留めて，

図5-1　ロインクロス装着図　　図5-2　キトンとその装着図
資料）（図5-1，2とも）長谷川路可・中田満雄著「図説　服装の移り変わり」東海書房（1967）

胴部を紐で縛ってドレープをとってゆったりしたものであったという。これらの衣服は、軽くて柔軟性があり、なおかつ丈夫で裂けにくい性能をもつ布地が素材であるために、図のように布地の端を縛ったり、紐で身体に固定してゆったりとドレープをとった着装が可能であったといえる。

### 1.1　織物と編物の組織

#### （1）織　　物

織物は、たて糸とよこ糸を交錯させて作られるが、糸の交錯のさせ方によって平織（ひらおり）、斜文織（しゃもんおり）、朱子織（しゅすおり）の基本的な組織がある。これを**三原組織**（図5-3）という。

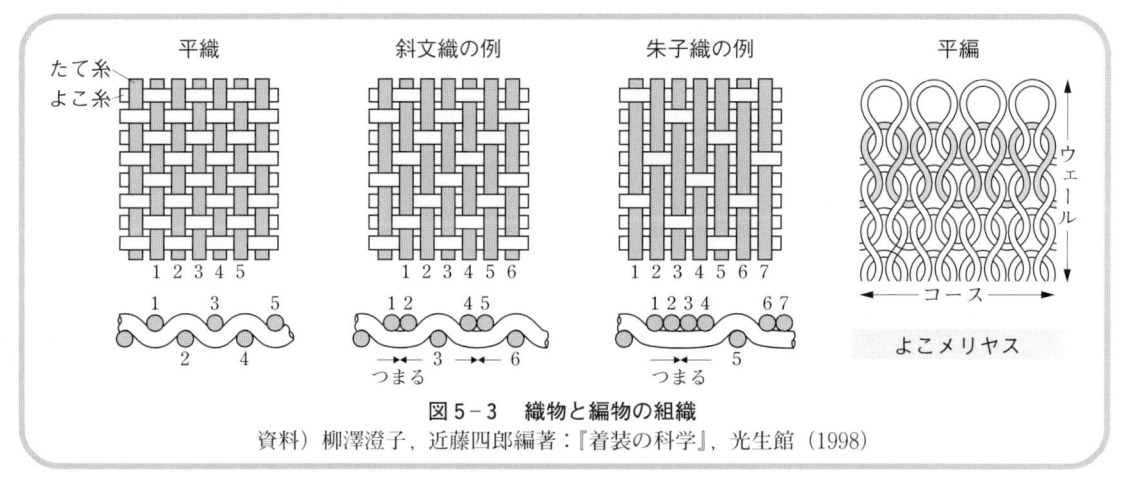

**図5-3　織物と編物の組織**
資料）柳澤澄子、近藤四郎編著：『着装の科学』、光生館（1998）

平織は、たて・よこの糸が交互に交わるので、織糸がずれにくく丈夫でやや固い感じのする布地である。日常着用素材としては、ブロード、ポプリン、ギンガム、シーチング、モスリン、フラノなど多くの種類がある。また、和服用生地では、ゆかた地や紬（つむぎ）、縮緬（ちりめん）などほとんどのものが平織地である。

斜文織（綾織（あやおり）ともいう）や朱子織は、平織に比べると糸の交点が少ないために、織糸はずれやすいが、すべりやすく柔軟性があり光沢がある。特に斜文織地には、ギャバジンのように細い強撚糸（きょうねんし）で織られ、光沢があり丈夫なものもある。この他、ツイード、サージ、デニムなど多くの布地が身近にある。朱子織地にはサテン、クレープサテン、緞子（どんす）などがある。これらの布地は、しなやかで優雅な光沢を生かし、ドレープをとった華やかなドレスや帯などに用いられている。

また、三原組織を変化させた梨地織（なしぢおり）（アムンゼン）、ピケ、タオル地などがあるが、たて・よこの織り糸の撚りや太さを変えたりして多様な表情をもつ布地が作られている。織物の特徴は、たて糸を張ってよこ糸を交錯していくので、たて方向に強く、よこ方向はやや伸びやすいので、衣服を仕立てるときには、布地の方向性が重要になる。基本的には着用時丈方向にたて地を用いる。

**強撚糸**
標準的な撚り数より強い撚りをかけた糸。

## （2） 編　　物

　編物は，織物とは違い1本の糸でループを作り，それらを絡ませながら作られるもので**メリヤス**ともいう。編み方によって，よこメリヤスとたてメリヤス（トリコット）とがある。特によこメリヤス（図5-3）は，メリヤス，ジャージー，または**ニット**と称している。編物のオリジナルは，人々が毛糸でセーターや靴下を手編みした手法である。編物は，織物に比べてループの部分が伸びやすく，伸縮性に富んでいるので，人が動作をする時の皮膚の伸縮に適応しやすい。そのため主として肌着やスポーツウェアの素材として多用されていたが，最近では軽くてしわにならず着やすいので，日常衣服素材としての利用率も高い。

### 1.2　造形にかかわる布地の性能

　衣服を美しく立体的に仕上げるための技法については既述したが，それらの技法は，布地の伸縮性のほか，曲げやすさ[*1]，引っ張りやすさ，せん断変形[*2]のしやすさ，弾力性などの力学特性に左右される。また，これらの性能は，衣服造形のために求められる素材の条件と深くかかわっているが，素材には次の4点が仕立てやすさとして求められる。

　　裁断しやすいこと　　　　　　縫いやすいこと
　　仕立て映えすること　　　　　形くずれし難いこと

　これらにかかわる特性は，布地の基本的力学特性に加え表面特性などがある。

## 2. 衣服作りの技法

　理論的に身体にフィットする衣服型紙が設計されたとしても，用いる布地によって，その効果に違いが出てくる。その違いの要因は，布地を構成する繊維の性能，織り糸の太さ，織り糸や編み糸がどのように組み合わされて平面が作られているか，すなわち織物や編物の組織にかかわるところが多い。

　今日，私たちが多く着ている洋服は，既述したように着用者の身体に合わせて衣服型紙を設計し，それを用いて布地を裁断し縫製して作られる。しかし，各部位の形に合わせて裁断された布地を縫い合わせるだけでは，立体的に美しく仕立てるには十分とはいえない。そこで裁断した布地の曲線的な縁を伸ばしたり縮めたりして布地の立体化を図る場合がある（図5-4）。

---

*1　衣服作りでは，ひだの折り目，縫目，縁などで布地を折り曲げる。また，衣服の着用時にもしわなど曲げによる変形が起こる。曲げ特性値には，剛軟度が用いられる。ほぼ同じ厚さのウールギャバジンとデニムの剛軟度を比べると，ウールギャバジンはデニムに比べると糸密度がやや大きいが剛軟度が小さいため，折りたたみやすくて柔らかな素材である。

*2　せん断性は，たて・よこの2軸に同時に力を加えた時の歪み変形を表す特性である。布地が人体の複雑な形や動きに対応して，どのような変形をするのかを知る目安となり，着やすい衣服作りの素材選びの主要な要因と考えられる。

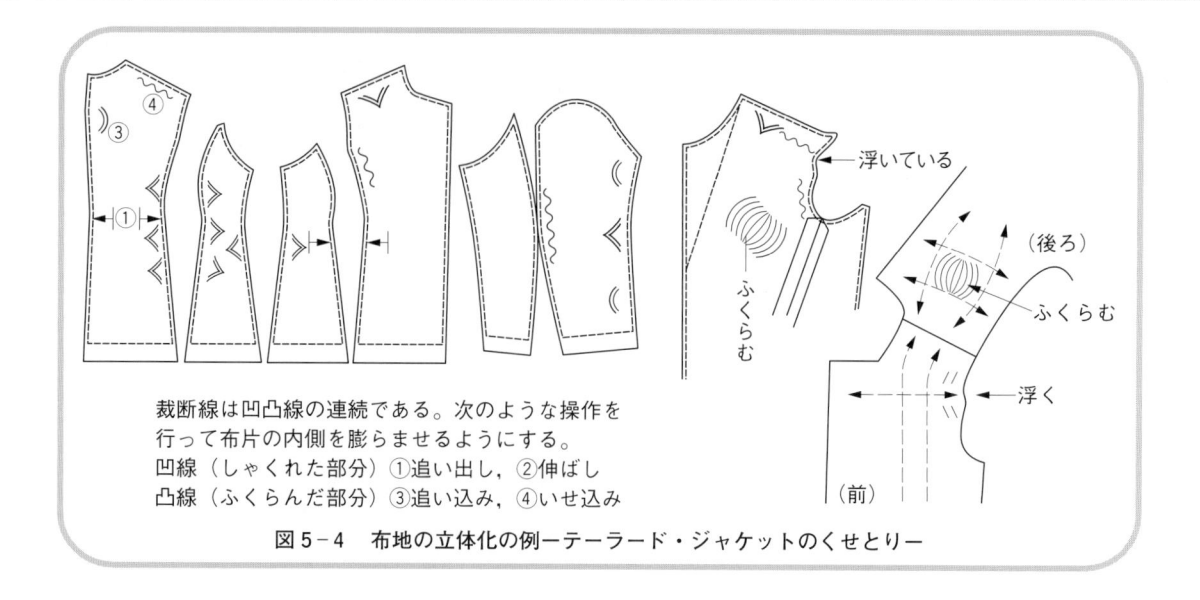

裁断線は凹凸線の連続である。次のような操作を行って布片の内側を膨らませるようにする。
凹線（しゃくれた部分）①追い出し，②伸ばし
凸線（ふくらんだ部分）③追い込み，④いせ込み

**図5-4　布地の立体化の例—テーラード・ジャケットのくせとり—**

　以上のことは，衣服作りに際しての技法の一端を述べたものであるが，衣服作りの技法には，布地を裁断する技法，縫い合わせる技法，立体化する技法，装飾的技法などがある。次によく用いられる技法をまとめて示す。

| | | | |
|---|---|---|---|
| 1. 切る | cutting | 6. 縫い縮める | gathering |
| 2. 裂く | tearing | 7. いせ込む | contracting |
| 3. 縫う | sewing | 8. 伸ばす | expanding |
| 4. 接着する | adhering | 9. 折りたたむ | bending |
| 5. ひだをとる | pleating | 10. ドレープをとる | draping |

　これらの技法は，布地が簡単にはさみで切断できたり，針で穴をあけることができることで可能となる。すなわち，布地は，適度な柔軟性や弾力性，そして強度をもつので，切断しても針で穴をあけたり伸ばしても，紙のように簡単に破損しないからである。

　立体化する技法には，図5-4に示したくせとりのほかに一般的には，ダーツをとり，からだの曲面に沿うようにしている（図5-5）。スカートやジャケットなど，衣服の絞った部分にとられたダーツを見つけることは簡単である。しかし，最近よく見られるフリーサイズの衣服には，ゆとりをたっぷりと入れたり，ギャザーを利用したものも多く，ウエストにゴムを利用しダーツをとっていないものもある。

　また，いせ込み（いせる）は，図5-6のように布地の織糸の間隔をつめるために細かく縫い縮める技法である。衣服の後ろ肩線，袖山線などに用い，背中や上腕のふくらみに対応して布地を立体化し，肩や腕の動きをなめらかにすると同時に，外観の美しさを助長するものである。

図5-5　ダーツの効用

図5-6　いせ込みによる布の立体化

a-g 間を縫い縮めると織糸の間隔がつまり、ふくらむ。

仮縫いでダーツをとっている。

図5-7　ドレープを入れたドレス（1930年代）
資料）Origin of Modern Fashion

　装飾的技法として女性の衣服に用いられるドレープを入れたドレスの例（1930年代）を図5-7に示す。

## 3. 衣服の構造

　現在の衣服は、以上述べた技法で何枚かに裁断した布地を縫い合わせて作られている。これを衣服の層からその構造を見ると、表地だけで構成されているもの、表地に芯地や裏地を付加して多層に構成されているものとがある。表地は、身体を覆うことが主な目的であるため、着る目的に最も適すると思われる素材、デザインそして縫製技法によって作られる。

　しかし、表地のみでは十分に目的とする形が出せない、また着やすさが得られないなどの場合、それらを補うために、裏地や芯地を付加する場合がしばしばある。次に層構造などの例を示す。

3. 衣服の構造

A．ひとえ仕立て　　表地だけで構成される（シャツ，ブラウス類などの中着，
　　　　　　　　　　　ゆかたなど，主として夏物）。
　　B．あわせ仕立て（裏付き仕立て）　　表地に裏を付けて2枚で構成される（あ
　　　　　　　　　　　わせ長着，秋から春まで着る衣服類）。
　　C．芯入り仕立て　　衣服の型くずれを防いだり，丈夫にするため，表地に芯
　　　　　　　　　　　地をはって仕立てる（ジャケット，シャツ類の衿や見返し）。
　　D．その他の詰め物　　体型を補正したり，強調したいシルエットを作ったり，
　　　　　　　　　　　保温のために表地と裏地の間に綿や羽毛を入れる（肩パッドなど）。
　以上をまとめると，裏地の目的には，① 保温効果を高める，② 表地の形態安定性を補う，③ すべりやすくして着脱しやすくする，④ 透けて見えるのを防ぐ，⑤ 裏側の外観を整える，⑥ 肌触りをよくする，⑦ シルエットを作る，などがある。また，芯地をはる目的には，① 表地と裏地だけでは形態安定性が保ちにくい点を補う，② 部分的に厚みをつけ丈夫にする，③ 張りを出す，などがある（⇨ p.121）。

## 4．布地の接合

　衣服の祖型で述べた1枚の布地で装う衣服は，布地をほとんど縫わないで巻き付けて着る不縫衣である。その場合，細工が施されたとしても，縁をかがったり折り曲げてとじたり，ごく簡単な処理が施されているに過ぎない。
　しかし，現在私たちが着ている衣服のほとんどのものは，身体の形や動きに合わせて適当な形と大きさに裁断した布を何枚かつなぎ合わせたり，重ねたりして衣服に仕立てられている。裁断には，はさみを用い，縫製には針を用いて糸で縫合したり，刺したりするが，素材や接着剤およびプレス機の発達によって，近年では表地に直接芯地をはる接着芯が多用されている。特に既製服では，形作りをたやすくし，製作工程が能率的になり既製服の形態保持に優れたものができるようになった。

### 4．1　縫　　合

　縫合には手縫いとミシン縫いとがある。手縫いは，糸を通した手縫い針を手で運ぶ手法であるが，ミシン縫いは，機械によって針を動かし，布地を送って縫う方法である。いずれも布地の強度や伸縮性とほぼ同じ性能をもつ縫目の形成が要求される。

#### （1）ミシン縫いと手縫い

　紡績機や織機が18世紀に発明され，衣服材料の量産化と品質の均一性が進んだことと同様に，ミシンの発明は，衣服を短時間に仕立てることと縫製品の品質の均一化を図ることを可能にし，今日の既製服時代を導いたといえる。1791

年にフランス人の縫製職人によってミシンが発明された当時は，職人の職が奪われるとの恐れから実用化には至らなかった。しかし，アメリカ人のシンガーが1850年に特許を取り，その後も改良を加えて徐々に家庭や工場へとミシンが進出し（図5-8），飛躍的に衣服の生産量をあげた。当時でも，手縫いで衣服を仕立てることは，高度な技能の熟練が要求されると同時に，多くの時間を費やす重労働でもあった。

図5-8 蒸気動力のミシンの縫製工場（1850年ごろ）

洋服が普及するまで，手縫いの和服が日常着として着られていた日本では，いかに手早く家族の衣服を仕立てられるかが女性の素養とされており，女子に運針（並縫いすること）の練習が求められた。運針は，早く針を運ぶと同時に美しい縫目を構成するための熟練法である。手縫いは，針が糸を引張りながら布地の間を通り抜けていくので，糸にかかる抵抗が大きいため，縫い縮みしやすい。そこで，針の持ち方，縫いつれを防ぐための糸こきなどの正しい技術を身に付けることによって美しい縫目で仕立てることができる。そこで，一枚の衣服を美しくかつ短時間で仕立てるためには必須の技術習得法であった。このように，手縫いでは連続縫いに限界があるために，手縫いにする和服の仕立てでは，ほとんどの縫目は，きせをかけ割らないで片返しにするなどの工夫がなされている（⇨ p.107）。

きせ
縫目を片返しにする時，縫目どおりに折らずに，深く余分に折った折り山から縫目までのわずかな部分のこと。

## （2） 縫目形式

縫目形式は，1本の糸で構成するものと2本以上の糸で構成されるものとがある。JISでは，L 0120で「ステッチ（stitch）形式の分類と表示記号」を規格化し，ステッチを単環縫い，手縫い，本縫い，二重環縫い，縁かがり縫い，偏平縫いの6クラスに分類している（⇨ p.138）。単環縫いは，手編みセーターなどの身ごろや袖をはぎ合わせる時によく用いる方法である。鉤針でする鎖編みを応用したもので，伸縮性があるので，編物地に適した縫目である。そのため，織物で縫合された既製ズボンの股上部分のように伸びやすい個所には二重環縫いを利用し，縫目の破損を防止している例もある。

### 1） 手縫いの基本

手縫いには，図5-9に示すように並縫いと半返し縫いとがある。返し縫いは，細かくて丈夫な縫い目を構成するので，ミシンの発明以前には丈夫さが求められる部位の縫製にこの方法

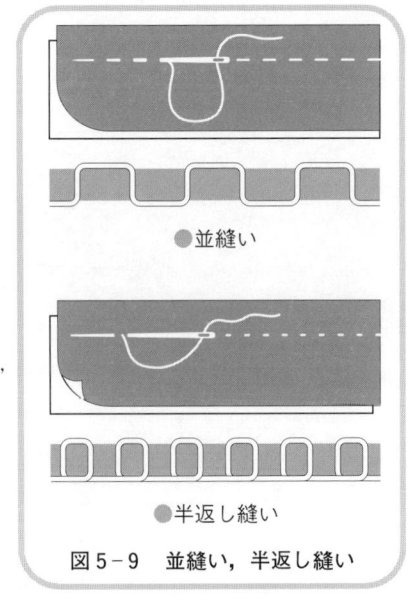

●並縫い

●半返し縫い

図5-9 並縫い，半返し縫い

が用いられていた。和服仕立ては，現在でも並縫いや半返し縫いで行っている場合が多いが，直線的な縫合部分は，ミシンを用いる場合もある。

衣服のすそや縁の始末の手法として，和服仕立てでは，くけ，洋服仕立てでは，まつりぐけ（まつり縫い）を用いる。その他に千鳥がけがあるが，これは，布端を折り返したときに裁ち目の折りを軽く押さえてほつれを防ぐとともに，しっかりと綴じ付ける手法である。洋服仕立て・和服仕立てのいずれにも用いる。図5-10にこれらの基本的な手縫いの形式を示した。これらの手法は衣服の部位によって使い分けられている。

**くけ（くけ縫い）**
布の折り山の端に，針目を直角に置き，縫い糸が見えないように折り山の中に糸を通しながら縫い合わせていく方法。

### 2） ミシン縫い

既述したステッチ形式があるが，一般の家庭用ミシンは，本縫い形式で，1本の針を用いて針糸（上糸）とボビン糸（下糸）の2本で構成される。最近の手軽なベビーロックミシン（縁かがり縫いミシン）は，針糸とルーパー糸の2本で構成するのが一般的である。ミシンにはこのような家庭用に対して工業用のものがある。工業用ミシンは，既製服縫製にあたって，布地の強度や衣服の縫製部位および使用目的に合わせていろいろなステッチが開発されている。

**工業用ミシン**
⇨ p.138

### 3） 止 め る

主な縫目の構成は以上であるが，衣服を丈夫に仕上げるとともに，せっかく縫った縫目の終端糸が抜けて，ほつれるのを防いだり縫い止まりやあき止まり部分をしっかりさせるために止めをする。手縫いの場合，結び玉を作るが，和

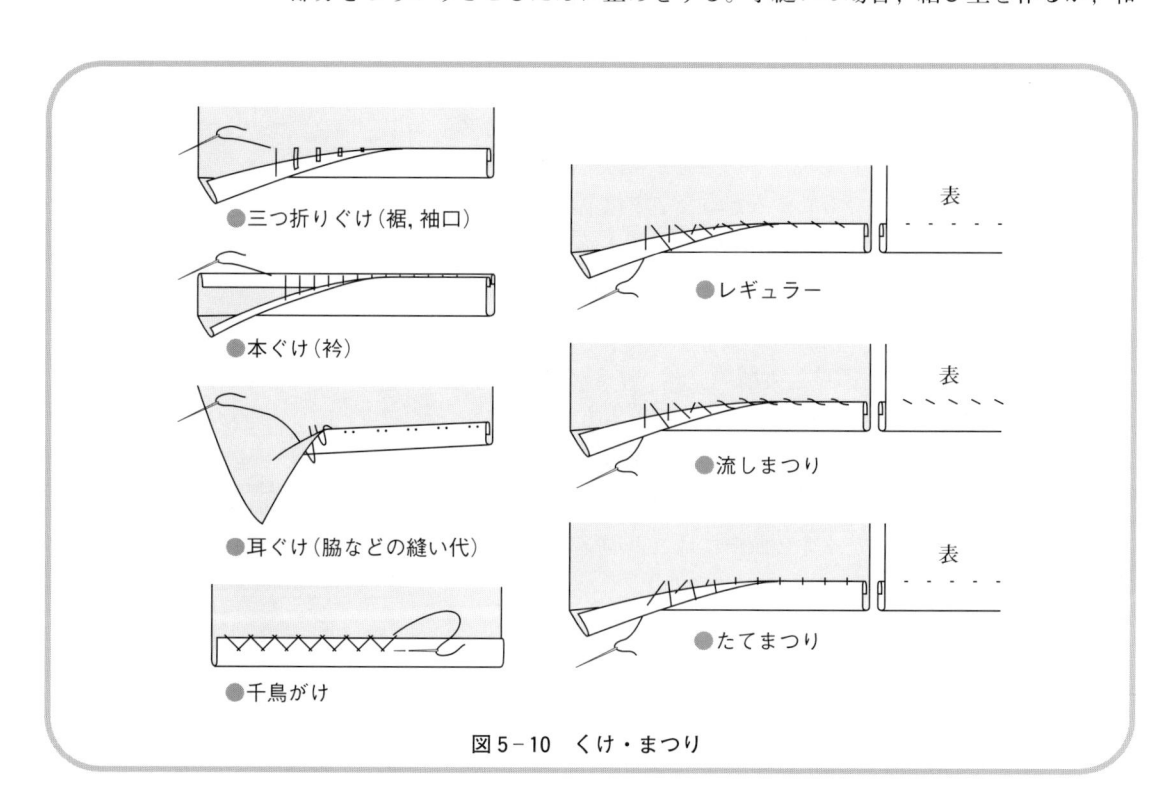

- 三つ折りぐけ（裾，袖口）
- 本ぐけ（衿）
- 耳ぐけ（脇などの縫い代）
- 千鳥がけ
- レギュラー
- 流しまつり
- たてまつり

図5-10 くけ・まつり

服の袖口止まり，袖付け止まり，衿付け止まりなどには"すくい止め"をする。また，洋服ではボタンホールやポケット口の"閂止め"をしたり，テーラード・ジャケットの衿付止まりには"四つ止め"をするなど，衣服の各部位をしっかり固定するために，止めにもいくつかの種類がある。

### （3） 縫合部の性能

縫合部の強度は，布地より強すぎれば布地が破損し，弱ければ縫目がほころびやすく，その機能を果たさないので適度なものが要求される。縫合部の性能に及ぼす要因には，以下のようなものが考えられる。

#### 1） 針　目

針目の大きさは1cm間の針目数で表すが，その間をいくつのループで布を固定するかによって縫目の強度が異なる。針目が小さいほど固定部分が多くなり丈夫な縫合部を作るが，糸密度の小さな布地や薄い布地には強すぎて破損が起こりやすい。また，縫目の丈夫さや仕立て上がりの美しさは縫い糸の太さとも関連し，太い糸は細い糸に比べると丈夫で粗い縫目を構成するので，きれいに仕立てるためには針目の大きさを小さくする必要がある。

#### 2） 縫 い 糸

針目数を同一にして縫合した場合，縫い糸が太いほど縫合部の強度が増すが，布地の厚さに合った糸の太さを選ぶことが，布地にあった強度を得ると同時に，美しい外観の縫目を構成する。

以上の針目の大きさと縫い糸の太さについて考慮すると，ブロード程度の布地で仕立てる場合，針目の大きさは1cm間に5，6針，糸の太さは60番程度がよいとの実験結果が見られる[1]。

### （4） 縫合の種類

縫合形式（seam）の分類と表示記号は，ISOの規格に基づいてJIS L 0121[2]で規格化され，構成される布の縁の状態とその組合せ方によって8クラスに分類され，その種類は282にも及ぶ。一般的に私たちが衣服を仕立てる際に用いるのは，図5-11に示す方法が多いが，縫う本数が多いほど強度は増す傾向が見られ，衣服の部位によっていろいろ使い分けている。

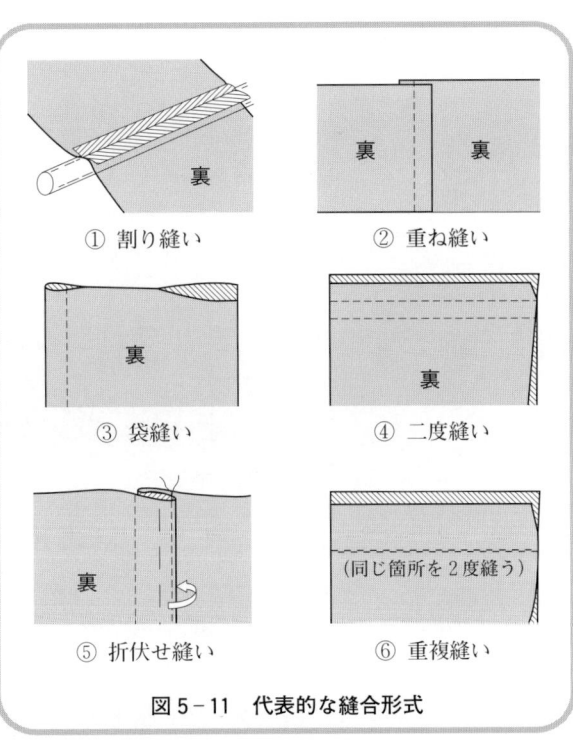

① 割り縫い　② 重ね縫い　③ 袋縫い　④ 二度縫い　⑤ 折伏せ縫い　⑥ 重複縫い（同じ箇所を2度縫う）

図5-11　代表的な縫合形式

### （5） 縫合部の外観

以上のように多くの縫合形式がJISで制定されているが，これは既製服縫製の出来映えと縫合部の耐用性が重視されていることを示している。また，衣服の仕立て映えの条件として，縫い目が美しく仕上がることが挙げられている。それが，衣服の評価に関連してくる。

衣服の縫製に際して針目や縫い糸を布地に合わせて吟味する必要性については既に述べたが，それでもしばしばシームパッカリング[*1]というトラブルが生じることがある。シームパッカリングは，高速ミシンによって縫製する場合，縫い糸にかかる張力と伸びの関係や上下布送りのバランスなど微妙な作用のずれによって生じるもので，縫い糸の性能のほか，ミシンの上糸調節器の圧力の程度，布送り機構などにも関連するので，既製服縫製現場では，その改良が進められている。

## 4.2 接　　着

接着剤の開発により布地の風合いを損なわずに成形するために，片面に接着剤のついた芯地やテープが用いられる。接着芯やテープを表地にのせてアイロンやプレス機で加熱し簡単に芯据えを行うことができる。ジャケットに接着芯を用いている例を図5-12に示す。

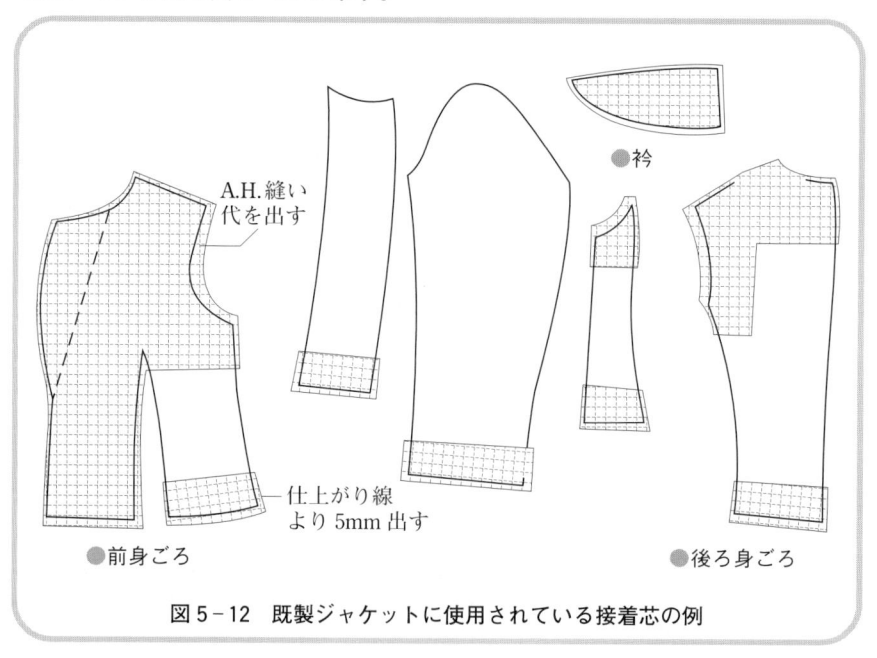

図5-12　既製ジャケットに使用されている接着芯の例

---

[*1] 縫い目部分によくみられるしわ状のひずみのこと。縫いじわ，縫いつれ，縫い縮みともいわれる。ミシン縫製後，自然に発生するものと洗濯後に発生するものとがあり，いずれも縫製品の外観を損ねる。原因は，縫い糸の伸縮性，摩擦特性，伸張後の回復率，および2枚の布地のずれなどが影響すると考えられる。

## 5. 衣服縫製用具と副素材

　衣服を縫製するための用具には、針、ミシンのほかに裁断に必要なはさみ（裁断はさみ、にぎりばさみ）など、縫製に入る前段階の準備に必要なしるし付けなどの用具（チョーク、ルレット、角べら）、目打ち、のみ、指ぬきなどがある。また、縫合した縫い目部分を落ち着かせたり、形を整えるための仕上げ用具として、アイロンおよび仕上げ台などがある。その他に人体の形態に合わせて立体的に作り上げるための補助として用いる人台（ダミー）などがある（図5-13）。ここでは、針について述べる。（⇨ 既製服の生産に関しては第7章、p.131）

### 5.1　手縫い針とミシン針

　手縫いとミシン縫いには、それぞれ適切な針が作られている。針は、皮革や布地に穴をあけて紐を通して綴じ合わせる必要から発明されたといわれている。古くは、石や骨を削って作られていたが、1400年代に針金が発明され、当時すでに現在のような針が製造されていたといわれている。

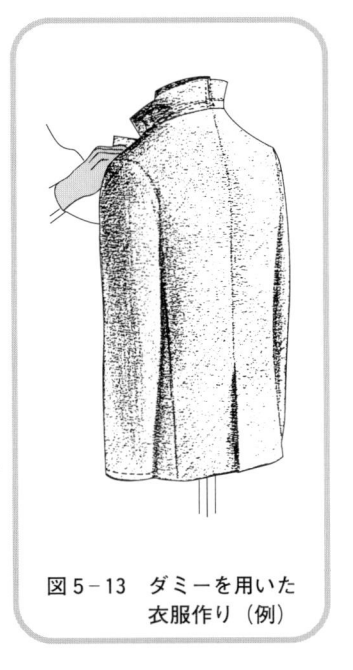

図5-13　ダミーを用いた衣服作り（例）

#### （1）手縫い針

　手縫い針には、**和針**と**洋服針**がある。和針は、目処（糸通し穴）が丸く、用いる布地の素材によってそれぞれ太さが異なる絹針、つむぎ針、ガス針、木綿針とがあり、布地の織糸や縫い糸の太さに関連している。表5-1に一般によく用いるガス針の種類を示す。用いる針の長さは、技法や使用者の指の長さによって異なる。

　和針の表示は、「3-1」のように2つの数字で示され、3は太さを、1は長さを表す。並縫いには、親指の長さに合うやや短い針を使用し、くけには長針を用いる。

　洋服針は、メリケン針ともいい、種類は1号（長さ40.9 mm、直径1.14 mm）から12号（22.7 mm、0.51 mm）までであり、長さに応じて直径も太くなる。やや針先が尖っているので布地がすくいやすい。一般に洋裁に用いるのは、長針といわれ、やや長い6号長針（長さ約39 mm）である（表5-2）。

表5-1　ガス針の種類（単位：mm）

| 番号 | 長さ | 直径 | 参考 |
|---|---|---|---|
| 1号 | 60.5 | 0.76 または0.71 | 木綿衿しめ |
| 2号 | 54.5 | 0.76 または0.71 | 木綿衿しめ、木綿しつけ、細8分、から糸衿しめ、ガス衿しめ |
| 3号 | 51.5 | 0.71 | 木綿しつけ、ガスくけ、細7分、さんとめくけ |
| 4号 | 48.5 | 0.71 | 細6分 |
| 5号 | 45.5 | 0.71 | ガスくけ、3の5、さんとめくけ |
| 6号 | 42.4 | 0.71 | 3の4 |
| 8号 | 39.4 | 0.71 | 細3分、3の3 |
| 9号 | 36.4 | 0.71 | 唐糸縫、中木綿、木綿縫い、細2分、3の2、双子縫い |
| 10号 | 33.3 | 0.71 | さんとめ、小木綿、ガス縫、細1分、3の1 |

（JIS S 3008-1984）

表5-2 洋服針（またはメリケン針）長針の種類（単位：mm）

| 番号 | 長さ | 直径 |
|---|---|---|
| 6号 | 39.4±1.0 | 0.76 |
| 7号 | 37.9±0.9 | 0.71 |
| 8号 | 36.4±0.9 | 0.64 |
| 9号 | 34.8±0.9 | 0.56 |

(JIS S 3008-1984)

表5-3 家庭用ミシン針の太さと長さ（単位：mm）

| 番号 | 長さ | 直径 |
|---|---|---|
| No. 7 | 38.0 | 0.57 |
| No. 8 | 38.0 | 0.62 |
| No. 9 | 38.1 | 0.67 |
| No.10 | 38.1 | 0.72 |
| No.11 | 38.2 | 0.77 |
| No.12 | 38.3 | 0.82 |
| No.13 | 38.4 | 0.87 |
| No.14 | 38.5 | 0.92 |
| No.15 | 38.6 | 0.97 |
| No.16 | 38.8 | 1.02 |

(JIS B 9012-1978)

表5-4 縫い糸とミシン針番号

| 針番号 | 糸番手 |
|---|---|
| 7 | 100 |
| 8 | 80 |
| 9 | 60 |
| 11 | 50 |
| 14 | 40 |
| 16 | 30 |
| 19 | 20 |
| 21 | 10 |
| 22 | 8 |

## （2） ミシン針

　家庭用本縫いミシン針は，表5-3に示すように7番から10種類ある。家庭用ミシン針は，扱いやすいように柄は平面の部分があり，取り付けを間違えないようにしてある。糸を導く溝があり，糸切れを防いでいる。

　和針の種類が布地によって作られていることでも理解できるが，ミシン針も太さによって番号が決められており，布地の厚さや密度に応じた糸の太さに合わせて針を選ぶことが大切である。

　また，工業用ミシンやベビーロックミシン用の針は，柄が円筒になっている。特に工業用高速ミシン針は，摩擦熱の発生を防ぐために表面加工したものなどもある。手縫い針と同様に針の太さと縫い糸は密接な関係がある。

　図5-14にミシン針の構造，表5-4に縫い糸の太さ（番手）と対応するミシン針番号の例を示す。

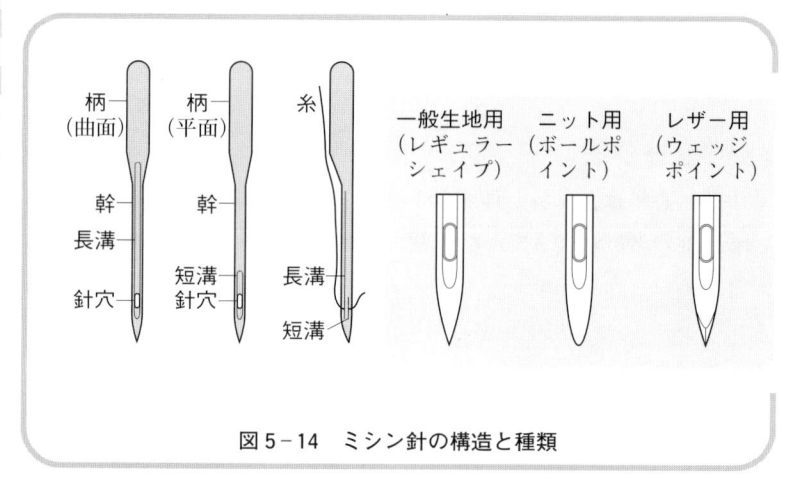

図5-14 ミシン針の構造と種類

## 5.2 副素材

　衣服の構造の項で裏地と芯地について概略を述べた（⇨ p.113）が，ここでは，それらについてとりあげる。

### （1） 裏　　地

　裏地は，本来保温のためにつけられたものであるが，素材や着装の多様化に伴い最近では，表地の形態安定性，すべりをよくして着心地を良くする目的，および透けて見えるのを防ぐ目的で付けられる場合も多い。ニット地は伸びやすいため裏地を付けて表地の形くずれを防ぐ。また，肘，膝，尻，背中の上部などの着用中に身体や中着と接触する部位に，平滑で表地より伸びにくい裏地

を付けることにより，着心地よく，しかも形くずれしにくい衣服を作ることができる。しかし，表地と裏地は，材質・性能いずれも異なる点が多いので仕立てる時には，そのことを熟知しておくことが重要である。

裏地の種類には，和服では，胴裏地，袖裏地，腰裏地などに分けられており，特に女性用あわせ長着は，裏地として胴裏地と裾回しを付けるが，裾回しは，表地の色合いや地質に合わせたものを用いる（⇨ p.102）。洋服用の裏地素材は，キュプラとポリエステルがほとんどを占め，次いでレーヨン，ナイロンである。いずれもフィラメント糸で織られたタフタ，羽二重，シャンタン，デシンなどが多く使われている。

裾回し
八掛ともいう。

（2） 芯　　地

芯地は表地を補って衣服の形を作り，形くずれを防ぐために用いる。特にジャケットなどの外衣は，きちんと形作るためにいろいろな部位に芯地をはる（⇨ p.118，図5-12）。例えば以下のようである。

① 前芯，腰芯，袖山芯は，シルエットを作る。
② 袖口芯，衿芯，前立て芯，背芯，裾芯は，形くずれを防ぐ。
③ 前芯，見返し芯，胸増芯は，厚みや張りを出す。

芯地の種類には，織物と不織布とがある。また，つける方法により，**一般芯**と**接着芯**とがある。一般芯は，従来からある織物の毛芯，綿芯，麻芯，混紡芯などがある。図5-15に一般芯をはってジャケットを作る例を示す。

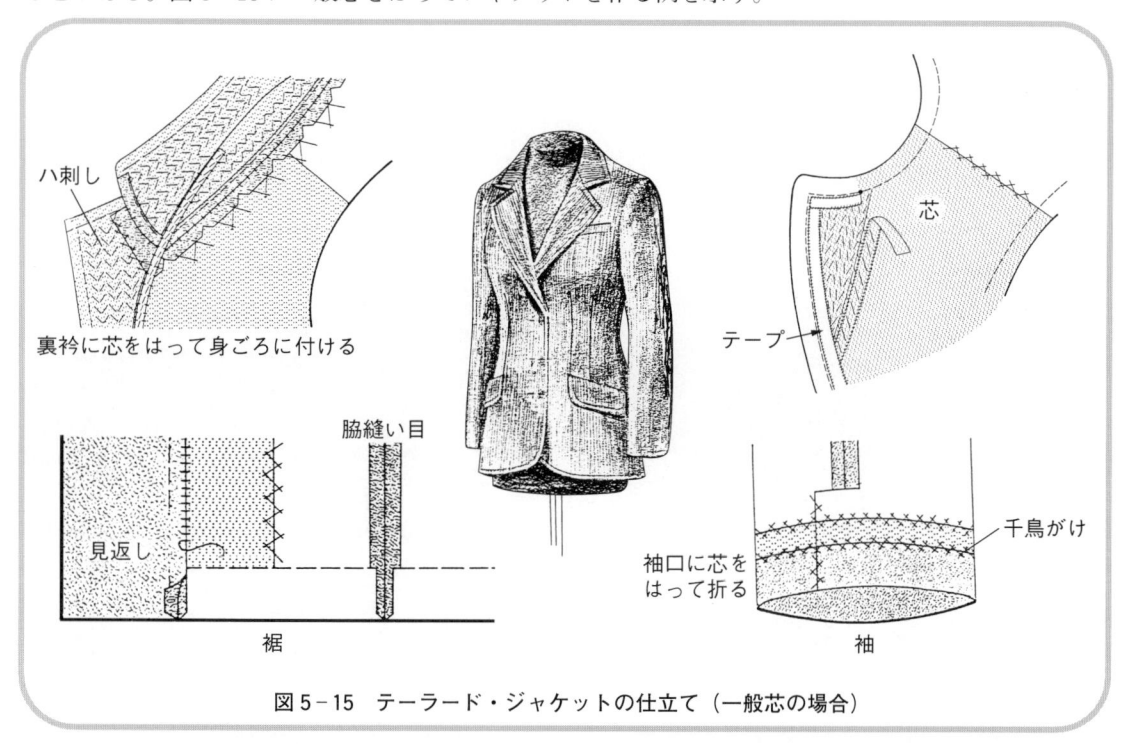

図5-15　テーラード・ジャケットの仕立て（一般芯の場合）

5．衣服縫製用具と副素材

それに対して，接着芯は，主として不織布の基布に合成接着剤をつけ，熱を加えて（アイロンやプレス機）表地にはり付けて用いるが，最近の既製服では，いろいろな部位にそれぞれの目的に合わせた接着芯が用いられている。基布も従来からあるやや薄手の織物芯地を用いて，従来の芯地の風合いを出すように工夫されている。既製服で接着芯が多く用いられるようになった原因の一つに，プレス機の性能向上と接着剤の研究が進んだことが挙げられる（⇨ p.137）。また，目的に合わせ，能率的な縫製を目指して，基布や接着タイプにもいくつかの種類があり，厚地，薄地のものに加え，完全接着芯，仮接着芯，全面接着タイプ，部分接着タイプのものなどがある。

**文献**

1）柳澤澄子編著：家政学実験シリーズ 8『被服構成学実験』，産業図書，東京，83 (1982)
2）シームの分類と表示記号（JIS L 0121 - 1984），日本規格協会，東京 (1984)

●参考文献
・Elizabeth Ewing : Everyday Dress 1650-1900, B. T. Batsford Ltd. London (1984)
・Norma R. Hollen : PATTERN MAKING by the FLAT-PATTERN METHOD, Macmillan Publishing Company, New York (1975)

# II アパレルの生産

# 第6章 アパレル産業

## 1. 産業の特徴

わが国では1960年代以降，既製服をほとんどの人が着るようになった。当時の経済発展と化学合成繊維の発達などの条件が既製服化を促進したが，既製服それ自体の特徴，つまり製作の時間や労力が省け手軽に着用できること，オーダーメードよりも安価で流行も取り入れやすいこと等も魅力となって，既製服産業はわが国のみならずアメリカやヨーロッパで急速に発展した。こうしてアパレル製品は次々に市場に送り出され，人々に夢と潤いを与え，衣生活を豊かにしたのである。

表6-1はアパレル（apparel）[*1]製品の産業内の分類である。製造・流通の多くがこの分類に従って行われている。婦人服，紳士服などというような着用者別の分類だけでなく，ブラウスやドレスシャツなどの服種別，ニット外衣などの素材別にも複雑に分かれている。また表6-2は繊維素材がアパレル製品として生産され，流通するまでの各段階にかかわる企業の業種を示したものである。アパレル生産の繊維素材段階では，紡績や合繊メーカーがシーズンごとに大量の素材を供給する。テキスタイルや副資材の段階では織り，編み，整理・染めなどの加工が行われ，場合によっては服の形に完成したものへの染色が行われることもある。服作りにはボタンや飾りなどの多様な副資材が必要とされる。アパレルとよばれる段階では，アパレル製品の企画，生産，卸売りが行われる。そして最終的に消費者の手に渡るまでの各段階に商社や中間業者が商品の流通を行っている。このようにアパレル産業は，製品の種類でも業種でも関連領域の広い産業である。

アパレル産業は，他の製造業と比べて労働集約的であるといわれる。それは，デザインや縫製の段階で人間の感性が不可欠であり，素材が布地で柔らかいために，裁断・縫製作業を機械化・自動化しにくいからである。これらの条件はアパレル産業を人件費コストの高いものにしがちであり，またテキスタイル，副資材関係，アパレルの段階で小規模企業の割合が高いなどという特徴にも表れている。

---

[*1] アパレル（apparel）とは衣服を意味する英語であるが，わが国では洋服を中心とする既製服を指す場合が多い。

表6-1 アパレル製品の分類

| | | |
|---|---|---|
| アパレル | 婦人服 | ドレス（ワンピース），スーツ（ツーピース），アンサンブル |
| | | コート |
| | | ブレザー，ジャケット，ブルゾン，ベスト，ケープ |
| | | スカート，パンツ |
| | | フォーマルウェア |
| | | ホームウェア，ワンマイルウェア |
| | | マタニティウェア，イレギュラーサイズ |
| | ブラウス | デザインブラウス，シャツブラウス |
| | 紳士服 | （テーラードな）スーツ |
| | | （テーラードな）コート |
| | | （テーラードな）ブレザー，替え上着，ベスト |
| | | （テーラードな）スラックス |
| | | フォーマルウェア |
| | ドレスシャツ（ワイシャツ） | |
| | メンズカジュアル | （カジュアルな）スーツ |
| | | （カジュアルな）コート |
| | | （カジュアルな）ジャケット，ブルゾン，ジャンパー |
| | | （カジュアルな）シャツ |
| | | （カジュアルな）パンツ |
| | ニット・アウターウェア（ニット外衣） | セーター（プルオーバー，カーディガンなど），ベスト |
| | | ニットシャツ，ポロシャツ，Tシャツ，トレーナー |
| | | スーツ，ドレス，コート |
| | | ブレザー，ジャケット，ブルゾン |
| | | スカート，パンツ |
| | | 水着，レオタード |
| | 子供服（3〜15歳くらいを対象とする外衣全般） | |
| | ベビーウェア（0〜2歳くらいを対象とする外衣・下着全般） | |
| | インナーウェア | ランジェリー（スリップ，キャミソール，ペチコート，パンティなど） |
| | | ファウンデーション（ブラジャー，ガードルなど） |
| | | 肌着 |
| | ルームウェア | ラウンジウェア，ナイトローブ，ネグリジェ |
| | | スリーピングウェア（パジャマ，ベビードールなど） |
| | | キッチンウェア（エプロン，サロン前掛けなど） |
| | スポーツウェア（競技種目ごとの外衣全般） | |
| | ジーンズ（ボトムのほか，トップも含む） | |
| | ワーキングウェア，学生服 | |
| | レインウェア | |
| | アパレル小物 | ネクタイ |
| | | レッグニット（靴下） | ソックス，レッグウォーマー，タイツ，パンティストッキング，ストッキング |
| | | 手袋 | 編み手袋，縫い手袋，革手袋，作業手袋 |
| | | 帽子 |
| | | スカーフ，マフラー，ストール |
| | | ハンカチーフ |

資料）㈶日本ファッション教育振興協会

表6-2　わが国におけるアパレル生産・流通の関連業種

| 繊維素材 | 繊維原料卸，糸メーカー（紡績，化学合成繊維，生糸など）<br>↓<br>商社，糸商 |
|---|---|
| テキスタイル・副資材 | 生地メーカー（織物，ニット，レースなどの表地，裏地，芯地等）<br>↓<br>付属品等メーカー（ファスナー，ボタン，糸，飾り）<br>↓<br>商社，生地商，染色・整理業者 |
| アパレル | アパレルメーカー(1)<br>縫製業者，受託加工業者，アパレル卸商 |
| アパレル小売り | アパレル小売り業(2)<br>（百貨店，専門店，スーパーストアー，アウトレット，通信販売） |

↓
消　費　者

(1) アパレルメーカーには，洋服の企画から製造（裁断・縫製），卸まですべて自社内で行うもの，企画から型紙製作までと卸を行うもの，すべてを下請けに出す，または外部に委託するものなどがある。わが国でアパレルメーカーとよばれるものの多くは裁断・縫製を社外に委託する製造卸業である。
(2) 小売業には企画，製造を外部に委託し，販売するものもある。
注）繊維素材，テキスタイル，アパレルの各段階での輸入と，アパレル小売りでの外国業者の参入を含む。

アパレル製品では，一つのスタイルが広く行き渡ると間もなく，消費者は新しい変化を求めるので，生産者側は，スタイル，色・柄，作り方，布地の風合いなどで常に新鮮なファッションを提供しなければならない。また，季節の変化，年度の始まりや祝祭日，休暇なども衣服購入のきっかけとなる。このように，ファッション性と季節性とは製品を変化させる要因であり，また，企業にとっては，タイミング良い出荷をしなければならない理由でもある。

図6-1は，いくつかのアパレル製品についてファッション性と季節性の重要度をみたもので，ファッション性と季節性の重要度が製品によって異なることが分かる。いずれにしても，アパレル産業はタイミングに厳しい最も変化の激しい産業といえる。

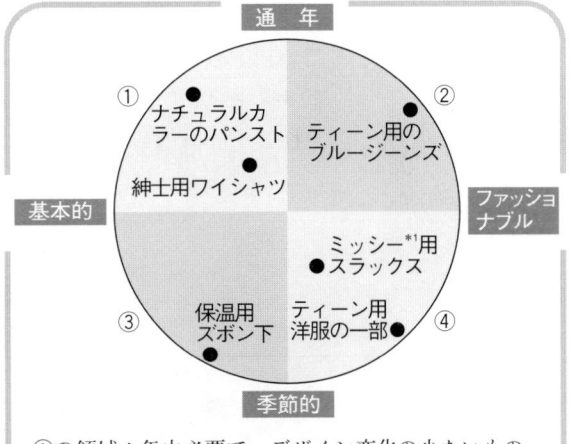

①の領域：年中必要で，デザイン変化の少ないもの
②の領域：年中必要で，ファッションの影響が大きいもの
③の領域：季節により必要で，デザイン変化の少ないもの
④の領域：季節により必要で，ファッションの影響が大きいもの

図6-1　アパレル製品の季節性とファッション性

*1　ミッシー（missy）は若い娘，お嬢さん（miss）の意。若い主婦，若い母親（ヤング・ミセス）を指す場合が多い。

1．産業の特徴

## 2. 製品の品質と価格

品質[*1]（quality）とは，消費者が求める製品やサービスの性質・性能をいい，衣服の場合，消費者により，「美しい，ゴージャス，ファッショナブル，着心地が良い，丈夫，取り扱いがやさしい」などと評価される項目である（表6-3）。

アパレル生産では，生産コストは布地，デザイン，裁断・縫製などにかかる。そのコストが高くなるのに比例して価格は高くなるが，消費者の品質評価も一般には高くなる。しかし，生産者は収益を上げるために低いコストでの生産を，消費者はなるべく低い価格と，より高品質の製品を期待する。消費者が満足し同時に産業が成り立つには，品質の高さと企業の収益とのバランスがとれなければならない。

品質レベルと価格はターゲット[*2]とする消費者の期待や購買力に合わせて設定される。一方，多くの消費者にとっては，アパレル製品の品質のもとになっている材料の性質，裁断・縫製のグレードなどを正しく評価することが難しい。そこで，消費者の高評価を得て販売を促進するために有名ブランドネームの使用や広告活動などが行われる。これらの活動にもコストがかかり製品価格に反映する。百貨店や専門店で扱われる一般的なアパレル製品の場合，資材費および生産費は30%，広告等の流通経費は70%と言われている。

## 3. 新しいシステム

アパレルの消費動向は，流行や気候，経済状態などの要因で変わりやすい。これに対して従来の生産方式は，次のシーズンを予測しこれに基づいて生産・販売するもの（このような産業の行き方をproduct outという）で，製品が店舗に並ぶまでの時間が長い。すなわち，流行色の選定，材料の選定，製品の小売業

表6-3　消費者が求めるアパレルの性質・性能

| 性質・性能 | 身体的な着心地の良さ | 身体保護（防寒，防暑，防護） |
| --- | --- | --- |
| | | フィット性（運動しやすさ，着脱の容易さ） |
| | 心の満足度 | 風合い（肌触り，柔らかさなど） |
| | | 審美性（シルエット，色・柄，縫製などの美しさ） |
| | | 社会的快適性（希少性，新規性，ブランドイメージ，ファッション性，個性的） |
| | 経済性 | 価格 |
| | | 扱いやすさ（手入れ，保管のしやすさ） |
| | | 耐久性（丈夫さ，染色堅牢度） |

\*1　品質の定義については家庭用品品質表示法の解説，または品質管理用語（JIS Z 8101）を参照できる。
\*2　企画対象の消費者群。アパレル製品の企画は，年齢層（例えば，ティーン，ミス，ミッシー），テースト（洋服のデザインの好み，例えばフェミニン，マニッシュ，スポーティ，エレガント，カジュアル，ゴージャスなど），衣服への期待（美しさ，丈夫さ，安さなど）の属性により対象を設定して行う。

者に対する展示会等，2年ぐらい前からの取りかかりとなっている。この方式では，製品が消費動向に合わない場合のリスクが大きい。現在では，シーズン[*1]間際やシーズンに入ってから市場の状況を見極めて適品を適量，適時に生産する行き方（market in）が世界的趨勢となっている。これが QR や SPA の生産システムと言われるもので，高度の情報システムと生産時間短縮が武器となっている。

QR : quick respons
SPA : speciality store retailer of private label apparel

## 4. 生産の管理

### 4.1 縫製工場における生産システム

消費者のニーズに合った製品を，効率よく，低コストで，支障なく生産するためにいろいろなシステムが採用されている。生産の方法や手順は製品の種類や素材によって異なり，また工場の規模によっても異なる。現在の主な生産システムは表6-4のように分類することができる。

表6-4 アパレル工場の生産システム

| 生産システムのタイプ | | 作業のレイアウト | 新しい設備導入のしやすさ | 生産システムの特徴と対象製品 |
|---|---|---|---|---|
| | 丸縫い | 一定でない | しにくい | 生産に必要な縫製とプレスなどの作業をすべて同一の作業員が行う。多能工が必要。高コスト。量産には向かない。オーダーメード等に適応 |
| 分業 | グループ | 一定でない | しにくい | 生産に必要な縫製とプレスなどの作業をすべて数人のグループで行う。小規模，多品種に適する。多能工が必要。高コスト。プレタポルテなどに多い |
| | バンドル | 工程順 | ふつう | バンドル（部分を作るためのパーツ各10枚程度の束）単位で，一人数工程受け持つ。服種全般 |
| | バンドルシンクロ | 工程順 | ふつう | バンドル単位で，一人1工程の流れ作業。中規模以上の中量以上の生産。服種全般 |
| | シンクロ | 工程順に作業をレイアウト | しやすい | 1着単位，一人1工程の流れ作業（完全分業制）。高能率。一か所のトラブルが流れを阻害することがある。トラブル対応性が低い。服種全般 |

*1　製品の種類によって，「春夏」と「秋冬」などのシーズンが設定されるが，婦人服などではさらに細かい設定が行われる。

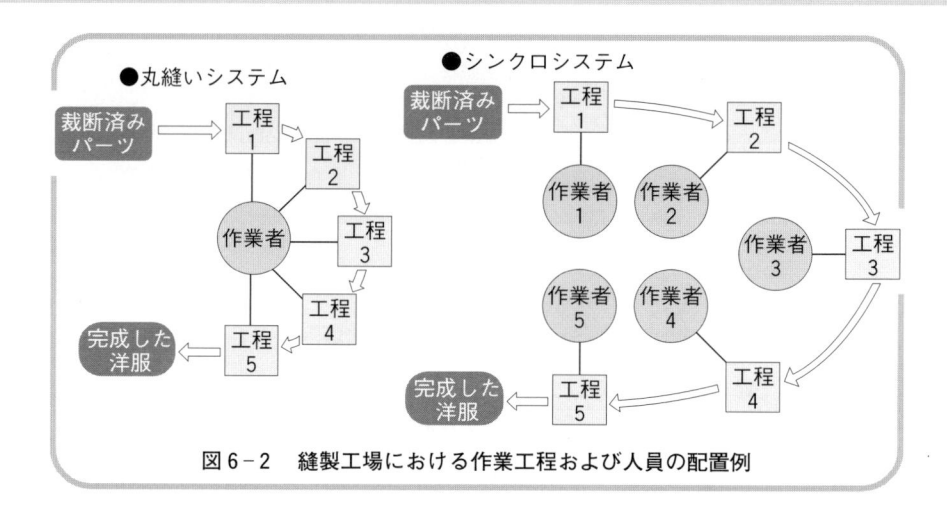

図6-2 縫製工場における作業工程および人員の配置例

また，図6-2は，「丸縫い」と「シンクロ」の二つの生産システムの作業と人員の配置を示したものである。各生産システムには特徴があるが，いずれにしても加工品位の高い製品を，所定の数量だけ，予定期日までに，低コストで生産することが目標とされる。そのためには作業工程・設備・人員のレイアウトを計画し，材料のスムーズな流れを確保しなければならない。

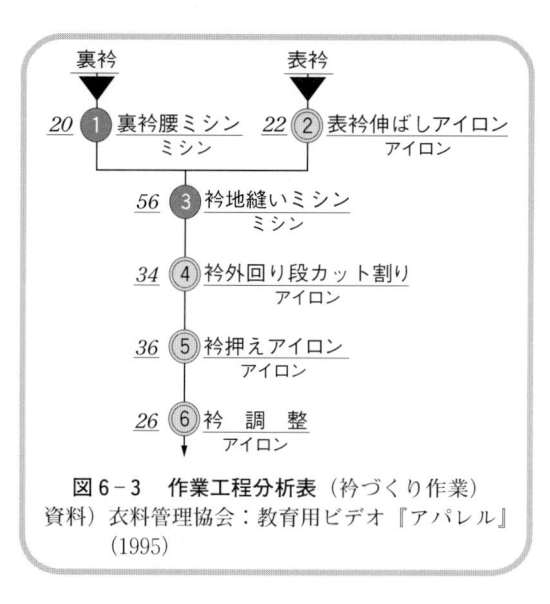

### 4.2　工程分析表

各工程ごとに必要な動作と時間を実際に即して定め[*1]，これを表したのが工程分析表で，生産の流れを計画し，生産時間とコストを定めるための基礎となる。図6-3はブラウスの衿の縫製作業工程分析表である。

図6-3　作業工程分析表（衿づくり作業）
資料）衣料管理協会：教育用ビデオ『アパレル』（1995）

---

[*1] 工程分析の考え方は，1960年工場作業者の動作・時間を記録し解析した人間工学的研究に始まる。

# 第7章 アパレル製品の設計と生産

アパレル製品の商品企画から販売までの一般的な過程を図7-1に示す。衣服を着る人と作る人との直接の関係で製作される注文服や自家生産の場合と既製服の生産の大きな違いは、既製服では消費者の求める、つまり「売れる商品」の企画や、生産の合理化によるコストの削減、品質の安定化などのための工程が含まれることである。図7-1の工程の細かい部分は服種などによって多少異なる。

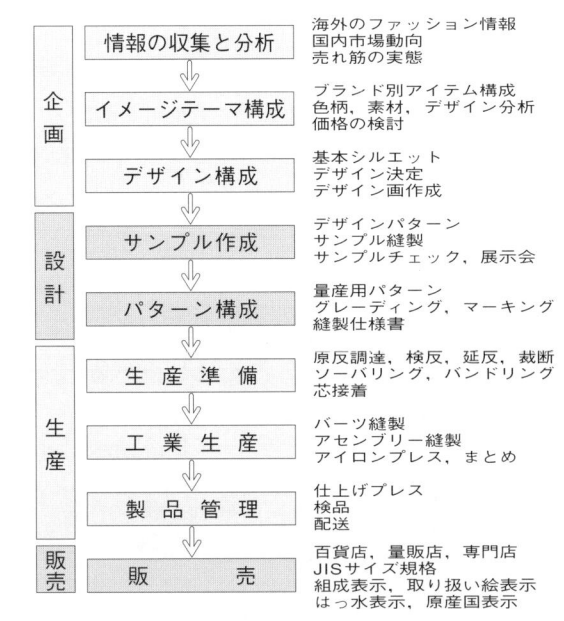

## 1. 企画と設計

### 1.1 企画

企画では、世界のファッション情報やマーケットリサーチ（market research）[*1]による消費者動向の分析結果から、次のシーズンの傾向（トレンド）を予測し、新しい商品イメージを決める（図7-2）。すなわち各ブランド（brand）[*2]ごとに対象ターゲット（購買層）、価格帯、品質ランクなどが定められており、商品イメージが作られる。ついで、個々の品目のブランドに合ったシルエット、色柄、素材などが決められ、これに基づいてデザイン画が作成される。このとき、誰が、いつ（季節、時期）、どこで（着用

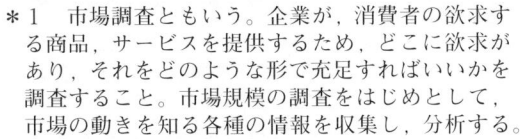

---

[*1] 市場調査ともいう。企業が、消費者の欲求する商品、サービスを提供するため、どこに欲求があり、それをどのような形で充足すればいいかを調査すること。市場規模の調査をはじめとして、市場の動きを知る各種の情報を収集し、分析する。

[*2] 商標、銘柄の意味で、競争企業のものと区別するための名称、用語、サイン、シンボル、デザイン、あるいはその組合せをいう。

[*3] POS（ポス）Point Of Sales の略称、販売時点情報管理と訳される。

**図7-1 アパレル製品の企画から販売まで**
資料）日本衣料管理協会：教育用ビデオ『アパレル』（1995）

**図7-2 情報の収集**
資料）日本ファッション教育振興協会：『ファッションビジネス概論』（1998）

1. 企画と設計

環境），何のために（主な用途）着るかを明確に設定し，コーディネートの展開方針なども含めてデザインする必要がある。アパレルのデザイナーはチームの一員として，ブランドイメージに適合した衣服デザインを開発することが求められている。また，マーチャンダイザーは企画だけでなく，生産や営業にも関与して，売上を達成する責任をもち，デザイナーと協力しながら素材や副資材（裏地，芯地，ボタン，留め具，ファスナーなどの付属品）の選定にあたる。

マーチャンダイザー
marchandiser

### 1.2 デザイン

衣服をデザインする場合には，着用目的，着用する季節，体型や動作への適合性などの機能面だけでなく，審美性や着用者の好みも考慮される。さらに既製服では，コスト（原価）を考えて，デザインやパターンメーキングが行われる。既製服のグレードによっては，デザインに大きな制約が加えられ，より生産性の高いものが要求される。アメリカでは，一つのパターンで大量に生産され（同一スタイルで15万着ぐらい）量販店で売られるグレード１からほとんど手作業による縫製のグレード７まで等級がつけられている[1]。グレードは素材，製造工程にも明らかな差があり，価格に反映する。日本では商品の等級の縫製工程上の差はアメリカほどはっきりとはしていないが，大量生産品からオートクチュール品まで４段階程度に分けられる。

コストを考慮したデザイン変化とは，高度の縫製技術を必要としない方法や布地に無駄の出ない形へ変えることである。具体的には，縫製作業をやさしくするためにパターンの縫合線のカーブ差を少なくするように変更したり，図7-3のように左右対称の縦にあけられた切ポケット（バーティカルポケット）を，切り替え線上にポケットを挟み付けする方法へ変更するなどがある。

切りポケット
（高度の縫製技術）

切り替え線上のポケット
（普通の縫製技術）

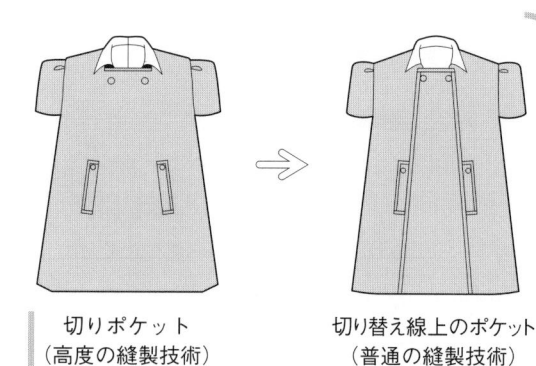

**図7-3　コストを考慮したデザインの変化**
出典）文献１）と同じ。

### 1.3 設　　計

**(1) デザインパターンとサンプル縫製**

デザイン画をもとに衣服パターンを作成し，サンプルが製作される。このパターンは，基本原型であるスローパーを利用して作られたデザイン別シルエットパターン（シルエットスローパーともいう）をさらに目的のデザインに合わせて発展させたパターンで，**デザインパターン**とよばれる。同時にボタンなどの副資材がデザインやコストを考慮して決定され，サンプルとして仕上げられる。

次に，サンプルをモデルに着用させて，デザイン画のイメージが的確に表現されているかどうかについて衿幅や上着丈などの寸法的な問題や素材の量感・

質感などをチェックする。さらに，縫製などの品質面のチェックも行う。完成したサンプルは，展示会で発表され注文を受ける。ここで，バイヤーからの受注数に見込み販売数を加えて，生産量が決定される。

#### （2） 量産用パターン

量産用のパターンは，**マスターパターン**，**工業用パターン**ともよばれ，生産のために必要な情報が組み込まれた工業設計図ともいえるものである。このパターンでは，使用される素材の特性や出来上がりのシルエット，縫製順序や縫い代の倒し方などを考慮して適量の縫い代がつけられる。一着の製品に必要なすべてのパーツのパターン（表地，裏地，芯地用のパターンなど）が作られ，布地の方向や柄合わせの位置などについても記入される。

基準となるサイズの量産用パターンが完成すると，それを他のサイズに拡大縮小し，いくつかのサイズのパターンを作成する。これを**グレーディング**という（図7-4）。量産用のパターンの作成やグレーディングにはコンピュータが多く利用されており，このシステムを CAD（キャド）という。

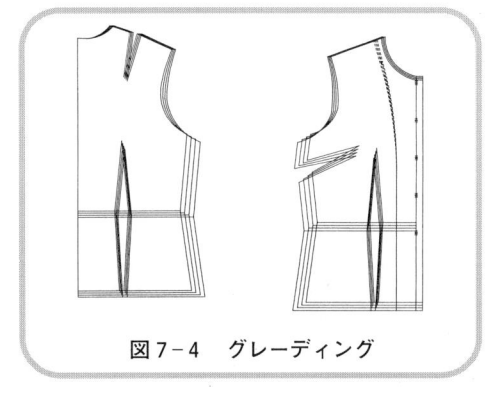

図7-4　グレーディング

CAD : Computer Aided Design

#### （3） マーキング

いわゆる裁ち合わせで，**型入れ**ともいう。布の表裏，地の目方向，柄，裁断の際に必要なゆとりを考慮しながら，無駄がないようにパターンを配置する必要がある。この工程は素材の使用量にかかわり，製造原価に影響するので，量産する既製服の生産においては重要である。マーキングもコンピュータを用いて検討される（CAD）。図7-5にマーキングの例を示す。

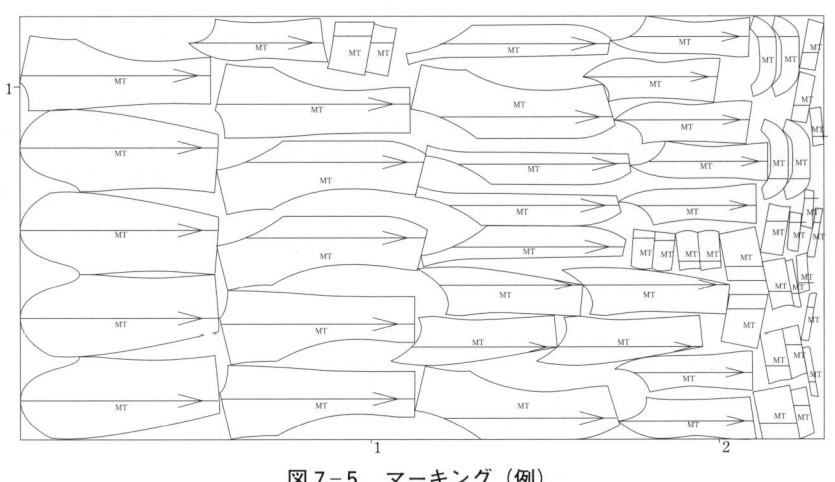

図7-5　マーキング（例）

1. 企画と設計

### （4）仕様書

　既製服が一定の品質レベルの製品として生産されるためには，設計の意図や製造に必要な情報を縫製工場の各部門に正確に伝達する必要がある。そのために仕様書が作成される。図7-6は縫製仕様書の例である。製品のデザイン，寸法，使用される素材，副資材，裁断，縫製や仕上げの方法などが詳細に記入される。縫製工場へは，量産パターン，マーキング仕様書，縫製仕様書，商品見本，生産量や納期を記入した生産指示書が送られる。

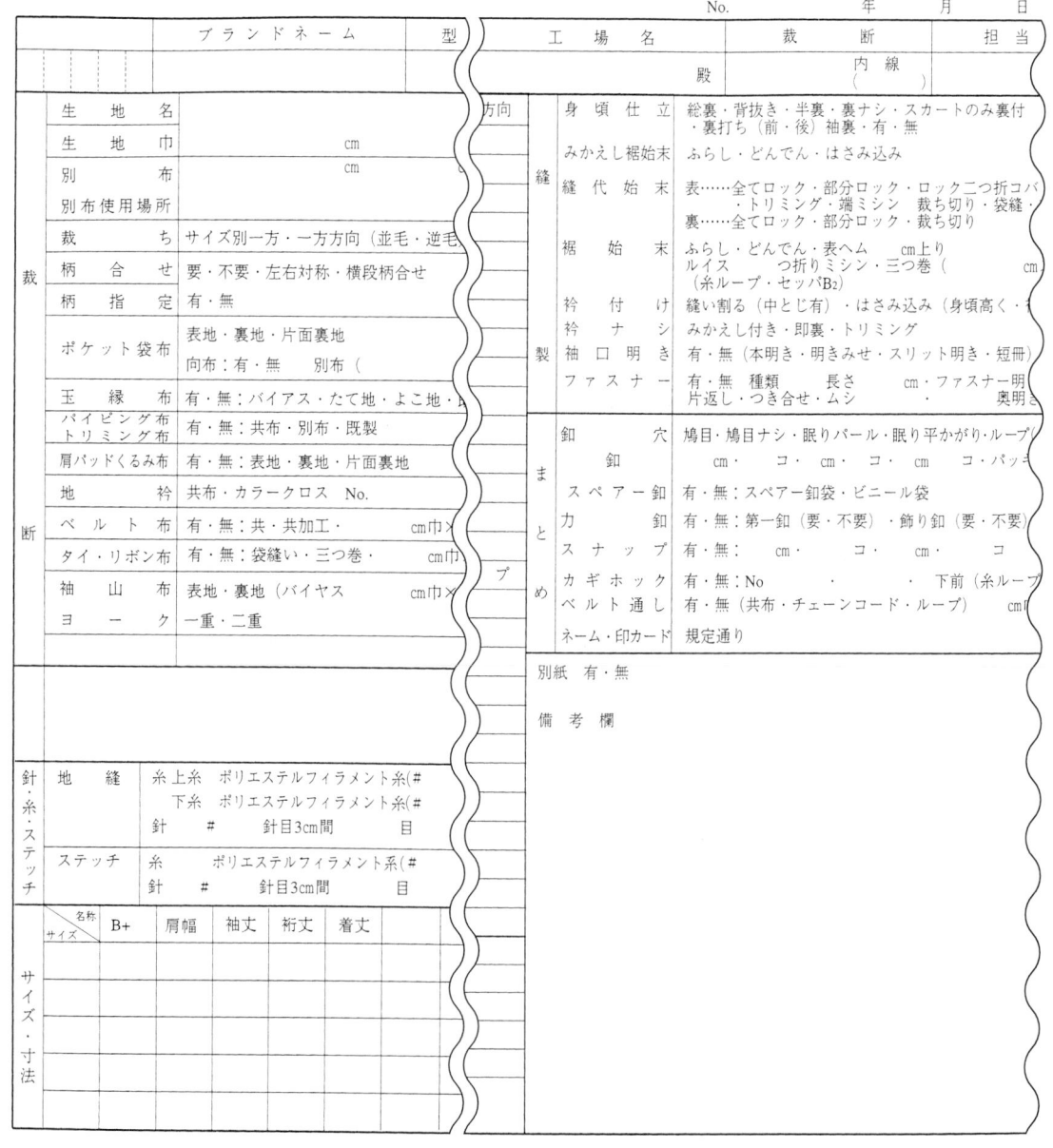

| | | ブランドネーム | | 型 | | | 工場名 | | No. 　　　　　年　　月　　日 | | |
| --- | --- | --- | --- | --- | --- | --- | --- | --- | --- | --- | --- |
| | | | | | | | | 殿 | 裁断 | | 担当 |
| | | | | | | | | | 内線（　　　） | | |
| 裁断 | 生地名 | | | | 方向 | 縫製まとめ | 身頃仕立 | 総裏・背抜き・半裏・裏ナシ・スカートのみ裏付・裏打ち（前・後）袖裏・有・無 | | | |
| | 生地巾 | cm | | | | | みかえし裾始末 | ふらし・どんでん・はさみ込み | | | |
| | 別布 | cm | | | | | 縫代始末 | 表……全てロック・部分ロック・ロック二つ折コバ・トリミング・端ミシン　裁ち切り・袋縫・ 裏……全てロック・部分ロック・裁ち切り | | | |
| | 別布使用場所 | | | | | | | | | | |
| | 裁ち | サイズ別一方・一方方向（並毛・逆毛） | | | | | 裾始末 | ふらし・どんでん・表ヘム　cm上り ルイス　つ折りミシン・三つ巻（　　　cm （糸ループ・セッパB₂） | | | |
| | 柄合せ | 要・不要・左右対称・横段柄合せ | | | | | | | | | |
| | 柄指定 | 有・無 | | | | | 衿付け | 縫い割る（中とじ有）・はさみ込み（身頃高く） | | | |
| | ポケット袋布 | 表地・裏地・片面裏地 | | | | | 衿ナシ | みかえし付き・即裏・トリミング | | | |
| | | 向布：有・無　　別布（ | | | | | 袖口明き | 有・無（本明き・明きみせ・スリット明き・短冊） | | | |
| | 玉縁布 | 有・無・バイアス・たて地・よこ地・ | | | | | ファスナー | 有・無　種類　　長さ　　cm・ファスナー明 片返し・つき合せ・ムシ　　　　・奥明 | | | |
| | パイピング布 トリミング布 | 有・無・共布・別布・既製 | | | | | 釦穴 | 鳩目・鳩目ナシ・眠りパール・眠り平かがり・ループ | | | |
| | 肩パッドくるみ布 | 有・無・表地・裏地・片面裏地 | | | | | 釦 | cm　コ　cm　コ　cm　コ・バッ | | | |
| | 地衿 | 共布・カラークロス　No. | | | | | スペアー釦 | 有・無・スペアー釦袋・ビニール袋 | | | |
| | ベルト布 | 有・無・共・加工・　　　cm巾× | | | | | 力釦 | 有・無：第一釦（要・不要）・飾り釦（要・不要） | | | |
| | タイ・リボン布 | 有・無・袋縫い・三つ巻　　　cm巾× | | | | | スナップ | 有・無：　cm　コ　cm　コ | | | |
| | 袖山布 | 表地・裏地（バイヤス　　cm巾× | | | | | カギホック | 有・無：No　　　　　　下前（糸ループ | | | |
| | ヨーク | 一重・二重 | | | | | ベルト通し | 有・無（共布・チェーンコード・ループ）cm | | | |
| | | | | | | | ネーム・印カード | 規定通り | | | |
| | | | | | | 別紙　有・無 | | | | | |
| | | | | | | 備考欄 | | | | | |
| 針・糸・ステッチ | 地縫 | 糸　上糸　ポリエステルフィラメント糸（# | | | | | | | | | |
| | | 　　下糸　ポリエステルフィラメント糸（# | | | | | | | | | |
| | | 針　#　　針目3cm間　　　目 | | | | | | | | | |
| | ステッチ | 糸　ポリエステルフィラメント系（# | | | | | | | | | |
| | | 針　#　　針目3cm間　　　目 | | | | | | | | | |
| サイズ・寸法 | 名称 サイズ | B+ | 肩幅 | 袖丈 | 裄丈 | 着丈 | | | | | |
| | | | | | | | | | | | |

図7-6　縫製仕様書（例）

## 2. 裁断と縫製

　縫製機器に求められる性能は，アパレル産業の発達に伴い歴史的に変化してきた。すなわち，1950年代から60年代前半の創成・成長期には能率化のために，1960年代後半には人件費軽減のために，そしてそれ以降今日までは，人の技術に代わるものとして機器の開発が行われてきた。現在，裁断や縫製の分野ではCAM（キャム）が活用され，作業の合理化，効率化が進んでいる。縫製工場の規模，製造している服種，素材等によって，具体的な縫製の工程に違いはあるものの基本的な手順，技術等は共通している。本節では，縫製工程に含まれる裁断，縫製，検査，仕上げについて説明する。

CAM : Computer Aided Manufacturing

### 2.1 裁　　断
　裁断を，検反，延反，裁断，仕分け，芯接着プレス，に分けて述べる。

#### （1）検　　反
　縫製の前に原反[*1]を点検することを**検反**という。検反の主な内容には，布の表裏の確認，長さ，幅，重さなどの規格の検査と，欠点のある箇所に印をつけて明示することとがある。検反方法は，検反機を用いた作業者の目視による方法が一般的である。検反機には，布の織り傷や汚れが目立つように，布を通常45度か60度の採光角度に調節する検反板がある（図7-7）。

　検査の基準は，1反（30～50 m）当たりの欠点の個数によって判定を行う。例えば，欠点の数が7個／50 m，あるいは1個／8 mの割合を超えないものをA反，9個以下／50 m，あるいは1個／6 mの割合を超えないものをB反としている。

#### （2）延　　反
　数十着分の裁断ができるように，布を一定の方法でマーカー長[*2]に積み重ねる作業を**延反**という。延反の方法には，人手による方法と延反機を用いる方法とがある。最近では，コンピュータを活用し，素材の物性から原反の送り出し量と延反速度を自動的に求め，引張りのない状態で平らに延反される装置がついた全自動式も多い（図7-8）。

図7-7　検反機（丸巻型）

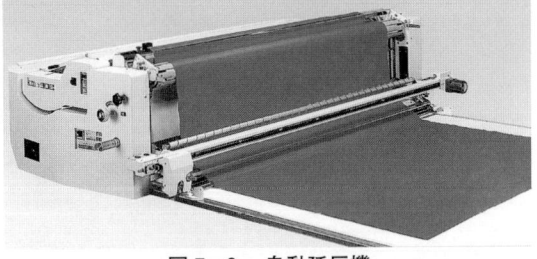

図7-8　自動延反機

---

[*1] アパレル製品の原材料としての原反には織物と編み地とがあり，いずれも1反は30～50 mである。

[*2] CAD/CAMによる一度の操作でマーキング可能な長さ。

原反を延反する延反台は裁断台にもなる。最近は、延反した生地や裁断ピースをエアー噴射で浮かすようにして少ない力で布地を移動できる装備や、真空吸引で布を延反台に固定する機能を装備しているものもあり、これらの延反台はエアー&バキュームテーブルとよばれる。

### （3）裁　　　断

延反台の上に積み重ねて固定された、厚さ数cmから10cm以上もある布地を裁断する場合には、通常のはさみでは裁断できない。図7-9〜図7-11のような、ストレート裁断機、バンドナイフ裁断機、打ち抜き裁断機（ダイカッター）[*1]、自動裁断機などを用いる。

ストレート裁断機（図7-9）は、裁断機を移動させて切る方法であり、裁断機には竪刃と丸刃がある。バンドナイフ裁断機（図7-10）は、逆に、固定されている裁断機

(a)竪　刃　　　(b)丸　刃
図7-9　ストレート裁断機

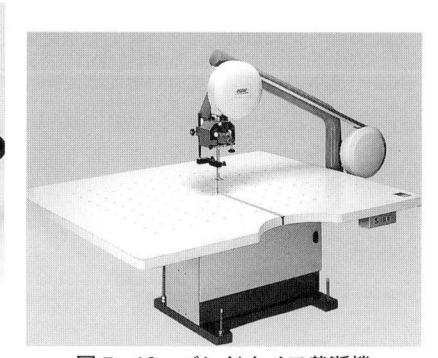

図7-10　バンドナイフ裁断機

図7-7は㈱川上製作所、図7-8〜10は㈱ケーエム裁断機、図7-11は㈱島精機製作所提供

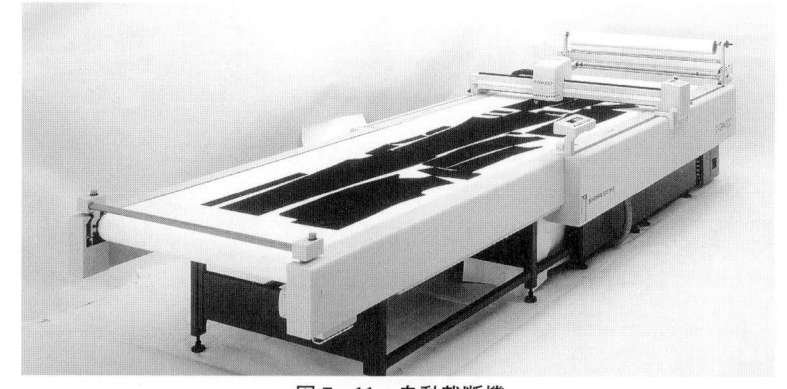

図7-11　自動裁断機

---

[*1] パーツ形状の打ち抜き刃型を布地の上にのせ、刃型を押し下げ、打ち抜くことによって裁断する方法。ただし、定番的な形の裁断に限られ、紳士のワイシャツの衿、カフスなどや、厚地の皮革製品などに利用される。

●第7章　アパレル製品の設計と生産

で布地を移動させながら裁断する方法で、カットの精度がよいことから、ワイシャツの衿部のように正確に裁断する部位や、伸縮性のある布地あるいはベルベットなどの高級な素材に幅広く用いられる。自動裁断機（図7-11）は、コンピュータマーキングシステムのペンの部分を、レシプロナイフ（堅刃）やレーザーなどに置き換えたものである。

### （4） 仕 分 け

裁断後、縫製工程に布地を送る際に、裁断パーツがばらばらにならないように、適当な枚数に束ねることを**バンドリング**という。また、この裁断パーツを、縫製工程に従って分類し、縫製作業を円滑にすることを、**仕分け**（グルーピング）という。仕分け票には、原反別、色柄別、サイズ別、パーツ別番号等を印す。

また、原反の色合いなどの仕上がりが完全に均一ではないので、延反時の同一枚数目の布地が一着の商品にまとまるように、各裁断パーツに上から一連の番号ラベルを付けることを**ソーバリング**という。

### （5） 芯接着プレス

芯地の接着は、シャツの衿やカフス、紳士服や婦人服の見返しなどに、布地の保型や補強の目的で、あるいは、縫製の難しい素材に対して縫製しやすくする目的で行われる。表地の外観変化に注意して、適正な接着条件（温度、圧力、時間）を見いだす必要がある。

接着プレス機には、加熱しながら加圧して接着するフラットプレス機と、加熱した後加圧して接着する連続プレス機とがある。前者は個々の条件調節が必要な時に適しており、後者は同一品種を連続して接着する時の生産性に優れている。

## 2.2 縫 製

縫製工程では、裁断工程でカットされた裁断パーツとファスナー、ボタンなどの副資材を立体的な衣服に縫合する。まず刺繡、プリント、ピンタックなどは最初の工程で行われる。接着芯が貼り付けられた裁断パーツに対して、まず前身ごろ、後身ごろ、袖、衿、裏などの部品作りの工程（パーツ縫製）の作業が行われ、次に各部品を縫合し製品にする組立て工程（アセンブラー縫製）の作業が行われる。

縫製仕様書には次に述べるような縫目形式（stitch type）と縫目構成（seam type）が指示されており、このための種々の工業用ミシンがある。縫製工程では、ミシンの他に必要に応じてアイロン、プレス機、折り機、返し機、ボタン打ち機などが用いられるが、ミシンの役割は極めて重要であるので、ここでは、縫目の種類（縫目形式と縫目構成）、工業用ミシン、ミシン針について説明する。

## （1） 縫合方法（縫目形式と縫目構成）

縫目形式（stitch type）は，JIS L 0120「ステッチ形式の分類と表示記号」に規定されており，縫方法（6種類）・針の数（1～4本針）・糸の数（1～9本糸）により，30種類が設定されている。主な縫目形式を表7-1に示すが，縫目の種類を大別すると，手縫い系縫目（手縫い），本縫い系縫目（本縫い）および環縫い系縫目（単環縫い，二重環縫い，縁かがり縫い，偏平縫い）となる。

手縫い系縫目もミシンで形成可能であるが，高価であり，スーツのステッチや一部の和服に用途があるが需要は少ない。

本縫い系縫目はJIS 301を基本縫目とする系列で，発明以来，常にミシンの主流であったが，最近ではニットの普及とともに環縫い系縫目が普及し，従来の本縫い系縫目の用途は減少している。

環縫い系縫目は，JIS 101を基本縫目とする縫目系列である。作業能率がよく，縫目自体に美的要素があるとともに，布の伸びに追従でき，縫い縮みも少ない。しかし，目とび，糸切れが生じやすく，縫い終わりからほつれやすいことが欠点である。二重環縫い縫目は単環縫い縫目に1本下糸を追加した構成になっており，連鎖的なほつれはやや防止されている。図7-12には，ジーンズに用いられる縫目形式の例を示してある。

縫目構成（seam type）は，布の縫い合わせ方を示すもので，JIS L 0121「シームの分類と表示記号」に規定されている。縫い合わせる布の枚数，組合せ方，縫い合わせる針の位置などにより，50種以上の形式がある。

## （2） 工業用ミシン

工業用ミシンは，直線縫い機器（本縫いミシンが主体），サイクル縫い機器（ボタン付け，穴かがり，閂止めミシン等）および自動機（ジーンズのベルト付け自動機，ポケット付け自動機，ポケットの玉縁縫い自動機等）に大別できる。

また，縫い合わせる上になるものと下になるもので，ずれたり，シームパッカリングが起きたりするので，これらの問題に対処できるように，工業用ミシンには送り歯の高さや押え圧の調節に加えて，家庭用ミシンにはない種々の送り機構が装備されている（表7-2）。生地の性質や縫製目的（例えばいせ込み）によってこれらを選択するが，ミシンを駆動させる範囲を指定した自動縫いも，この送り機構の制御によるものである。

## （3） ミシン針

工業用ミシン針は，本縫い，縁かがり，穴かがりなどの用途に応じて，種類が異なる。ミシンの回転数，素材，縫い糸，布重ね枚数などに応じ，これらのタイプの中から選択する。特にニット地，合成繊維素材，皮革製品などの縫製には次のような特殊加工針を選択する。

表 7-1 主な縫目形式

| 名称 | 特徴と使用部位 | JIS表示記号 | 縫目形式例 | 縫目形状例 |
|---|---|---|---|---|
| ⓐ 本縫い | ほどけにくいが、伸縮性に欠ける。千鳥縫いや差動送りで伸縮性をもたせる。合わせ縫い、閂止め、ボタン穴かがり、飾り縫いなど | 300 | 301<br>1本針2本糸 | |
| ⓑ 単環縫い | 伸縮性に富み、柔らかく丈夫であるが、ほどけやすい。ボタン付け、しつけ縫い、すくい縫い、仮縫いなど | 100 | 101<br>1本針1本糸 | |
| ⓒ 二重環縫い | 本縫いより強く、伸縮性に富み、ほどけにくい。ニット等の伸縮地の合わせ縫いに多用 | 400 | 401<br>1本針2本糸 | |
| ⓓ 偏平縫い | 伸縮性に富み、強度もある。継ぎ縫い、伏せ縫い、飾り縫いなど | 600 | 602<br>片振り<br>両面飾り<br>2本針4本糸 | フラットシーム |
| ⓔ 縁かがり縫い | 伸縮性に富み、強度もある。縁の始末、飾り縫い | 500 | 504<br>1本針3本糸 | |
| | | | 514<br>オーバーロック縫い<br>2本針4本糸 | |
| ⓕ 複合縫い | 強度があり、簡略。縁の始末と合わせ縫いを同時に行う | | 縁かがり縫い＋二重環縫い（安全縫い） | |
| | | | 縁かがり縫い＋本縫い | |
| ⓖ リンキング | 伸縮性に富み、縫目が薄くすっきり仕上がる。主に成形編地の本縫いおよび付属編地付けに用いる | | 101 | |
| | | | 401 | |

出典）繊維産業構造改善事業協会編：『ニットアパレルⅢ』, 291, 1998

2．裁断と縫製

図7-12 ジーンズの縫目形式の例（brother JIAM '99を改変）

前立て端ロック
縫目形式＜514＞
2本針4本糸
オーバーロック縫い

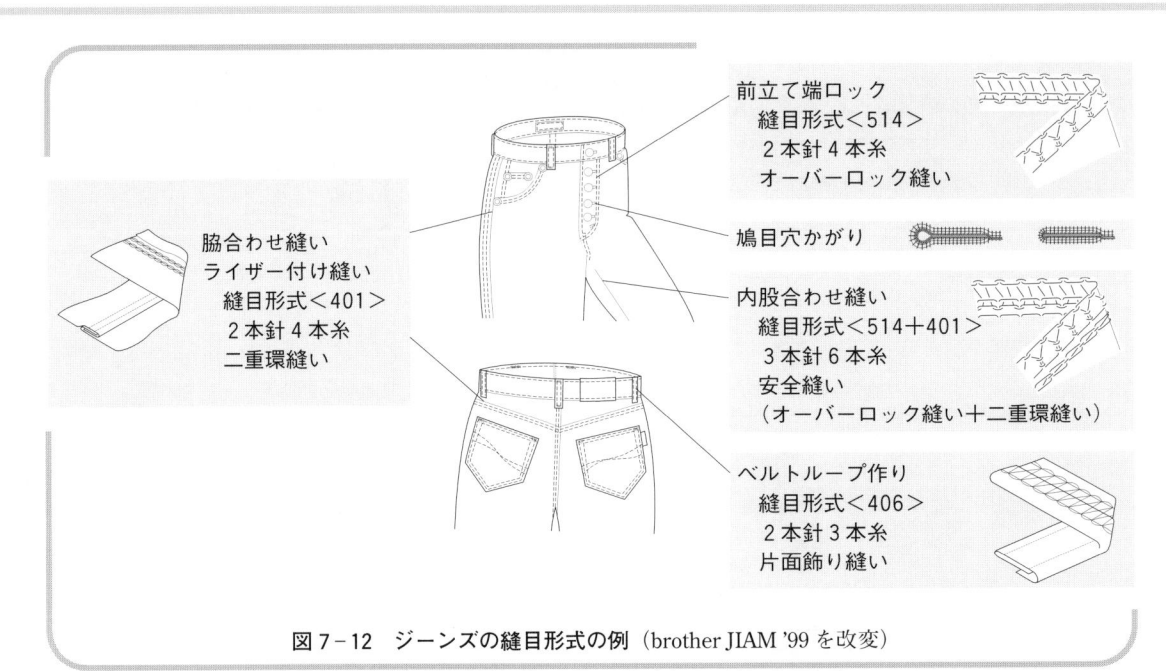

鳩目穴かがり

内股合わせ縫い
縫目形式＜514＋401＞
3本針6本糸
安全縫い
（オーバーロック縫い＋二重環縫い）

ベルトループ作り
縫目形式＜406＞
2本針3本糸
片面飾り縫い

脇合わせ縫い
ライザー付け縫い
縫目形式＜401＞
2本針4本糸
二重環縫い

表7-2 主な送り機構

| 種類 | | 特徴 |
|---|---|---|
| 下送り | | 送り歯が1枚で最も一般的。上は押さえるだけで送らないので上下の布のずれが生じやすい |
| 差動下送り | | 送り歯が2枚。伸縮性のあるニット製品などでは伸び分を見込んで針の手前の布送り量を後方の布送り量よりも相対的に大きくする。反対に，相対的に後方の布送り量を大きくするとパッカリング防止になる |
| 針送り（下送り＋針送り） | | 針が布を刺して布を送る方式。このため，縫いずれが少ない。すべりやすい素材の縫合や3枚以上の縫合に適している |
| 上下送り（下送り＋上送り） | | 底面にギザギザのある特殊な押え金は下降，送り，上昇，戻りの運動をするが，押え金の中にある前後に揺動する押え足が，送り歯と一緒に布を送る方式（グリップフィールド）。皮革や送り難い素材の縫合に用いられる |
| 差動上下送り（下送り＋上送り） | | 下送り量と上送り量を独立に調節できる上下送り方式。異素材の縫合の縫いずれ防止になり，いせ込みやギャザリングができる |
| 総合送り（下送り＋上送り＋針送り） | | 下送りと針送り，さらに送り押え足と揺動針板（上送り）とで総合的に送る方式。最も送り力が優れ，極厚の縫製に適している |
| 先引きローラー（下送り＋先引きローラー） | | 針が生地から抜けた時点で先引きローラーが回転し，布を引っ張るので上布の遅れや縫い代のばらつきが防げる |

ニット製品の縫製には，針の先端形状が丸く，地糸切れ[*1]（図7-13）を防止する効果があるボールポイント針を用いる。織糸間を通過させ，地糸切れを防ぐためには，ボールの大きさが織糸径に対して0.7～1.4倍の針が最も効果的である[2)]。特に地糸切れが発生しやすい薄手のニット地には，針先形状がボールポイント針であるばかりでなく，針幹が細いニット地専用の針を用いる。

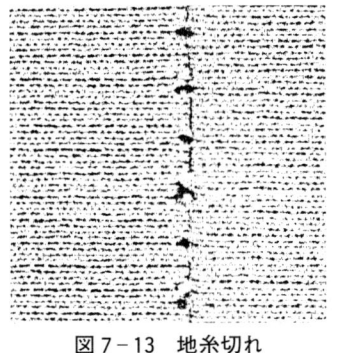

図7-13　地糸切れ

図7-13, 15, 16はオルガン針株式会社より。

　また，合成繊維素材や重ね枚数が多い場合には，針の表面に特殊な加工をしてすべりをよくし，素材への貫通抵抗が小さく発熱を抑えた針が工夫されている。針の熱で溶けた繊維が針に付着しないように表面加工された高速度縫製用の針もある。さらに，薄手でさまざまな風合いをもつ新合繊用には，針幹が細く，針先端形状が尖鋭細身型の特殊針があり，パッカリング[*2]や糸引け・糸返り[*3]の防止に効果がある。

　皮革などの縫製には，レザー針とよばれるLL，LR，P，S，Dのような専用のカッティングポイントが付いている針を用いる（図7-14）。

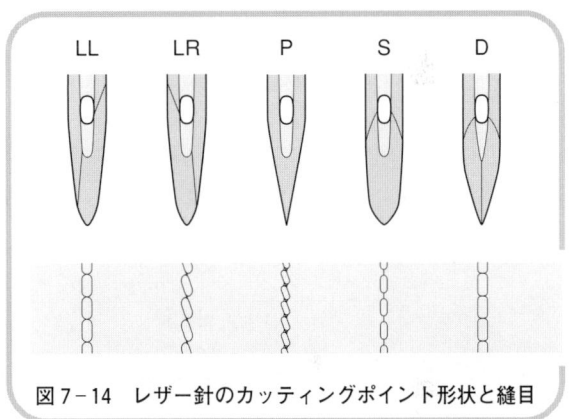

## 2.3　検　　査

　製品の検査には，検反（原反受入検査）の他に，中間検査および最終検査がある。中間検査としては，精度を必要とする部品について裁断品の検査を行う場合があり，縫製品では初物検査[*4]が多く行われる。すべての工場で実施される縫製上がり検査のうち，サイズ寸法については抜き取り検査，縫製については検査項目ごとに全数検査される。包装作業とともに最後に行われる最終検査は，製品のグレードによって，

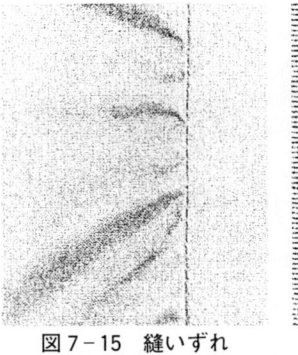

図7-14　レザー針のカッティングポイント形状と縫目

図7-15　縫いずれ 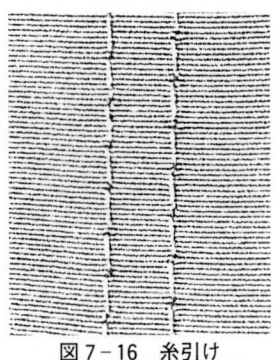　　　図7-16　糸引け

---

[*1] 織り密度の細かい生地に対してミシン針やミシン糸が太いために，針が布地を貫通する時に織り糸を切断してしまうこと。
[*2] 上下布間の縫いずれ（図7-15），縫い糸によって布が座屈することによる縫い縮み，縫目付近の生地の伸び（いさり）などの総称で，縫製直後や着用過程中に生じるもの，洗浄後に生じるものがある。
[*3] 織物の縫製時に，縫い方向と直角に織り糸が引きつれる現象を糸引け（図7-16），プリント染めで，その引かれた糸が反転して糸の裏側が表面に現れて筋状になる現象を糸返りという。
[*4] 立ち上がり検査ともいい，最初から何点かを重点的に全数検査し，後は抜き取りで検査することが多い。

全数検査から無検査までとさまざまである。検査は判定者の主観的基準に頼る官能検査による場合が多いが，判定者の影響を少なくするためには，客観的基準で定量的に評価する方法が望ましい。検査機器には，検反機，検針器[*1]，色彩計などがあり，シームパッカリングの観察を目視で行うための判定見本[*2]もある。

**官能検査**
人間の感覚器官を使って行う検査。

## 2.4 仕上げ

仕上げは，縫製の最終工程であり，しわ伸ばし，汚れ落とし（しみ抜き），糸くずやほこり落とし，成型セットを施し，商品価値を高めることを目的とした工程である。形状記憶のポストキュアーリング[*3]，シロセット加工[*4]，撥水加工，防水加工等の機能性付与や，ジーンズに施すストーンウォッシング加工[*5]も，この工程に含まれる。

アイロンの入り難い部分や，広い面積に熱を加えたくない部分が多い製品には，仕上げ用のハンドアイロンを使用するが，ワイシャツや紳士上下衣類のように規格化された製品には，操作が簡単で生産効率を高める専用の仕上げプレス機を用いる（図7-17）。

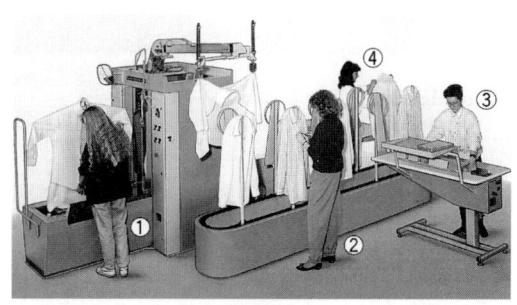

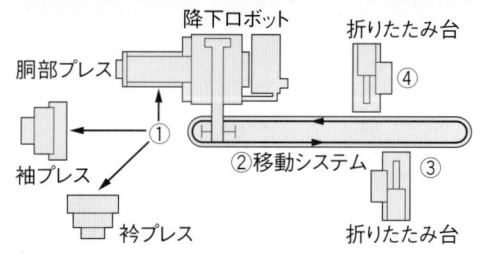

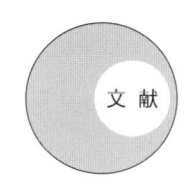

**図7-17 仕上げプレス機**
資料）ニホンカーネギーサー株式会社

**文献**
1）日本衣料管理協会刊行委員会編：『改訂アパレルデザインの基礎』，日本衣料管理協会（1999）
2）日本衣料管理協会刊行委員会編：『アパレル設計・製作論』，日本衣料管理協会，(1985)

●参考文献
・繊維産業構造改善事業協会編：『アパレル製作技術Ⅱ 生産工程と機器・設備』(1997)
・原一正：縫目の種類と縫製，繊維機械学会誌，50(6)，278-283 (1997)
・河内保二：縫製の50年，繊維機械学会誌，50(6)，315-320 (1997)
・日本接着芯地協議会編：『接着芯地の選定 織編物接着芯地のテキスト』(1998)

[*1] 製造物責任（PL, Product Liability）法（1994年制定）は，製造物の欠陥により人の生命，身体等に被害が生じた場合には製造者等が賠償責任をもつという，消費者保護のための法律であり，例えば衣服中の残針による身体危害もこの対象となる。
[*2] パッカリングの良いものを5級，悪いものを1級として5段階の標準があり，見本には写真と三次元の立体レプリカがある。
[*3] 綿のしわや縮みを除く形態安定加工の一つ。液体アンモニア加工の生地に樹脂を塗布し，縫製後にプレス工程を経て，加熱処理（curing）を行う。
[*4] ウールのスラックスやスカートに半永久的な折り目を付ける加工（ウールのプリーツ加工）。羊毛繊維のケラチンを加熱的処理によって変化させることによるもの。
[*5] 砕石混入洗いともいう。ジーンズの布表面を人工的に磨耗させる加工法。

# 第8章 衣服生産の将来

## 1. 消費者の視点から

　総理府統計局が1986（昭和61）年11月に15歳以上3,000人を対象に行ったライフスタイルなどに対する意識調査[1]結果の中、既製服に対する意識は、値段、デザイン、材質、仕立てについては「普通」と回答した人が約60％を占めた（図8-1）。しかし、値段については、「高い」と回答した人が「安い」という回答率を上回り、デザイン、材質、仕立てについては、「良い」という人の割合が「悪い」という回答率を上回った。また、既製服について価格やデザインなど全体として「気に入ったものが少ない」と回答した人が約半数を占め「気に入ったものが多い」という回答率は30％であった。これを年齢層別にみると図8-2のように、女性は各年代とも「気に入ったものが少ない」との回答率が上回ったが、男性は高年齢層では「気に入ったものが多い」との回答率が高くなっている。

　また、1989（平成元）年3月に行われた12歳から69歳の女性を対象とした生活スタイルに関する調査[2]の生活関心領域についてみると、調査全183項目の中50％以上の人が関心があるとした19項目において、ファッションは第8位に位置づけられている。これをさらに年代別にみると、10代および20代は、ファッションに関心が高く、年齢層が上がるに従ってその順位が下がり、40代では上位20位以内には入っていないことが示されている。

　以上の調査は、10年以上も前のものであるが、当時すでに既製服化率はおよそ95％を超えており、衣料品の供給状況は、現在とほとんど変わらないと考えられる。その後これと同じような調査が手許にないので比べられないが、現在の消費者の既製服に対する満足度はどうなっているのであろうか。しかし、調

図8-1　既製服に対する意識（1986年）

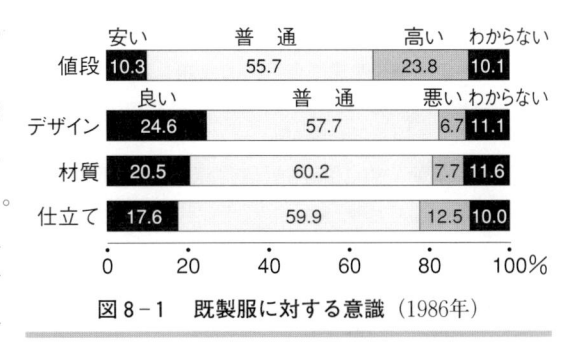

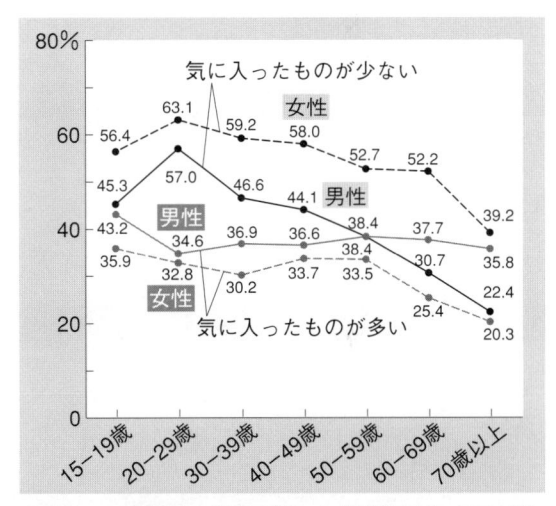

図8-2　既製服に対する性・年代別満足度（1986年）

査当時10代から30代であった人々も年を重ね，すでに40歳を超えた人の比率も増加していることを考えると，既製服になじみ，ファッションに関心を示す世代の年齢層も上がっていることは想像できる。その一つとして最近，ユニバーサルウェアとか，ユニバーサルデザイン[3]という用語を見聞きするようになったことが挙げられる。それは，このような状況を反映し，若者中心であったファッションが幅広い人々や年齢層を対象としてきていることを表していると思われる。また，その傾向は，高齢社会が進み，少子化時代のため，若者の比率が少なくなるという時代を先読みしたメーカー側の戦略が拍車をかけているといえよう。

表8-1 **海外生産率の数量と金額**（1997年調査結果（海外生産））

海外生産比率＝海外生産／（国内生産＋海外生産）
単位：数量1,000点，金額100万円，比率％

| 分類 | 合計（織物製＋ニット製） | | | |
|---|---|---|---|---|
| | 数量 | 海外生産比率 | 金額 | 海外生産比率 |
| 紳士外衣 | 39,277 | 43.1 | 135,489 | 24.0 |
| 男児外衣 | 6,288 | 24.3 | 11,210 | 12.1 |
| 婦人外衣 | 48,182 | 25.8 | 128,696 | 11.4 |
| 女児外衣 | 5,573 | 15.1 | 8,239 | 5.7 |
| ジーンズ類 | 15,952 | 24.2 | 26,109 | 20.4 |
| 外衣類計 | 115,272 | 28.3 | 309,743 | 15.1 |
| 紳士中衣 | 24,768 | 24.2 | 30,573 | 16.0 |
| 男児中衣 | 2,885 | 16.8 | 4,070 | 14.9 |
| 婦人中衣 | 16,048 | 21.3 | 32,285 | 17.7 |
| 女児中衣 | 2,213 | 16.4 | 2,021 | 6.9 |
| Ｔシャツ | 27,345 | 29.7 | 25,543 | 23.8 |
| 中衣類計 | 73,259 | 24.4 | 94,492 | 17.6 |

出所）繊維ファッション情報センター

一方，市場にあふれているアパレル製品の生産状況と家計調査からアパレルに関する消費者の動向に目を向けてみると以下のようである。すなわち，1997（平成9）年の海外生産率の数量と金額は表8-1のとおりである。服種によって違いはあるが，外衣類の生産量の30％近くは，国内消費者向けに海外で生産されたものである。他方，金額の海外生産比率は約15％で海外生産品は比較的安価なものであるといえるようである。次に一世帯当たりの家計指標（年平均一か月当たり）における被服および履物類の支出平均は，1985（昭和60）年には19,606円であったが，その後1992（平成4）年までは漸増しその後減少傾向が見られ，1998（平成10）年は18,013円となる。この間の一世帯当たりの人数は，3.71人から3.31人に減少している。単純にこれらの金額を家族数で割って一人当たりの平均被服費および履物費を計算すると，1985年は一人当たり5,285円，1998年は5,442円となる。すなわち，総額は減少しているが，一人当たりの被服費の支出額は増加していることになる。

以上のことから，これからのアパレルに関する動向を予測すると，ファッションに対する関心の高さは，年齢層に関係なく現在のような状況が継続すると考えられる。また，家族一人ひとりの購入量にはそれほどの増減はみられないであろう。しかし，個性化時代を反映して衣服選択の上では，多様化した個人のニーズに合わせた物作りの要求がますます高まるのではないかと思われる。

## 2. 個別ニーズへの対応 －個人対応の既製服－

　既製服の生産は，大量生産から消費者のファッション感覚を満たす多品種少量生産へと変わってきた。さらに，機能性やファッション性など個人のニーズに合わせた「個人対応の既製服」が要求され，将来の衣服生産としては大量生産の安価な既製服と個人対応の工業生産服の二つの方向に進むと言われている。

　ところで，個人対応の既製服とはどのようなものであろうか。個人のサイズ，体つきに適合した好みのデザインで作られたオーダーメイドのような既製服といえよう。1983（昭和58）年に通産省が繊維業界の活性化をうながすために企業と合同で作ったファッションコミュニティセンターは，1990年代の初めに「パリ⇨横浜を結ぶファッション・ファクトリー・ブティックの試み」を行っている（図8-3）。そのデモンストレーションの手順は，「初めに，通信衛星を利用して横浜の会場でパリのファッションショーを見る。次に，選ばれた客がデザインを決め，素材は会場に用意されたものから選ぶ。パリと横浜を結んだコンピュータにより，会場で測定した身体寸法から個人体形に合ったパターンによる裁断がされ，客と司会者が話をしている間に，縫製が行われ，最後に客が着用して見せる」というものであった。

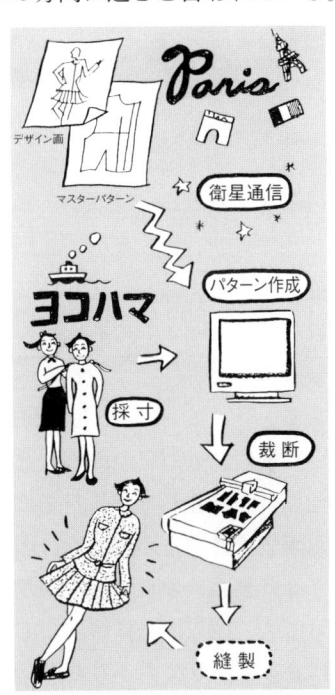

**図8-3　ファッション・ファクトリー・ブティック**

　同じ頃にアパレル企業においても，コンピュータを利用した同様のシステムを用いて，店舗で客がデザインと素材を選んでから1週間という短い期間に製品を得ることができるという形式の販売が行われた。紳士服では選んだデザインの衿の幅を変えることやベンツの位置を変えることなどができ，まさに，オーダーメイドの工場製品であった。2000（平成12）年にはインターネットを利用した紳士用のオーダースーツのビジネスも登場した。現在の状況ではサイズ適合の確認のために，業者と消費者の間での見本スーツのやりとりなどがあるので，注文してすぐ製品を手に入れることはできないが，店舗に行けない事情のある消費者にとっては便利であろう。

　個人対応のデザインとしては，客が持参した写真や絵を編み込んで作るニット製品がある。また，必要なときにすぐ作れる一品生産の無縫製ニットウェア機器のホールガーメントなども開発されている。1990年代の終わりには，パーソナルコンピュータを利用したバーチャルな着装シミュレーションがいくつか

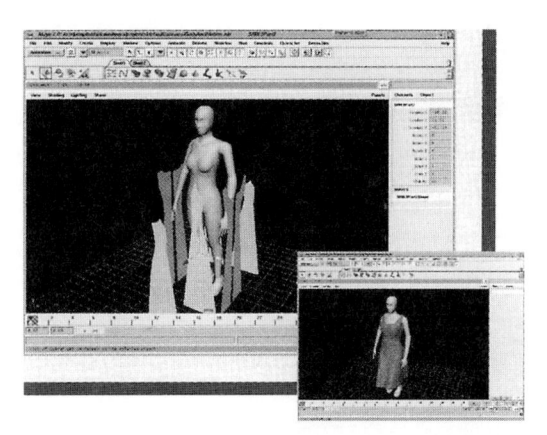

**図8-4　着装シミュレーション・ソフトウェア**
資料）東洋紡績株式会社

商品化した（図8-4）。これは個人のサイズ・体つきの情報を取り入れた人体モデルに衣服を着せ付けて動かすファッションのシミュレーション・ソフトウェアである。これにより，動いた時の衣服の状態が分かり，衣服の製作の前にいろいろ検討することができる。さらに，客の顔などが自然な状態で取り込めるようになると，個人対応のデザインを検討するのにもっと有効であろう。このような環境が整ってくると，三次元計測された人体計測値をもとにコンピュータでいろいろな衣服を試着して，選択し，購入することができよう。外出の不自由な人には，インターネット上ですべてを行うことができるので便利である。174～176ページに示した体表展開図からのデザインの例のような独創的なデザインの衣服も，客が持参した三次元の身体形態のデータからコンピュータでシミュレーションすることができるので，いろいろ試みることができる。

　今後の個人対応の既製服としては，高齢者や身体障害者個人の形態や身体機能に合わせられる個人対応のデザイン（設計）のものが要求されるであろう。高齢者や身障者の形態・身体機能の個人差は大きいので，オーダーメードのような既製服の果たす役割が期待される。また，いわゆる大量生産の既製服であっても，個人の身体状況に応じた寸法直しができるような構造，例えば，縫い代を多めにしておくなどの工夫や，必要に応じてゆとりを多く取れるような構造上の工夫や素材の選択がなされているものは，個人のニーズに対応した既製服といえるであろう。このような構造の既製服の開発も望まれる。

　1993（平成5）年に販売開始された三宅一生のプリーツ・プリーズ[4]は，ポリエステルの布地を裁断縫製した後でプリーツ加工した衣服である。動きやすさと軽さという機能性とデザインの斬新さというファッション性で世界的な評価を得た。これなどは着用者の年齢や体つきの許容範囲が広いので，まさにユニバーサルデザインであると思われる。三宅一生が1999年春夏コレクションとして発表したA－POC（エイ・ポック）[5]*1は，コンピュータでプログラムされた工業用編み機によって作られた筒状のニットで，綿・ナイロンのストレッチ素材である。ドレス，シャツ，スカート，ソックス，下着，帽子，バッグ，ベルトなどの一式が編み込まれており，区分線に沿ってはさみを入れるだけで，布のなかにある様々なアイテムを作り出すことができる（図8-5）。着る人自身の選択，カットによってデザインが変わり，着る人自身が服を完成させるこ

*1　A－POCはA Piece Of Cloth（一枚の布）の頭文字を取っている。「一枚の布」は1970年代の三宅一生の服作りの出発点である。

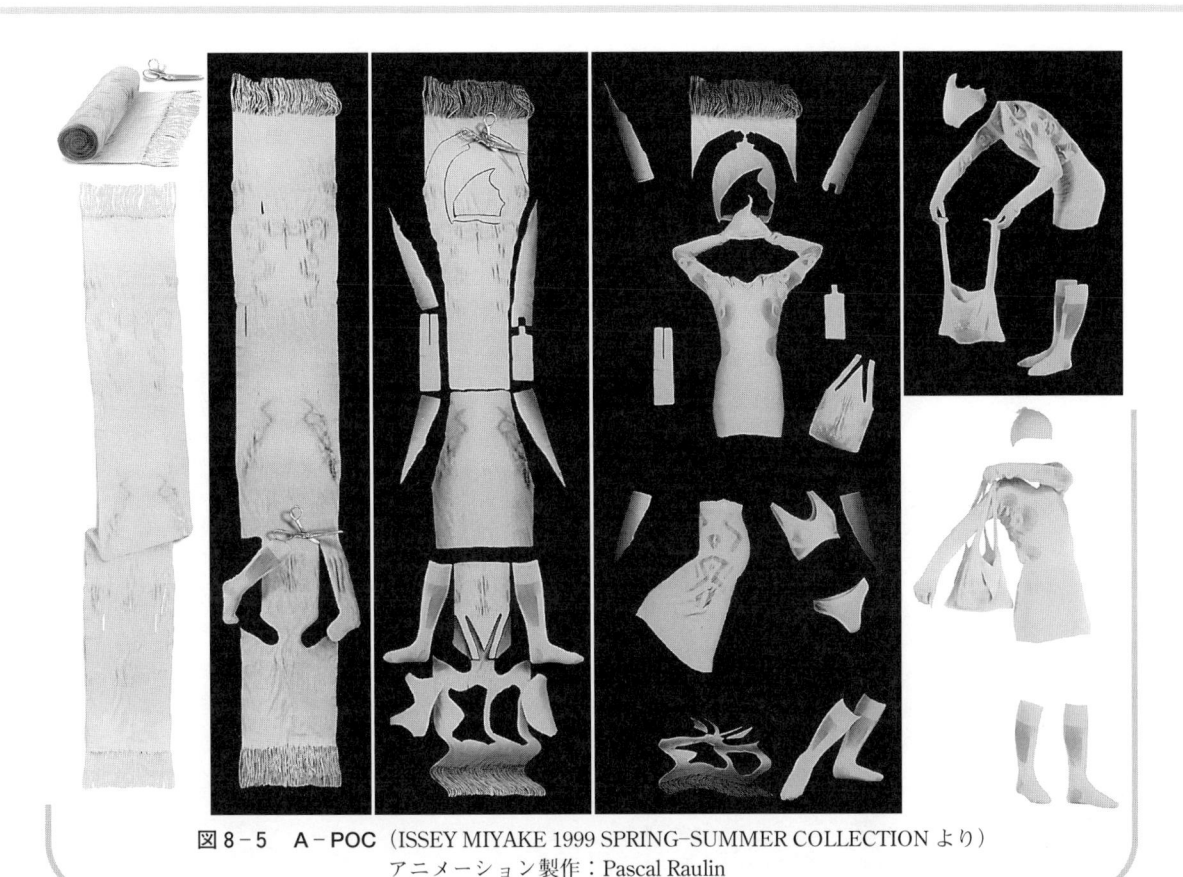

図8-5　A-POC（ISSEY MIYAKE 1999 SPRING-SUMMER COLLECTION より）
アニメーション製作：Pascal Raulin

ととなる。このような従来の既製服とは異なる発想の服作りも，個別ニーズに対応した新しい既製服となり得るのではないだろうか。

　新しい視点や新しい生産技術から，消費者のニーズに対応した既製服が考えられ，作られることが期待される。

## 3. 衣服と環境
### 3.1　繊維消費量の変化

　図8-6は，1978（昭和53）年から20年間の繊維需給指標の推移を表したものである。一人当たりの繊維消費量は，1989（平成元）年（18.4 kg）以降ほぼ18～19 kgと変動は小さい。一方，天然繊維の全繊維に対する消費比率は下降傾向を示す。

　また，世界の繊維生産量をみると1993（平成5）年は20年前のほぼ半分となり，以降化学繊維の生産量は上昇している[6]。

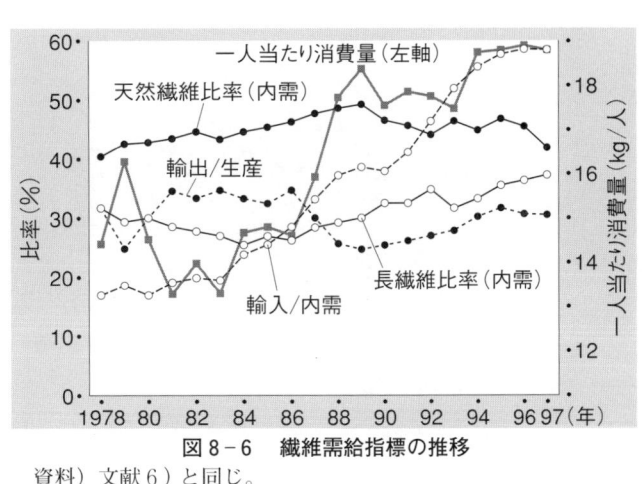

図8-6　繊維需給指標の推移
資料）文献6）と同じ。

以上のことより，前節で述べた現在の多様で豊富な衣料を支えているものは，自然界に存在する羊毛や木綿などの天然繊維に加え，石油等から合成された化学繊維であることが分かる。中でも，衣料用として多く利用されている繊維は，ポリエステル繊維である。例えば，プリーツ・プリーズもポリエステルという素材が存在し，その素材の軽さと加工性を生かし，同時に動きやすいものがデザインされたのである。

### 3.2　衣服生産に要するエネルギー量

しかし，新しさばかりを称(たた)えてはいられないのである。ちなみにポリエステルを製造するために必要とされるエネルギーを試算したものをみると，10 kg

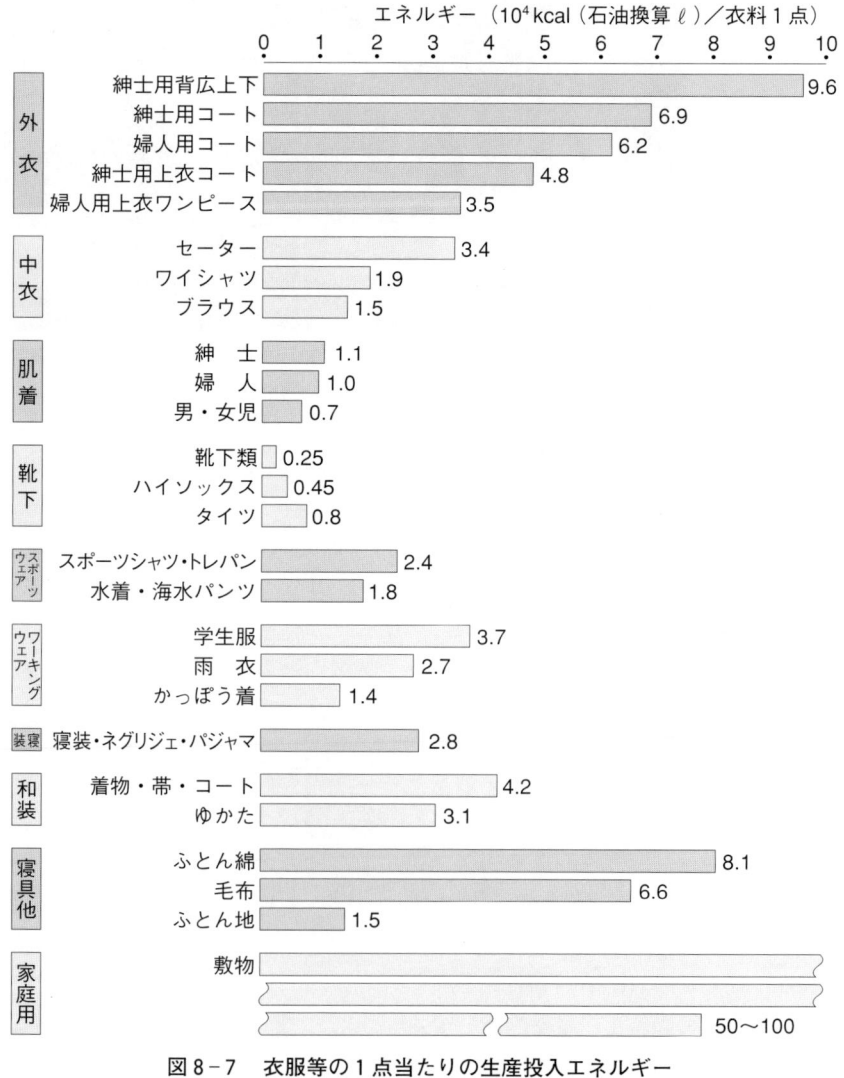

エネルギー（$10^4$ kcal（石油換算 $\ell$）／衣料1点）

| 分類 | 品目 | 値 |
|---|---|---|
| 外衣 | 紳士用背広上下 | 9.6 |
| | 紳士用コート | 6.9 |
| | 婦人用コート | 6.2 |
| | 紳士用上衣コート | 4.8 |
| | 婦人用上衣ワンピース | 3.5 |
| 中衣 | セーター | 3.4 |
| | ワイシャツ | 1.9 |
| | ブラウス | 1.5 |
| 肌着 | 紳士 | 1.1 |
| | 婦人 | 1.0 |
| | 男・女児 | 0.7 |
| 靴下 | 靴下類 | 0.25 |
| | ハイソックス | 0.45 |
| | タイツ | 0.8 |
| スポーツウェア | スポーツシャツ・トレパン | 2.4 |
| | 水着・海水パンツ | 1.8 |
| ワーキングウェア | 学生服 | 3.7 |
| | 雨衣 | 2.7 |
| | かっぽう着 | 1.4 |
| 寝装 | 寝装・ネグリジェ・パジャマ | 2.8 |
| 和装 | 着物・帯・コート | 4.2 |
| | ゆかた | 3.1 |
| 寝具他 | ふとん綿 | 8.1 |
| | 毛布 | 6.6 |
| | ふとん地 | 1.5 |
| 家庭用 | 敷物 | 50〜100 |

**図8-7　衣服等の1点当たりの生産投入エネルギー**
出所）科学技術庁資源調査会（1979），文献8）より引用

のステープルでは，$310 \times 10^3$ kcal，またフィラメントでは，$335 \times 10^3$ kcal となっている。一方，木綿を栽培するのに要する総エネルギー消費量については，一例として $117 \times 10^3$ kcal と試算されており，化学繊維に比べると消費エネルギーはほぼ 1/3 と小さい[7]。

衣服を作るためには，さらに糸や布地および仕立てのためのエネルギーが加算される。衣服等一点当たりを製造するために必要とされるエネルギー量を試算した例を図8-7に示す。表中に示した数値は，石油換算の消費リットル数に相当する[8]。

このように衣服が多大なエネルギーを投入して作られていることを考えると，現在のように市場にあふれている衣服と，次々に購入される衣服の行方について無関心ではいられない。

### 3.3　衣服の廃棄

そこで，衣服の廃棄について調べてみると，子ども用衣服では，多くはサイズの不適合や破れ・しみなどが廃棄の理由として挙げられている。前者は，主として表着で"譲る"場合が多く，後者は肌着などが主なもので，ごみやぼろとして処分されている。一方，成人用の衣服については，"着あきた・流行遅れ"が大半を占め，"擦りきれ・破れ"によるものは，子ども服と同様に肌着であった。

次々と売り出されるアパレル製品に目移りすることも多いが，ポリエステルのような合成繊維は丈夫であまり破損しないことも退蔵されたり，回収業者に出す一つの理由である。木綿製のものが多い肌着は，雑巾として用いた後廃棄するといった回答も多かった。これらの調査の結果から私たちの周りには退蔵している衣服が多くあることが想像される。しかし，日本化学繊維協会の1995（平成7）年の調査では，衣料用繊維消費量は114万5千トン，排出量は112万4千トンと推定されている。以前に比べると繊維消費量，排出量共に増加しているが，排出量が繊維消費量の98％に達しており，家庭内の保有量はほとんど増加していないとみられる。

### 3.4　衣服のリサイクル

不要衣服の有効な活用法としてリサイクルがある。このように衣料が豊富に出回る以前は，庶民が古着商から古着を購入して利用していた。最近では，古着商はリサイクルショップとなり中古衣料を取り扱っている。海外からの中古衣料がファッションとして取り入れられ，楽しむ風潮が発端となって一つのファッション動向として若者の間で利用されている。

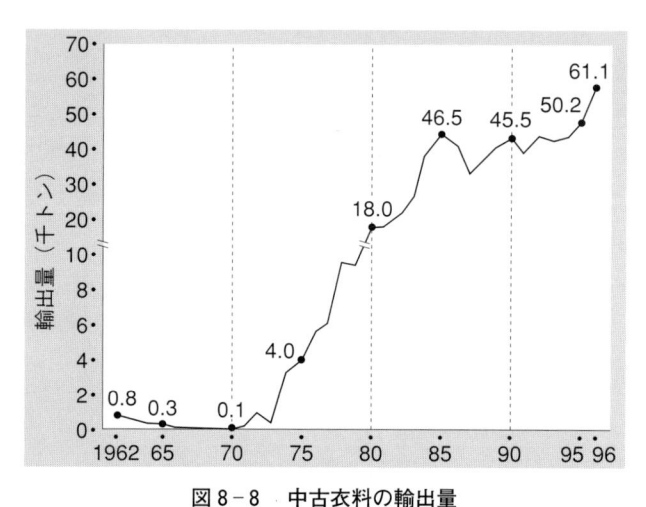

**図8-8 中古衣料の輸出量**
資料）日本貿易月報（1992～96年），文献9）より引用

また，回収業者によって再利用できると判断された中古衣料は，主として東南アジア方面に輸出されており，1985年には4万5千トンを超えた[9]。中古衣料の輸出について図8-8に示す。また，最近の若者のファッションには，ジーパンを利用してスカートにしたり，中古衣料として出された和服地の素材や柄を生かしたデザインのものを作るなど，従来の形にはまらない斬新な衣服として再生し，楽しむものがみられる。

多くの資源を用いて作られる衣服を今後どのように活用し，衣生活を楽しむかを考えて行く必要がある。

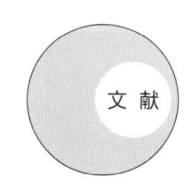

## 文献

1) 総理府広報室編：『日本人のライフスタイル』，大蔵省出版局，26（1987）
2) 陸　正：『変わる消費者，変わる商品』，中公新書1186，149-168（1994）
3) 朝日新聞（大阪）朝刊，2000.1.11
4) カルティエ現代美術財団：『ISSEY MIYAKE MAKING THINGS 日本語版』，アクシス（1999）
5) 京都服飾文化研究財団：『身体の夢―ファッション OR 見えないコルセット―』，（1999）
6) 繊維産業構造改善事業協会繊維ファッション情報センター：『アパレルハンドブック―1999年―』，128，130（1999）
7) 繊維産業構造改善事業協会繊維ファッション情報センター：『アパレルハンドブック―1999年―』，128（1999）
8) 日本家政学会編：『家政学シリーズ　生活資源論』，朝倉書店，50-60（1992）
9) 日本家政学会編：『日本人の生活―50年の軌跡と21世紀への展望―』，建帛社，255，421（1998）

# III 衣服製作の実習と演習

# 実習 1
## 人体計測と体型観察

### （1） 人体計測

#### 1） JIS 法による人体計測（マルチン法）

① 目　的

計測点や基準線のとらえ方，しるしの付け方，計測器の使い方等を実際に体験して，衣服設計で必要とする人体計測法を習得する。また得られたデータから体型観察を試みる。

② 設備と用具

a．設　備

明るく静かな計測室と更衣室，計測器を置く机など。計測室は3～4名のグループが数グループ動き回れる広さが必要である。

b．計測用具

マルチンの人体計測器（身長計，杆状計，触角計，テープメジャー），計測台，角度計，体重計，計測補助用具（計測用ベルト（ウエストライン用），ものさし，プラスチック板，黒細丸ゴム紐，ネックチェーン，眉墨，アルコール，クレンジングクリーム，カット綿など），記録用具（記録用紙，バインダー付き下敷き，鉛筆，消しゴム）

③ 計　測

3～4名で1グループを作り，被験者，計測者，補助者，記録者の役割を順繰りに体験する。第2章の人体計測法（⇨ p.21）に従い，所定の項目を計測する。被験者の着衣は女性ではキャミソールやタンクトップとスパッツのように肩や腕付根にしるしが付けられ，体にフィットした服装が望ましい。

#### 2） シルエッター法

① 目　的

身体シルエットの採取法を習得する。得られたシルエット図から姿勢や人体の外形の特徴を観察して，衣服設計との関連を考察する。

② 用　具

シルエッターまたはカメラ（105 mm 望遠レンズ，撮影距離 10 m），計測台，計測用ベルト，黒ビニールテープ（しるし用）など。

③ 撮　影

被験者は，ファウンデーションまたはレオタード，キャミソールとスパッツのようなからだの線がでるような衣服を着用する。前面，側面の2方向のシルエットを撮影する。

#### 3） 三次元形状の採取

① 目　的

三次元形状をとらえる方法を習得する。断面図を描き，それを重合したり，三次元座標値を求めて体表を展開したりして，体幹部の形状を観察し，ダーツの位置や量など衣服設計との関連を考察する。（三次元計測法，スライディングゲージ法）

② 用　具

三次元形状計測装置，またはスライディングゲージ。

③ 計　測

被験者はファウンデーション，またはレオタード，キャミソールとスパッツのようなからだの線がでるような衣服を着用する。

スライディングゲージを使い水平断面を採取する場合は，前後正中線，左右脇線，床面からの断面の高さを記録しておく。

## Table 1-1 人体計測記録表

人体計測記録表

(No.        )

| 氏　名 | | 計測年月日 | 　年　　　月　　　日　　　時 |
|---|---|---|---|
| 性　別 | 男　・　女 | 生年月日 | 　年　　　月　　　日<br>（満　　　歳　　　か月） |
| 所　属 | | | |
| 計測者 | | 初潮年月 | 　年　　　月（満　　歳　　か月） |

| 計　測　項　目 | | 計　測　項　目 | |
|---|---|---|---|
| 1．身　　　　　長 | | 24．背　　　　　幅 | |
| 2．頸　椎　　高 | | 25．胸　　　　　幅 | |
| 3．右 肩 峰 高 | | 26．頸椎点〜BP | |
| 4．右 中 指 端 高 | | 27．前　　胴　　丈 | |
| 5．右 乳 頭 高 | | 28．WL〜座　面 | |
| 6．後　胴　　高 | | 29．WL〜HL〜床面 | |
| 7．右上前腸骨棘高 | | 30．頭　　　　　囲 | |
| 8．右 転 子 高 | | 31．頸　　　　　囲 | |
| 9．右 膝 関 節 高 | | 32．頸 付 根 囲 | |
| 10．右 外 果 高 | | 33．上 部 胸 囲 | |
| 11．全　頭　　高 | | 34．乳 頭 位 胸 囲 | |
| 12．肩　峰　　幅 | | 35．下 部 胸 囲 | |
| 13．胸 部 横 径 | | 36．胴　　　　　囲 | |
| 14．胴 部 横 径 | | 37．下　　胴　　囲 | |
| 15．腰 部 横 径 | | 38．腹　　　　　囲 | |
| 16．胸 部 矢 状 径 | | 39．腰　　　　　囲 | |
| 17．胴 部 矢 状 径 | | 40．右 大 腿 最 大 囲 | |
| 18．腰 部 矢 状 径 | | 41．右 上 腕 最 大 囲 | |
| 19．右　足　　長 | | 42．右 手 く び 囲 | |
| 20．背　　　　　丈 | | 43．右 肩 傾 斜 角 | |
| 21．総　　　　　丈 | | 44．背 部 皮 下 脂 肪 厚 | |
| 22．背　肩　　幅 | | 45．上 腕 部 皮 下 脂 肪 厚 | |
| 23．右　袖　　丈 | | 46．体　　　　　重 | |

＜指数を計算してみよう＞
1．BMI　　　　　体重(kg)／{身長(m)}$^2$　　　（　　　　　）
2．ローレル指数　〔体重(kg)／{身長(m)}$^3$〕×10　（　　　　　）
3．頭身指数　　　身長／全頭高　　　　　　　　（　　　　　）
4．横矢指数　　　（矢状径／横径）×100
　　　　　　　　胸部（　　　），胴部（　　　），腰部（　　　）

●実習1　人体計測と体型観察

## (2) 体型観察

### 1) 関係偏差値による体型の総合評価

右記の項目について同世代の全国平均値を基準として，今回計測した自己の記録の偏差折線を作成し，体型の特徴を考察してみよう（⇨ p.39 表2-38）。

関係偏差＝

$$\frac{自己の計測値－全国平均値}{全国値の標準偏差}$$

### 2) 人体プロポーションの観察

身長を100とした骨格図を描き，身体プロポーションを観察してみよう。

●高さ，長さ

① （頸椎高／身長）×100
② （肩峰高／身長）×100
③ （乳頭高／身長）×100
④ （後胴高／身長）×100
⑤ （腸骨棘高／身長）×100
⑥ （転子高／身長）×100
⑦ （膝関節高／身長）×100
⑧ $\dfrac{(肩峰高－中指端高)}{身長} \times 100$
⑨ （全頭高／身長）×100
⑩ （足長／身長）×100

●幅

⑪ $\dfrac{(頭囲／3.14)}{身長} \times 100$
　　　　　（頭幅の推定）
⑫ （肩峰幅／身長）×100
⑬ （胸部横径／身長）×100
⑭ （胴部横径／身長）×100
⑮ （腰部横径／身長）×100

**Fig. 1-2 関係偏差折線による体型の特徴**

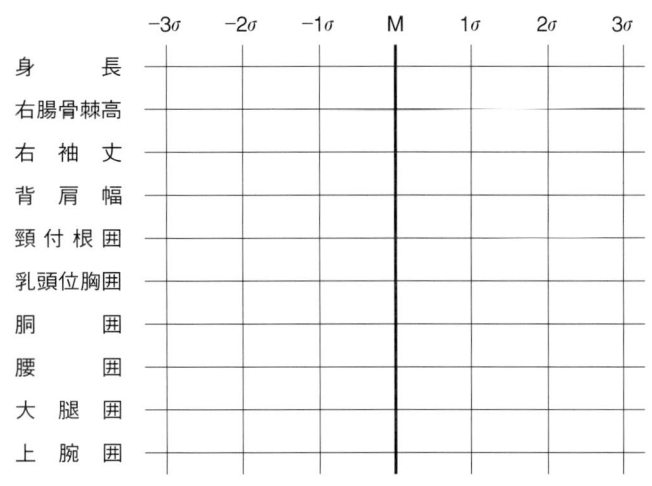

|  | −3σ | −2σ | −1σ | M | 1σ | 2σ | 3σ |
|---|---|---|---|---|---|---|---|
| 身　　　長 | | | | | | | |
| 右腸骨棘高 | | | | | | | |
| 右　袖　丈 | | | | | | | |
| 背　肩　幅 | | | | | | | |
| 頸付根囲 | | | | | | | |
| 乳頭位胸囲 | | | | | | | |
| 胴　　　囲 | | | | | | | |
| 腰　　　囲 | | | | | | | |
| 大　腿　囲 | | | | | | | |
| 上　腕　囲 | | | | | | | |

基準線：全国値（1992～94年）

考　察

**Fig. 1-3 身長を100とした人体比例**

（18～19歳女性平均値　$n=318$，1997～98年計測）

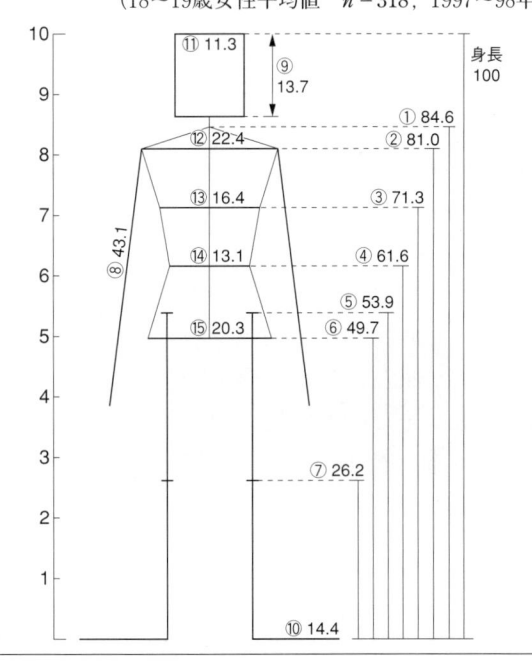

⑪ 11.3
⑨ 13.7
① 84.6
⑫ 22.4
② 81.0
⑬ 16.4
③ 71.3
⑧ 43.1
⑭ 13.1
④ 61.6
⑤ 53.9
⑮ 20.3
⑥ 49.7
身長 100
⑦ 26.2
⑩ 14.4

考　察

### 3） 身体シルエットの観察

シルエットに右記の線を引いたり，角度を測る。その結果に基づき，身体の左右の振れ，前後の傾斜や姿勢（反身，屈身），肩の傾斜と左右差，胴くびれの強さや胸部，胴部の突出など身体外形の特徴をとらえ，衣服パターン設計やデザインを選ぶ場合の注意点を考察してみよう。

● 前面図
① 頸窩点から垂線を下ろす
② 右肩傾斜
③ 左肩傾斜
④ 右胸部外側の傾斜
⑤ 左胸部外側の傾斜
⑥ 右腰部外側の傾斜
⑦ 左腰部外側の傾斜

● 側面図
⑧ 耳珠点から垂線を下ろす
⑨ 頸付根部背面の角度
⑩ 頸付根部前面の角度
⑪ 胴部背面の角度
⑫ 腰部背面の角度
⑬ 胸部前面の角度
⑭ 腹部前面の角度

### 4） 横断面図の観察

各断面図の原点を中心に20分割し，三次元座標値を計測する。

右図のように各断面図を正中線を合わせて並べたり，重合させて形状の特徴を把握する。次いでヒップラインを直線に各パーツを平面に展開し，開いた部分の位置と量を観察してスカートやパンツのパターンにおけるウエストダーツの位置や量を考えてみよう。またヒップラインから下を垂直に落とすとすると（⇨ p.55，図3-6），体型によってどのような差が生じるか考えてみよう。

Fig. 1-4 身体シルエットの観察
（19歳女性の一例，2000年）

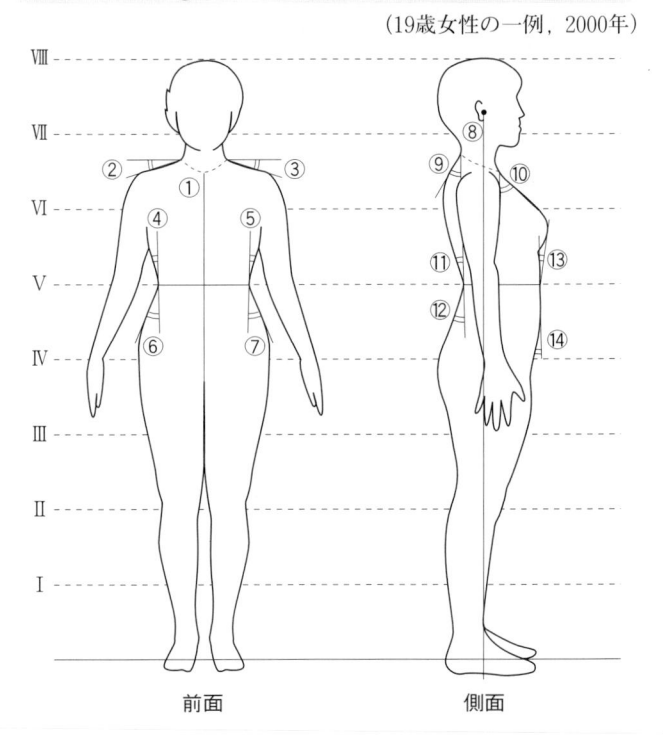

Fig. 1-5 腰部水平断面形状と展開図
（猪又原本）

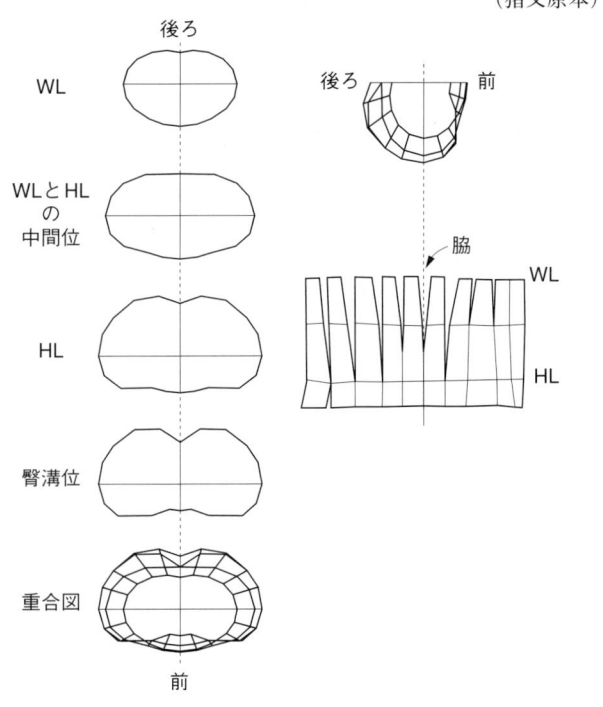

● 実習1　人体計測と体型観察

## 実習 2
## シャツ類の設計と製作

シャツ（shirt）は，男性用ワイシャツ，肌着，女性用のカラーとカフス付きブラウスなどを指していうが，元来はジャケットの下に着る中着であった。しかし，現在では表着として男性ではカジュアルな装いに，また女性では正式な装いの服種としても着ることが多い。特に女性用のものの種類は，布地や身ごろ，衿，袖などのデザイン変化によって豊富である。

ここでは，右図に示す男女共に着られるオープンカラー，半袖のシャツを例に，設計のポイント，製作のポイントについて，基本的な事項を分かりやすく図解する。

### （1） 設計のポイント

シャツの型紙は，一般的には上半身に着るものを指しているので，胴部（身ごろ）原型を基本にして作られている。以下に設計する時の流れとポイントを示す。

#### 1） 身 ご ろ （⇨ 原型は，第3章 p.66）

① 身ごろ丈を必要に応じて伸ばす（ウエストのベルトを締めた場合，外にはみ出さないように腰丈よりやや長め（30 cm 内外））。
② 前開きにするため，前中心に重ね分（2～3 cm）／2 を加える。
③ 肩幅を広げて袖付けの位置をずらす*1（腕の動きやすさを確保すると同時にカジュアルな感じを出すため）。
④ ゆとりを増やす場合は，前後の脇にゆとりを加える（全体で8～10 cm）。
⑤ ヨーク*2の切り替え位置を決める。
⑥ 袖ぐりを脇で少し下げて（3, 4 cm）袖ぐり線を修正する。
⑦ 後ろ身ごろにタック（背中に十分なゆとりを加える）を取る場合は，その位置を決めて必要な分量を後中心に加える。

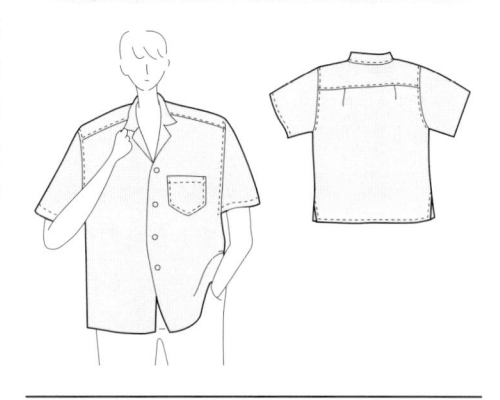

**Fig. 2-1 オープンカラー半袖シャツ**

必要な身体寸法
・乳頭位胸囲（男性：上部胸囲），
・背丈，背肩幅，頸付根囲，袖丈

市販パターンを使用する場合
・指定された身体寸法

**Fig. 2-2 身ごろと衿の作図**
（数値は参考寸法）

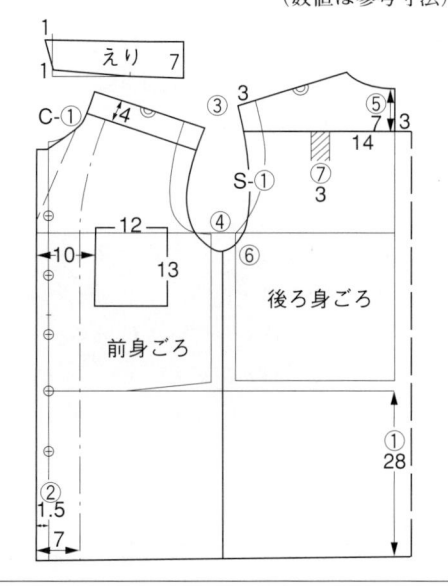

*1 後肩幅をきめて，その寸法を前肩幅とする。
*2 シャツ，上着，ブラウスなどの肩部やスカートの上部に入れる切り替え布のこと。

2） 衿（⇨ p.84, 図 3-49）

C-① オープンカラーなので，前身ごろの衿ぐりの1/3くらいを直線で結ぶ。
C-② すでに作図した前後身ごろの衿付け寸法を測る。
C-③ 衿の作図。

3） 袖（⇨ p.71, 図 3-30）

S-① 前後身ごろの袖ぐり線を測る。
S-② 袖丈を決める。
S-③ 袖の作図。

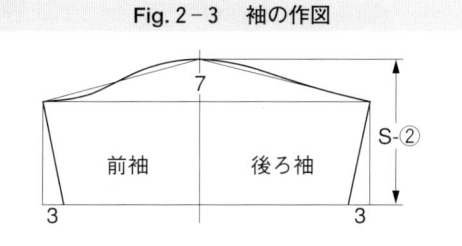

Fig. 2-3　袖の作図

（2） 型紙の確認と裁断する布地の枚数

1．前身ごろ（見返し続き）…2枚　　　2．後ろ身ごろ…後ろ中心で"わ"にしたもの1枚
3．肩ヨーク（前後をつなげたもの）…1または2枚　　4．袖…2枚　　5．衿…2枚

（3） 製作の流れ

裁　　断　　布目を整える。
　　　　　　必要な型紙と縫い代の確認。
　　　　　　布目に注意して型紙を配置。
　　　　　　縫い代を付けて裁断。

●裁断の注意
・出来上がり後や着用時の型くずれを防ぐために，たて・よこの布目をまっすぐに通しておく。
・シャツの身ごろ，袖，衿の布方向は，原則として着用時の丈方向をたて地とする。
・縫い代は，布端の始末法によって多少の増減がある。
・裁断後に出来上がり線にしるしを付ける。
（ポリエステル混紡布は，へらなどでしるしが付きにくいので，チャコやチャコペーパーを使うとよい。）

しるし付け　　布地にあったしるし付け用具。
　　　　　　（チャコペーパーとルレットなど）

縫　　製　　① 前見返しと裏衿に芯をはる。
　　　　　　② ポケットを前身ごろに付ける。
　　　　　　③ 後ろ身ごろのタックをとる。
　　　　　　④ 後ろ身ごろとヨークを縫う。
　　　　　　⑤ 前身ごろ見返しを整える。
　　　　　　⑥ 前身ごろとヨークを縫う。
　　　　　　⑦ 衿を作る。
　　　　　　⑧ 衿を身ごろに付ける。
　　　　　　⑨ 袖を付ける。
　　　　　　⑩ 袖下・脇を縫う。
　　　　　　⑪ 袖口・裾を縫う。
　　　　　　⑫ ボタンホールをあける。
　　　　　　⑬ ボタンを付ける。

Fig. 2-4　縫製の手順

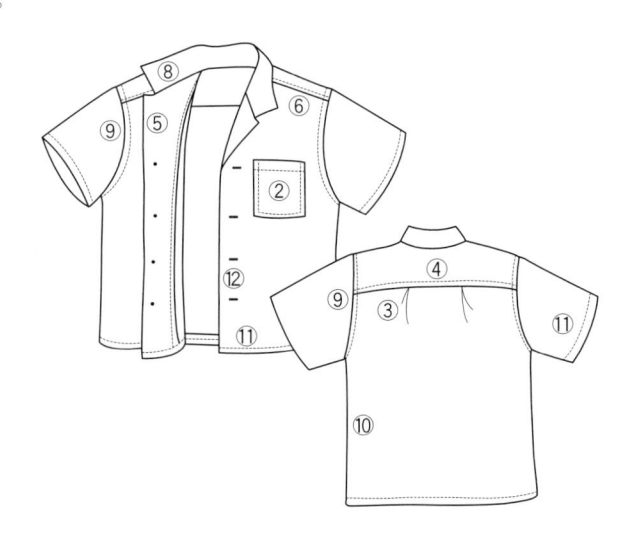

●実習2　シャツ類の設計と製作

● 見積もりと裁断
- 次に示した裁断図は，110 cm 幅で約 1 m 95 cm の布で裁断する例である。
- これに必要な布の量，型紙の置き方は，型紙の大きさや販売されている布幅で異なる。
- 配置された型紙上の▲印は，布を縫い合わせる時の合印。

Fig. 2-5 断 裁 図

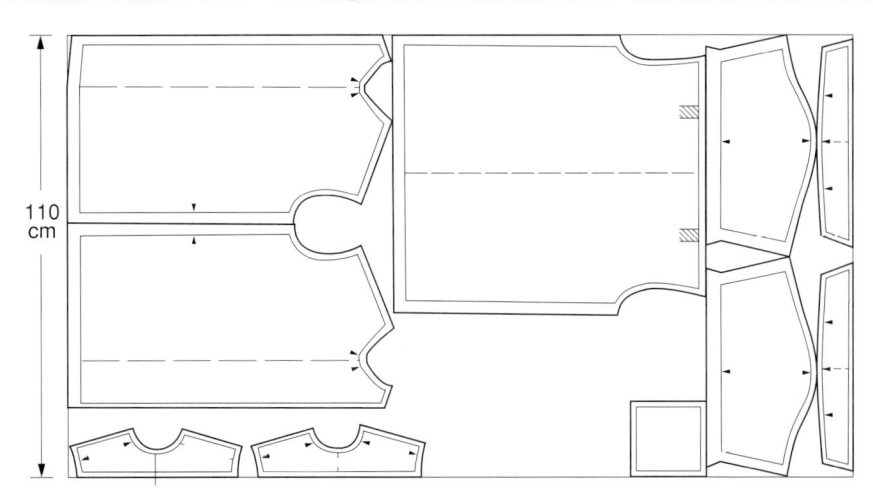

（4） 製作のポイント

1） 接着芯はりとポケット付け

前見返しと裏衿に型紙どおりに接着芯をはり前見返しの端を端ミシン，または縁かがりミシンでほつれ止めをしておく。

Fig. 2-6 接着芯付け

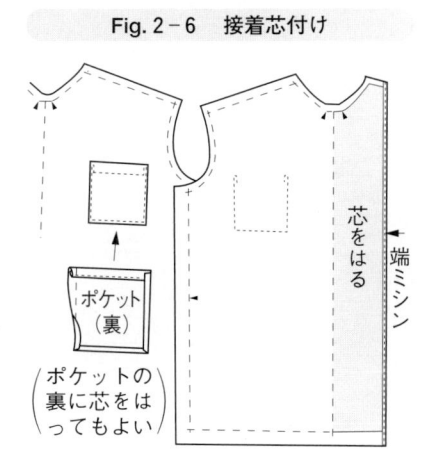

2） ヨーク付けと衿付け準備

ヨークを前後の身ごろにつける。見返しを前端で中表に折り，衿ぐり線の衿付け止まりで1.5 cm をしっかり縫い，切り込みを入れて表に返す。

Fig. 2-7 ヨーク付けと衿付け準備

実習2 シャツ類の設計と製作●

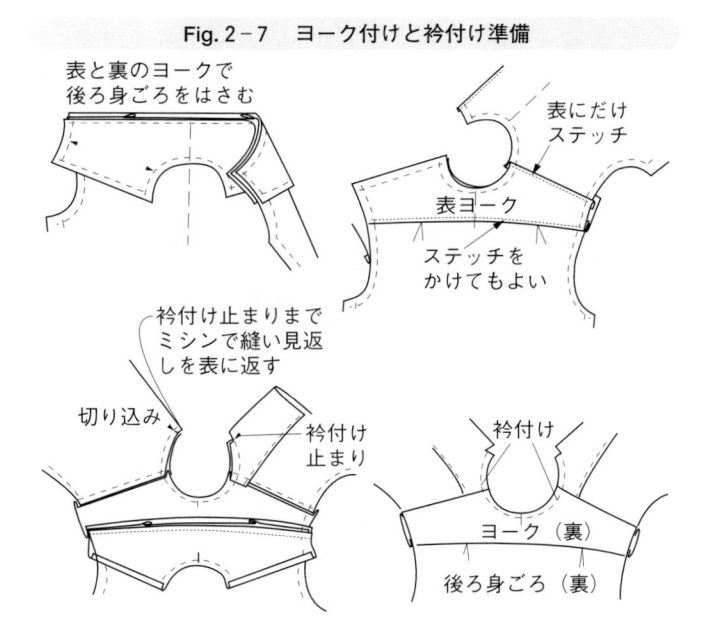

### 3） 衿を作るポイント

① 出来上がった時，表衿が約0.2cm裏衿の方に見返るように作る。

② そのためには，表と裏の衿縫い代の分量に差をつけて裁ちそろえる。表衿は約1.0cm，裏衿（衿付け側を除く）は，約0.8cmにして正確に裁つ。

③ 裏衿に中表になるように表衿を重ね，衿外周の裁ち目を合わせてしつけをする。この時に図のように表衿がゆるんでいることが，大事なポイントである。

### 4） 衿付けの方法

衿付けには，右図のような三方法がある。

① 表衿と裏衿で身ごろをはさみ付けする方法。Fig.2-7で示すように左右前身ごろの前端から衿付け止まりまであらかじめ縫っておき，表衿を裏身ごろに合わせて縫い付け，裏衿を表身ごろの衿付けにまつり付ける。

② 前見返しに引き続き，バイアステープと身ごろで衿をはさみ付けし，衿付け縫い代をバイアステープでくるんで身ごろにまつり付ける。

③ 前後身ごろとも見返しを付け，見返しと身ごろで衿をはさみ付けする。技法的には，②と同じである。

### 5） 衿付けのポイント

①の方法でつける。あらかじめ衿付け止まりまで縫って表に返してあるので，衿付けの縫い代を1.0cmに切りそろえておくとやりやすい。裏身ごろに表衿を合わせる。

なお，衿付け線は，曲率の小さな円弧で構成されている上に重なる縫い代も多いので，衿付け縫い代を身ごろ側に折る②，③の方法ではなるべく細く切り落とし，切り込みを約2cm間隔に入れるとよい。

Fig.2-8　衿の製作

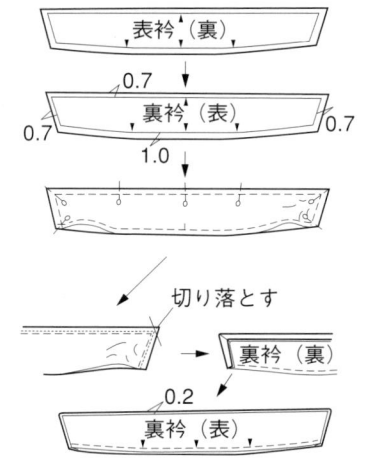

縫い代を1.0cmにする

裏衿がやや小さいので少し引っ張って表のしるしどおりにしつけをかけ0.2cmはずしてミシンをかける

縫い代0.8cmを裏衿の方へ折る

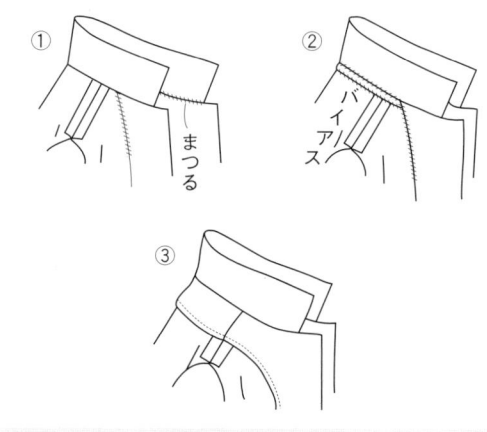

Fig.2-9　衿付け

Fig.2-10　衿付け

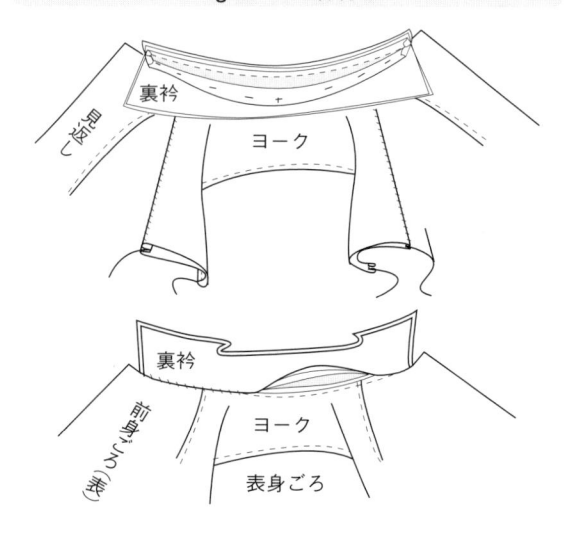

●実習2　シャツ類の設計と製作

### 6) 袖付けの方法

袖付けには，次の二つの方法がある（右図）。

① 袖の袖下と身ごろの脇をそれぞれに縫い合わせておき，輪の状態で両者を付ける方法（セットインスリーブ）。

② まず身ごろと袖を縫い合わせて脇から袖下を続けて縫う方法。

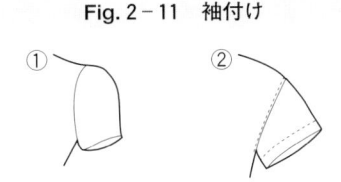

①は袖山が高く，いせ込み分量が多く必要とされるドレッシーなドレスやジャケットの，②はここで取り上げる例のように袖山が低く，いせ込み量が少ないカジュアルなシャツの袖付けである。

**Fig. 2-11　袖付け**

**Fig. 2-12　カジュアルなシャツの袖付け**

① まち針を打ち，しるしどおりにしつけをする（袖の方を少し引っ張りながらしつけをするとよい）

② 1.0cmに裁ち縁かがりミシンをかける

しつけを少しはずして縫う

③ 縫い代を身ごろの方に折りステッチをかける

袖下と脇を縫う　縫い代1.0cmにして縁かがりミシンをかける

袖口に折りミシンをかける

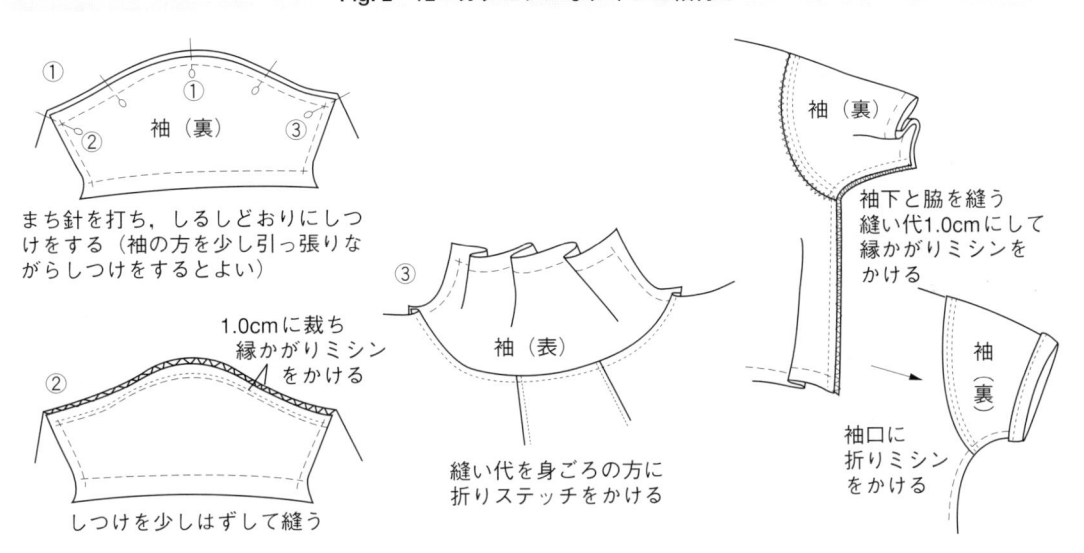

### 7) ボタン付け

前身ごろの打ち合わせは，一般的に男女で異なり，男性は左身ごろにボタン穴をあけるが，女性はその逆である。しかし，最近の男女兼用シャツなどは男性用に作られている。

**Fig. 2-13　ボタン穴あけ・ボタン付け**

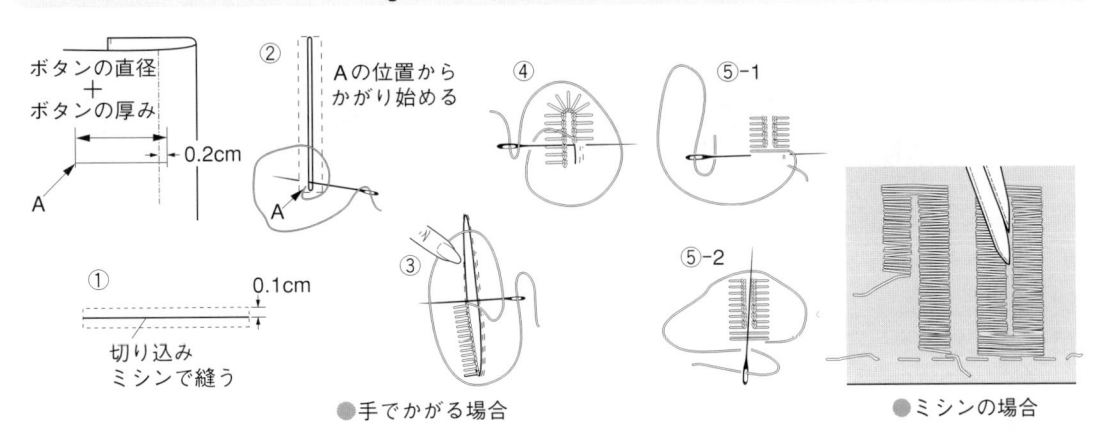

ボタンの直径＋ボタンの厚み　0.2cm　A

① 0.1cm　切り込みミシンで縫う

② Aの位置からかがり始める

●手でかがる場合

●ミシンの場合

実習2　シャツ類の設計と製作●

# 実習 3
## スラックス類の設計と製作

下肢を左右べつべつに包むスラックス（slacks）類には，ゆとりや丈によっていろいろな種類があり，呼び名がある（右図）。そのうち，ストレートパンツは性・年齢を問わずに広く着用されている。これを製作し，スラックスの型紙活用法と裁断・縫製法を学ぼう。

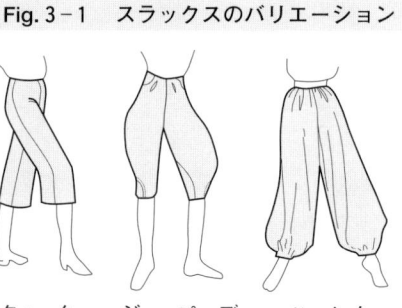

Fig. 3-1 スラックスのバリエーション

ストレートパンツ　クォーターパンツ　ジョッパーズ　ハーレムパンツ　キュロットスカート

### （1）型　　紙

スラックス製作に必要な採寸部位は腰囲，胴囲，股上，スラックス丈などである。既製型紙の選択は腰囲の寸法を基準として行う。しかし，布地の裁断に先立って，股上，スラックス丈の寸法も着用者に合わせて補正しておく。下図は補正が必要な場合に型紙を補正する位置を示している。

Fig. 3-2 スラックスの型紙と補正

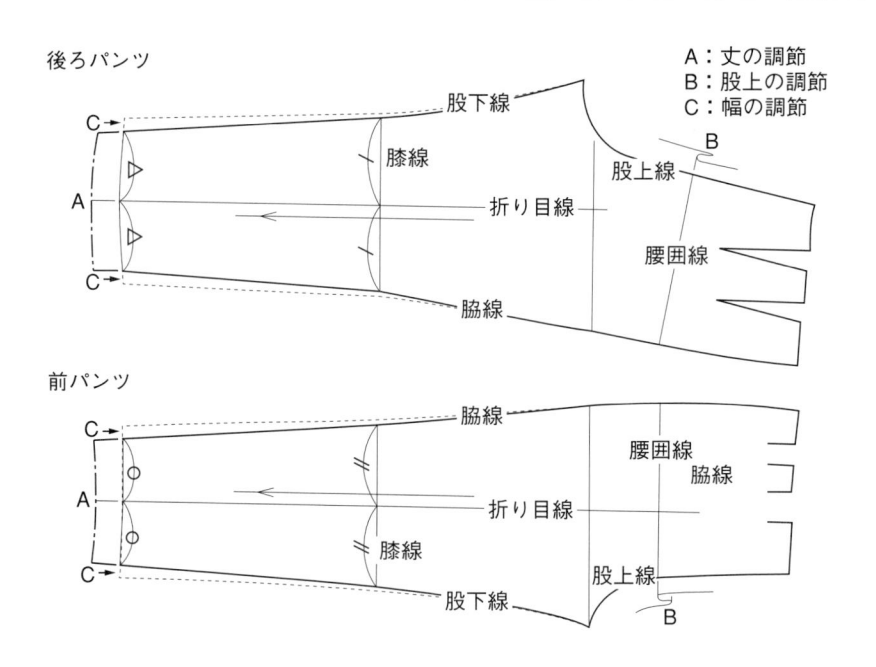

後ろパンツ

A：丈の調節
B：股上の調節
C：幅の調節

股下線／膝線／折り目線／脇線／股上線／腰囲線

前パンツ

脇線／腰囲線／脇線／折り目線／膝線／股下線／股上線

●実習3　スラックス類の設計と製作

## （2） 布　　地

　素材としては保温性と形態安定性の点で毛織物が優れている。右図は梳毛織物2種（上図）と紡毛織物2種（下図）である。カジュアルな用途には水洗いのできる綿や合繊が適している。第3章の表3-3（⇨ p.64）を参照し用途にあったものを選ぶ。

## （3） 裁　　断

　スラックスでは「折山線」で縦の布目が通るように型紙を配置して裁断することが特に大切である。下図は前，後ろの型紙を差し込んであって，無駄のない裁断ができる。しかし毛織物では毛羽のあるものがある。布地にこのような方向性のある場合には，前，後ろで布の方向がそろうように注意する。しるしは，ウールの場合，薄く削ったチョーク（チャコ）で描いたあと，糸じるしで付けると良い。

Fig. 3-3　スラックスに適する毛織物

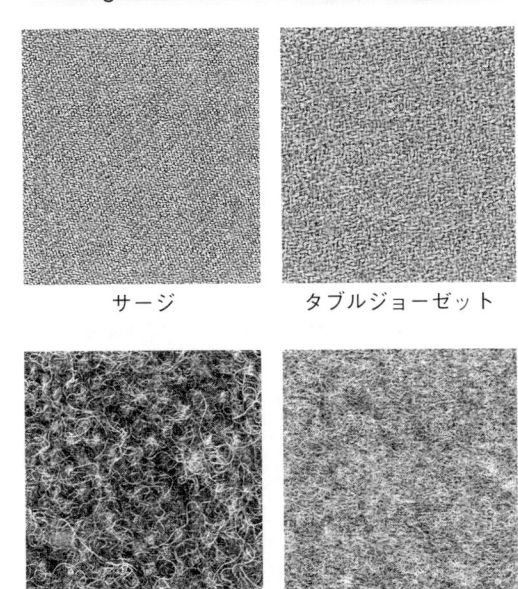

サージ　　　　　タブルジョーゼット

ツィード　　　　フラノ

Fig. 3-4　スラックスの型紙の配置と縫いしろの付け方

用尺：毛織物 150cm 幅 ×（スラックス丈＋10）cm

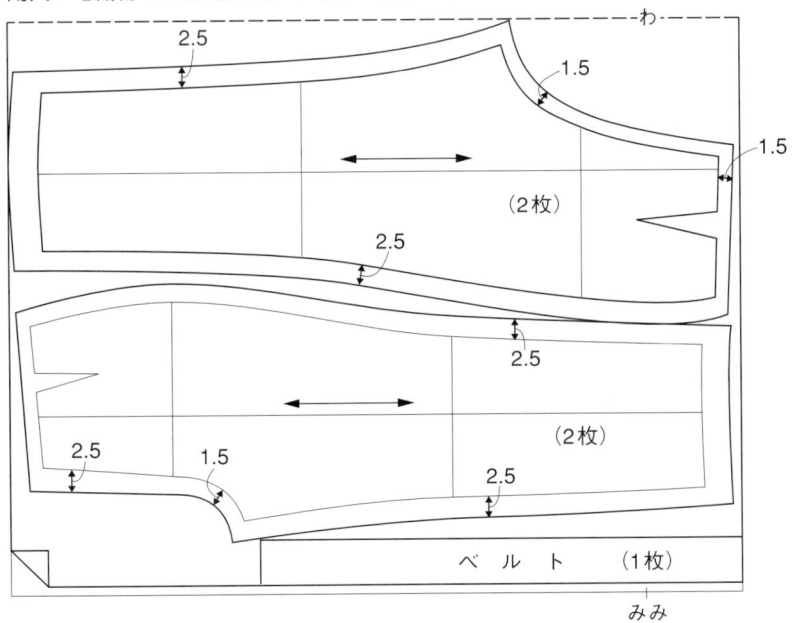

## （4）裏　布

スラックスをウール地で作る場合に裏布を付けるとすべりやすく，動作しやすくなり，同時に保温性も増す。裏は右図のように膝の線の位置よりも下までつける。

**Fig. 3-5　前スラックスの裏**

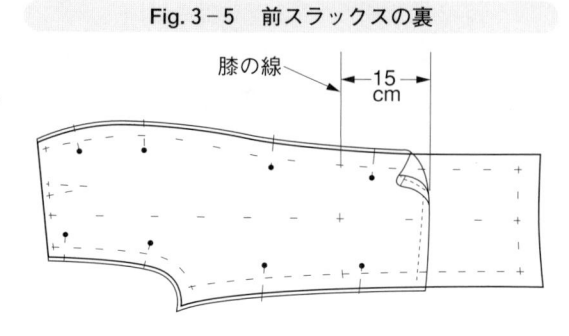

## （5）くせとり

スラックスでは，体になじむようにくせとりを行う。これは毛織物の場合に素材が吸湿状態で伸縮しやすいことを利用して，水分とアイロンの熱で布地を変形・固定させる技術である（Fig. 3-6）。

**Fig. 3-6　スラックスのくせとり**

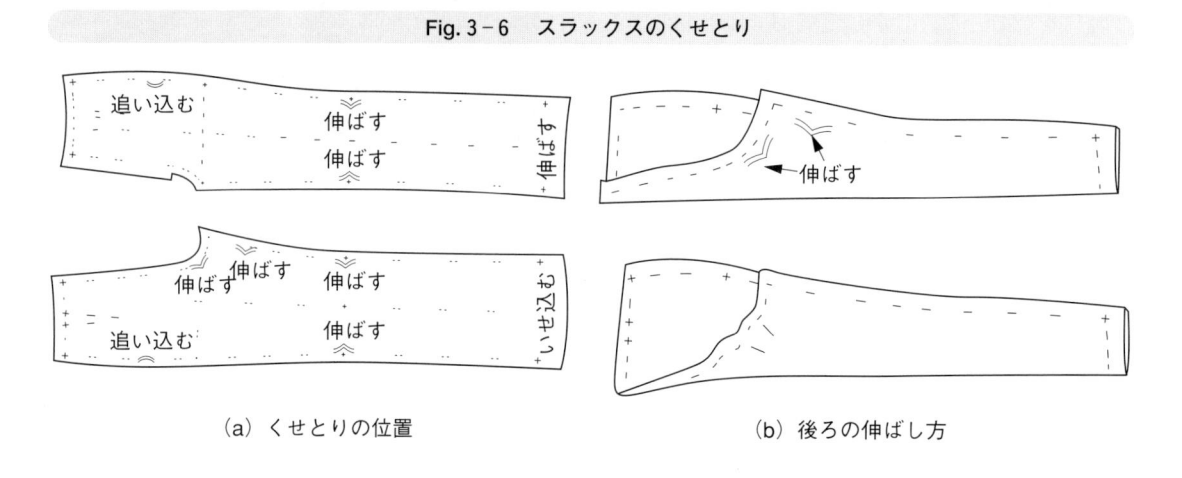

(a) くせとりの位置　　　　(b) 後ろの伸ばし方

## （6）仮縫い・補正

右図はスラックスの仮縫いの方法である。体型による補正の考え方はスカート（⇨ p.72～73）と共通する部分が多い。

しかしスラックスでは，Fig. 3-8に示すような股の部分の厚みへの適合や，股関節の運動，つまり歩いたりしゃがんだりする動作への適応の問題がある。

Fig. 3-9にはこれらへの補正法の例を示した。

**Fig. 3-7　スラックスの仮縫い**
（単位：cm，番号は仮縫いの順序）

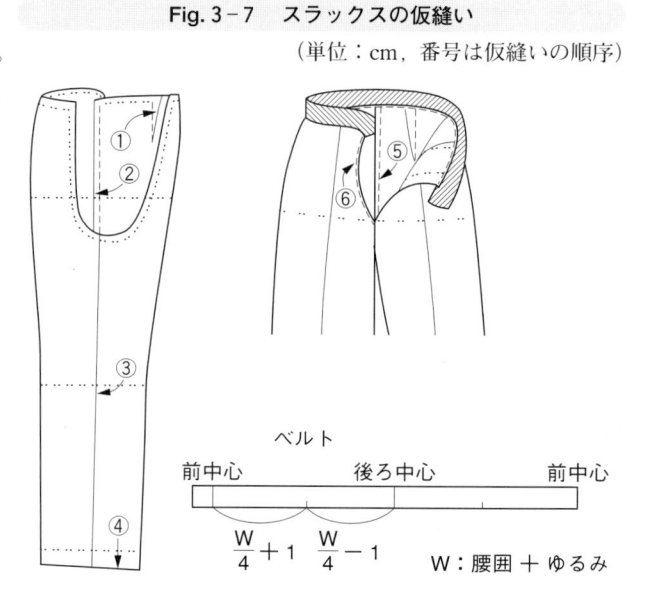

ベルト
前中心　　　後ろ中心　　　前中心
$\frac{W}{4}+1$　$\frac{W}{4}-1$

W：腰囲 + ゆるみ

●実習3　スラックス類の設計と製作

**Fig. 3-8　スラックス股の部分の適合**

①股の厚み分の過不足
（多すぎる場合）　　（不足の場合）

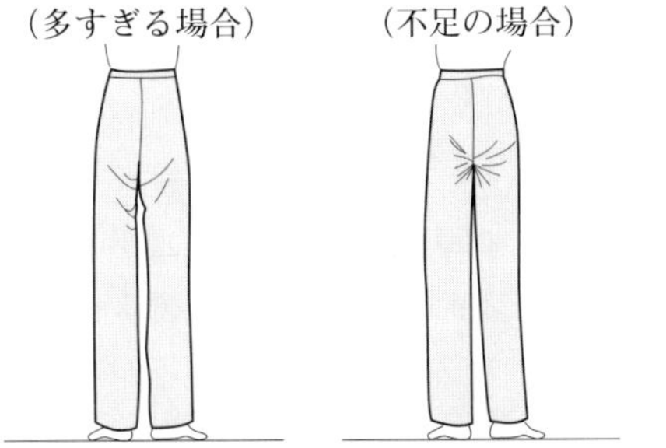

前後の股下が　　　前後の股の部分
垂れ下がる　　　　にひきつれじわ
　　　　　　　　　が出る

②股関節屈曲のためのゆとりの過不足
（多すぎる場合）　　（不足の場合）

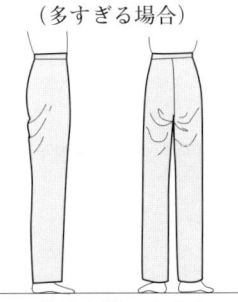

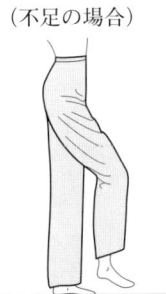

後ろの股にたるみ　大腿の前面のひき
じわが出る　　　　つれが強く、動作
　　　　　　　　　は拘束される

**Fig. 3-9　スラックス補正の例**

（単位：cm）

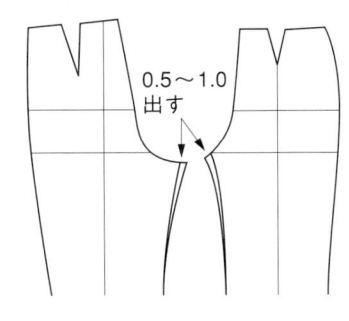

0.5～1.0
出す

股の厚み分が不足の場合

多すぎる場合にはこの逆の処置をする

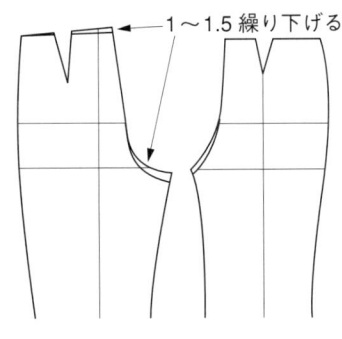

1～1.5 繰り下げる

歩行，椅座などの動作を行って，そのために必要なゆとりを確保する
多すぎて後ろの股下がたるむ場合には図のような処置をする

**Fig. 3-10　スラックス縫製工程の例**

● わき・股下・股上の縫い代の始末 ●
　　　↓
● 前あきにテープを貼る ●
　　　↓
● ダーツ・わき・股下・股上縫い ●
　　　↓
● 前あきファスナー付け ●
　　　↓
● ベルト作り ●
　　　↓
● ベルト付け ●
　　　↓
● シック付け ●
　　　↓
● 裾のしまつ ●
　　　↓
● ボタン付け ●
　　　↓
仕上げ

## （7）縫　　合

　右図はスラックス縫製工程の一例である。毛織物の場合には，縫い代を落ち着かせたり布地を曲面化するためのアイロンプレスが特に重要である。股ぐりの部分は最も縫目が破れやすく，縫い代がかさばらない工夫も必要である。十分に伸ばして縫い，縫い代はシックでおさえる。裏布は裾を三つ折り縫いで始末してから（Fig. 3-5）表布に重ね合わせ，一緒に本縫いする方法がある。縫い上がったら折り山線の前と後ろのヒップラインよりも下の部分に折り目をつける場合が多い。

　スラックスの縫合の方法はスカートなどの縫製にも適用することができる。

実習3　スラックス類の設計と製作●

## 実習 4
## ゆかたの製作

ゆかたの製作を通して，長着の構成と和服製作の基本を理解する。

「ゆかた」とは「湯帷子（ゆかたびら）」の略称である。「帷子」が麻のひとえのきものであることから，「湯帷子」とは，古くは入浴時に着る麻のきものを指していた。しかし，現在，「ゆかた」は湯上がりや夏に着用する日常着として木綿地で製作されることが多い。

(1)計測と各部の寸法，(2)ひとえ長着の柄合わせと裁断，(3)しるし付けについては，第4章で説明している（⇨ p.104〜107）ので，ここでは，(4)としてゆかたの具体的な縫製手順について述べる。

### (4) 縫 製

ゆかたの縫製作業の全体の流れを右表に示してある。主な縫合には，背縫い，衽付け，衿付け，脇縫い，袖付けがある。縫合形式は手縫いが原則であるが，ミシンによる本縫いでもよい。いずれの場合にも，縫い目の両端は返し止めなどをして縫い目強度を大きくしておく必要がある。また，縫合後は縫い代を割らずに，0.2 cm 程度のきせをかけて縫い代を一方の側に含めるが，これをきせ山になる部位とよび，右表に示してある。ここで縫い代のしまつに用いられる方法としては，二度縫い，袋縫い，耳ぐけ，本ぐけ，三つ折りぐけ（折りぐけ）などがある（⇨ 第5章 p.116）。

Table 4-1 ゆかた縫製の流れ

| 主な縫合箇所 | きせ山になる部位 | 縫い代のしまつ | 部分縫製部位 |
|---|---|---|---|
| ② 背 縫 い | 左後ろ身ごろ | 二度縫い | ③ 肩 当 て<br>④ 居敷き当て |
| ⇩ | | | |
| ⑥ 衽 付 け | 衽 | 耳ぐけ | ⑤ 衿下ぐけ<br>（三つ折りぐけ） |
| ⇩ | | | |
| ⑦ 衿 付 け | 衿 | 本ぐけ | ⑧ 三つ衿芯<br>⑨ 衿先のしまつ<br>⑩ かけ衿かけ |
| ⇩ | | | |
| ⑪ 脇 縫 い | 前身ごろ | 縫い代を開いて耳ぐけ | ⑫ 裾 ぐ け<br>（三つ折りぐけ） |
| ⇩ | | | |
| ⑬ 袖 付 け | 袖 | 耳ぐけ | ① 袖 縫 い<br>⑭ 肩当て・振りのしまつ |

注：表中の番号は一般的な縫製順序を示す。

上記の主な縫合以外の縫製を部分縫製部位とよび，Table 4-1 の右欄にまとめて示してある。これらの部分縫製は，原則として，表中の同じ行の左端の縫合を済ませた後の作業になる。

縫製の順序としては，一般には，袖縫いから始めることが多く，これは，小さい布の方が扱いやすいためである。同じ理由で，衿下は衽を付ける前にくけておいた方がよい。

次に，Table 4-1 および Fig. 4-2 の①から⑭の各部分の縫製手順を説明する。

**Fig. 4-2　女物ゆかたの縫製**

（図中の番号は一般的な縫製順序を示す。）

図中の番号：
①袖縫い　②背縫い　③肩当て　④居敷き当て　⑤衿下ぐけ　⑥衽付け　⑦衿付け　⑧三つ衿芯　⑨衿先のしまつ　⑩かけ衿かけ　⑪脇縫い　⑫裾ぐけ　⑬袖付け　⑭肩当て・振りのしまつ

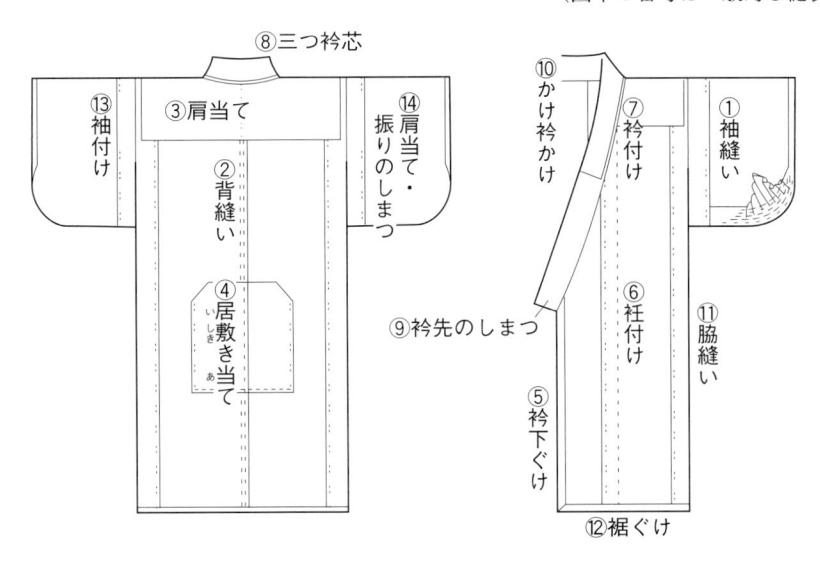

**Fig. 4-3　袖縫いの丸みのしまつ**

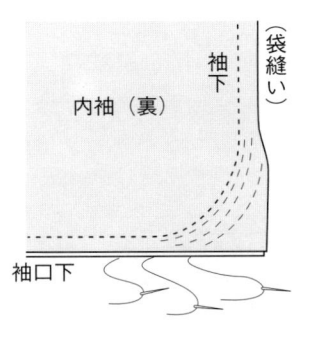

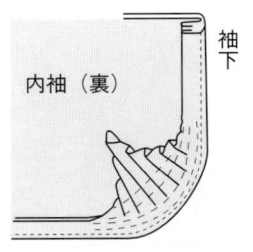

（袋縫い）袖下／内袖（裏）／袖口下

## ① 袖　縫　い

- 袖下を袋縫いの方法でしまつする。中縫いは，丸みと振りの縫い代を省いて縫う。
- 袖下から袖口下を縫う。袖口止まりは補強のためにすくい返し止めにする。
- 袖口を三つ折りぐけにする。
- 袖の丸みを縫い縮め，縫い代はひだをとって平らにする（Fig. 4-3）。

## ② 背　縫　い

- 衿肩明きをあけ，背縫いと縫い代のしまつをする。

## ③ 肩　当　て

- 肩当ての中央を背縫い代にとじる。袖付けの妨げにならない位置と衿付けの縫い代部分にしつけで押さえる（下図）。

**Fig. 4-4　背縫いと肩当て・居敷き当て**

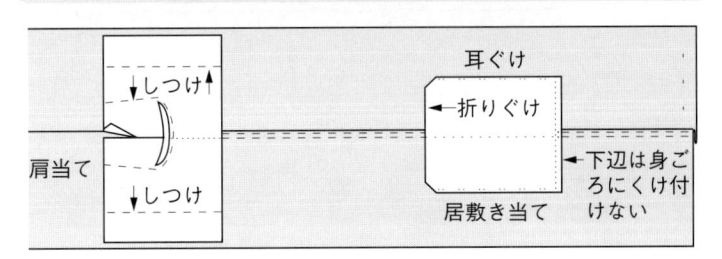

肩当て／しつけ／耳ぐけ／折りぐけ／居敷き当て／下辺は身ごろにくけ付けない

実習4　ゆかたの製作

④ 居敷き当て

・居敷き当ての下辺は伏せ縫いにし，肩当てと同様に中央をとじる。三方を耳ぐけあるいは折りぐけで身頃にくけ付ける（Fig. 4-4）。

⑤ 衿下ぐけ

・衿下をしるしより 5〜8 cm 上まで三つ折りぐけにする。

⑥ 衽付け

・衽を前身ごろに縫い付け，縫い代のしまつをするが，衿つけの縫い込みに入る部分の耳ぐけは不要である。

⑦ 衿付け

・右身ごろの背中央，肩山，剣先，衿下に衿を合わせて，待ち針を打ち縫う（Fig. 4-5）。右半分を縫ってから，次に左半分についても同様に待ち針を打ち縫う。

⑧ 三つ衿芯

・三つ衿芯（幅 10.8 cm×丈 25〜29 cm）を衿付けの縫い代にとじる（Fig. 4-6）。
・身頃の縫い込みを，Fig. 4-7 の矢印の方向に引っ張って平らに伸ばし，肩当て，身ごろ，三つ衿芯をとじる。

Fig. 4-5　衿付け待ち針の打ち方

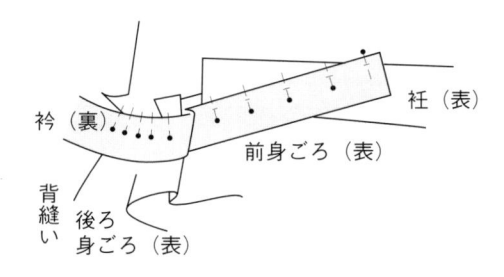

Fig. 4-6　三つ衿芯の入れ方

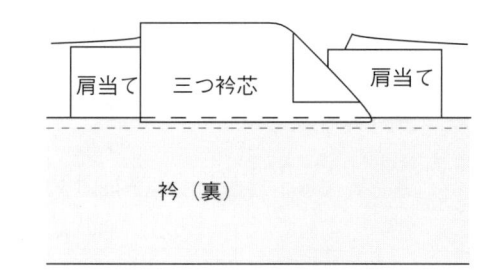

Fig. 4-7　身ごろの縫い代の整え方

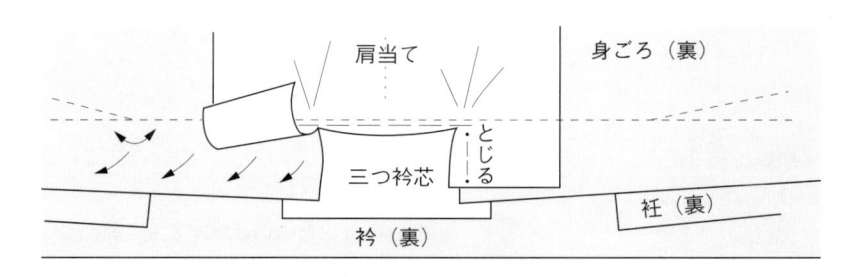

●実習4　ゆかたの製作

**Fig. 4-8 衿先の止め**

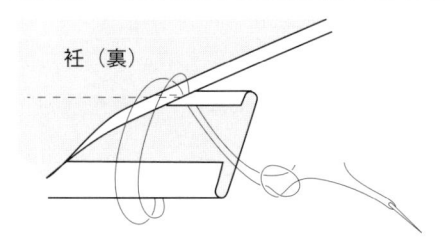

**Fig. 4-9 衿先の縫い方**

衿先を縫う

⑨ 衿先のしまつ

・Fig. 4-8のように糸を渡して，衿先を止める。次にくけ代を除いて，止めの0.5cm先で衿先を縫う（Fig. 4-9）。縫い代は折りたたんでとじる（Fig. 4-10）。
・衿全体を5.5cm幅に折りたたんで，本ぐけにする。

⑩ かけ衿かけ

・かけ衿を折る（Fig. 4-11）。衿とかけ衿のつり合いをa，b，cの各点で確認してから，かけ衿先に0.5cmのきせがかかるように，

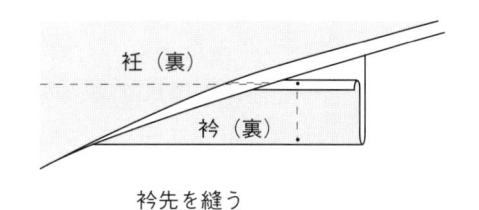

**Fig. 4-10 衿先縫い代の整え方**

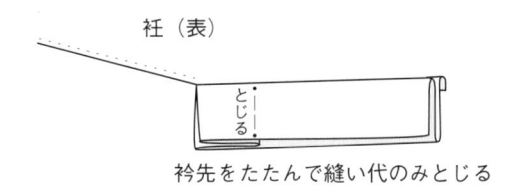

衿先をたたんで縫い代のみとじる

左右のかけ衿先を縫う（Fig. 4-12）。外衿側と内衿側を本ぐけにする（Fig. 4-13）。

**Fig. 4-11 かけ衿の折り方**

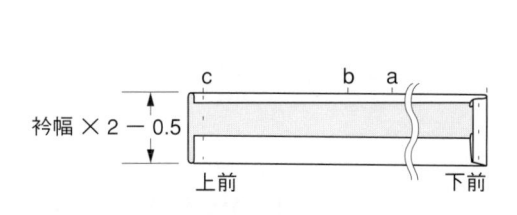

衿幅×2 − 0.5
上前　下前

**Fig. 4-12 かけ衿先の縫い方**

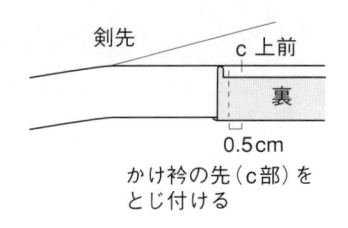

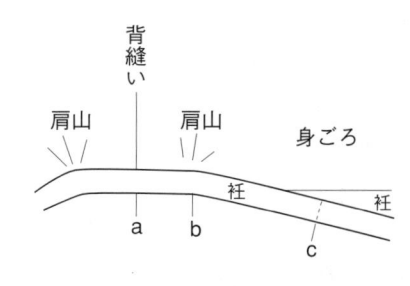

剣先　c 上前
裏
0.5cm
かけ衿の先（c部）をとじ付ける

**Fig. 4-13 かけ衿のくけ方**

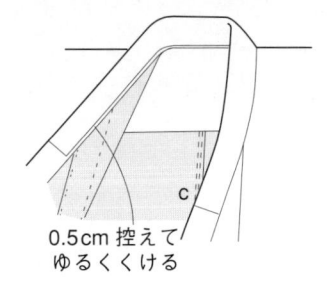

0.5cm控えてゆるくくける

実習4　ゆかたの製作

⑪ 脇縫い

・脇縫いの後，縫い代を開くために，縫い代を0.1～0.8 cm重ねて前後に振り分けてとじ（Fig. 4-14），両端を耳ぐけにする（Fig. 4-15）。これに続けて，身ごろの身八つ口，袖付けの部分も耳ぐけにするが，袖付け縫い代を，肩山で0.5 cm，袖付け止まりで0.2 cm折り出す。次に縫い代をFig. 4-16の矢印方向に引張り，耳のたるみやつれを緩和してからくける。

**Fig. 4-14 縫い代の開き方**

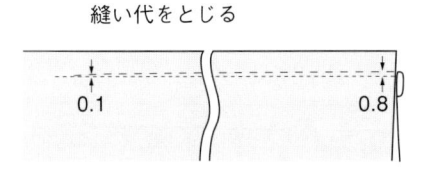

縫い代をとじる
0.1　0.8

**Fig. 4-15 脇縫い代の耳ぐけ**

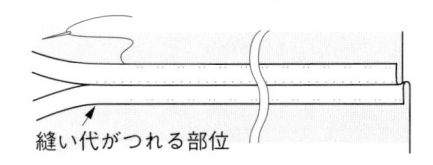

縫い代がつれる部位

**Fig. 4-16 脇縫い代の落ちつけ方**

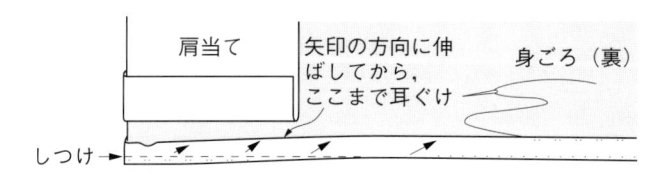

肩当て　矢印の方向に伸ばしてから，ここまで耳ぐけ　身ごろ（裏）
しつけ

⑫ 裾ぐけ

・褄先を額縁に折り，裾を三つ折りぐけにする。その際，衽付け，脇縫い，背縫いのきせ山を押さえる。

⑬ 袖付け

・袖を縫い付けるが，始めと終わりをすくい返し止めにする（Fig. 4-17）。

⑭ 肩当て・振りのしまつ

・肩当ての両端を折って，袖付け縫い目ぎわにくける。必要ならば，身八つ口止まりに閂止めをする。
・振りと袖山部分を耳ぐけにする（Fig. 4-18）。

**Fig. 4-17 袖付け**

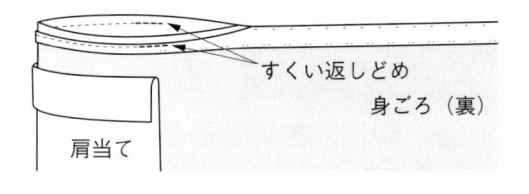

すくい返しどめ
身ごろ（裏）
肩当て

**Fig. 4-18 肩当て・振りのしまつ**

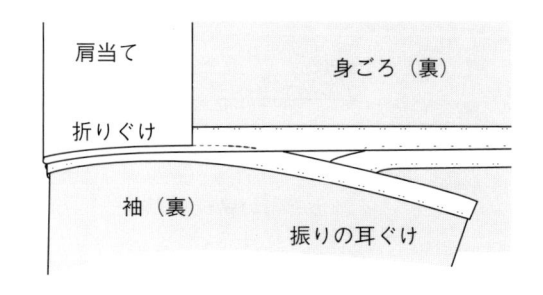

肩当て　身ごろ（裏）
折りぐけ
袖（裏）
振りの耳ぐけ

縫製後は，正しく本だたみ（⇨ 第4章 p.101 図4-12(a)）をして，軽い押しをして全体を落ち着かせる。

●実習4　ゆかたの製作

## 肩幅と後ろ幅の差が大きい場合の脇のしるし付け

　身長が高く痩せている者程, (肩幅－後ろ幅) の値は大きくなる傾向があるが, この値が大きくなると, 脇縫い代のしまつが難しくなる (Fig. 4-16)。この理由は, Fig. 4-19 のように傾斜の変化する箇所で縫い代に切り込みを入れて考えると, 傾斜角度 $\theta$ が重なったり, 開いたりすることから分かる。$\theta$ が一定でも縫い代幅が大きくなる程, この影響は強く現れるが, Table 4-20 のように, (肩幅－後ろ幅) の値によって後ろ幅を設定する位置を変えることで, 傾斜角度 $\theta$ は約 5 度の一定に保たれる。

Fig. 4-19　傾斜角度 $\theta$ が脇縫い代のしまつの難易度に与える影響

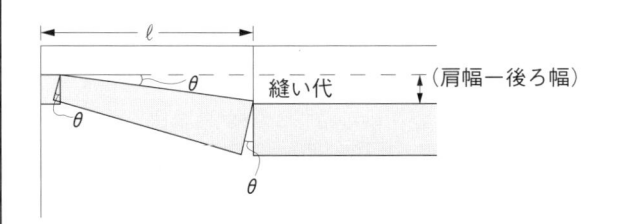

Table 4-20　(肩幅－後ろ幅) と後ろ幅を設定する位置との関係

| (肩幅－後ろ幅) | 後ろ幅を設定する位置<br>(肩山からの距離 $\ell$) |
| --- | --- |
| ～3 cm | 38 cm |
| ～4 cm | 50 cm |
| ～5 cm | 61 cm |
| ～6 cm | 73 cm |

それ以上の差がある場合は, 衿下で設定する。

## 乳幼児のきもの

　並幅 2 枚で左右の後ろ幅を構成する長着の裁断法の例は, 大裁ち・中裁ちの一部にみられる。これに対して並幅 1 枚で左右の後ろ幅を構成する長着の裁断法は「一つ身」とよばれ, 小裁ちの代表的な裁断法である。Fig. 4-21 は 3 歳くらいの乳幼児のひとえ長着の裁断例である。

　「肩揚げ」や「腰揚げ」をしておき, 身体の成長に合わせて長着のゆきや身丈を徐々に長くする。

Fig. 4-21　小裁ち合わせの例

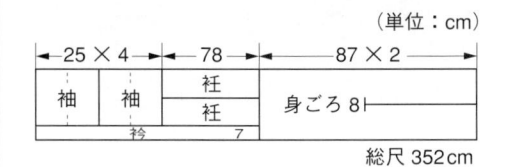

Fig. 4-22　肩揚げと腰揚げ

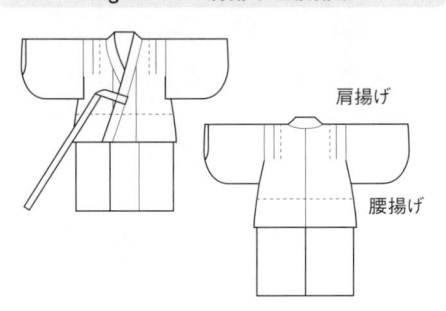

実習 4　ゆかたの製作

## 実習 5
### アパレルの分析―Tシャツを例として―

自社製であるか否かを問わず，衣服の価値を分析する能力，すなわちアパレル分析の能力が，アパレル産業の各業務において必要とされている。アパレル分析の仕方はその目的によって，簡単な方法から分析項目の広範な複雑なものまでいろいろあるが，いずれの場合にも要点を押さえた評価をする必要がある。

例としてTシャツを取り上げてみよう。Tシャツは外衣にも内衣にも使用され，高価なものから極めて安価なものまであり，品質やデザインもさまざまである。Table 5-3は，Tシャツを含めたニット製シャツ類を外観で評価するためのチェックリストである。分析項目には製品の位置づけ，品質，価値，生産しやすさ，コスト，消費者に対するアピールなどが取り上げられる。Fig. 5-1, 5-2はTシャツの工程（①～⑪）と縫目の種類の例である。縫製における縫目の形式・種類[*1]により，縫い上がりの美しさ，強さ，縫い糸の使用量，機器や人件費のコストなどが異なるので，製品の素材[*2]，部位，製品の性格や品質レベルに応じていろいろな中から選ばれる。

演習をするときには，Tシャツの実物を対象としTable 5-3から評価項目を選んで分析・評価する。そして，その結果を購入時の価格などと関連させて考察する。また，評価結果を参考として，新たにTシャツの企画・設計を行ってみよう。そのとき，ターゲットとする消費者や設計意図を定め，この表のようなリストを付け加えて，設計条件を具体的に表すとよい。

**Fig. 5-1　Tシャツの縫製工程の名称**

①肩合せ縫い
②ブランドネーム折り
③衿リブ付け縫い
④衿肩テープ付け縫い
⑤袖口裾引き縫い
⑥袖下合わせ縫い
⑦袖付縫い
⑧裾引き縫い
⑨袖下止め縫い
⑩洗濯ネーム折り
⑪洗濯ネーム付け

**Fig. 5-2　縫製部位と縫い目の種類**

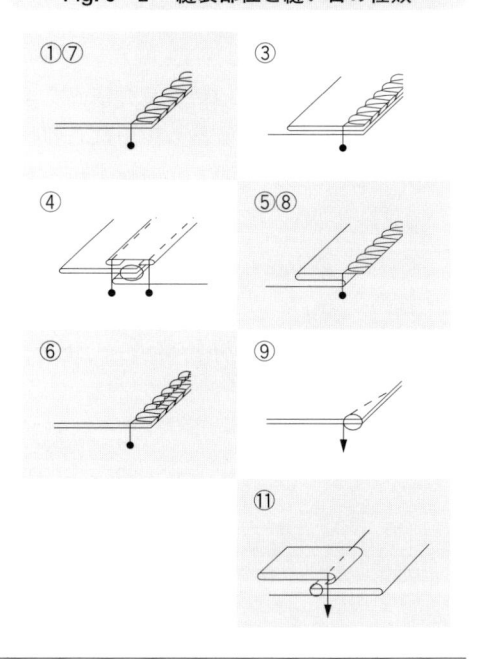

①⑦　③　④　⑤⑧　⑥　⑨　⑪

[*1]　Tシャツに多用される縫目形式は138～140ページ参照

[*2]　主な編み組織　ジャージ，リブ，インターロックリブ。

●実習5　アパレルの分析―Tシャツを例として―

**Table 5-3　Tシャツのための品質評価リスト**

| 品名　○○のTシャツ | | | | | | | |
|---|---|---|---|---|---|---|---|
| ① 製品の位置づけ | | | | | | | |
| 機能的 | ＋ | ＋ | ＋ | ＋ | ＋ | 美的（おしゃれ用） | |
| 長期使用 | ＋ | ＋ | ＋ | ＋ | ＋ | 使い捨て | |
| 高品位の素材・加工 | ＋ | ＋ | ＋ | ＋ | ＋ | 外面的品質（有名ブランド，最新流行，高価格） | |
| ベーシックスタイル | ＋ | ＋ | ＋ | ＋ | ＋ | 流行のスタイル | |
| 季節を問わない | ＋ | ＋ | ＋ | ＋ | ＋ | 季節限り | |
| 廉価品（バジェット品） | ＋ | ＋ | ＋ | ＋ | ＋ | 高級品（ベター品） | |

② サイズとフィット

　メンズ，レディス，ボーイ，ガール，インファント，ユニセックス

　サイズ表示［　　　］

　実測身幅　　　cm，　実測身丈　　　cm

③ 材　料

　組成繊維［　　　　］，　編み組織［　　　　］，　重量［　　　g］

④ 縫い糸

　地縫い糸［　　　　］，　ステッチ糸［　　　　］

⑤ 縫い方

　衿ぐりのタイプ：クルー，V（ヴィ），その他［　　　　］，ネックバンド幅［　　cm］

　衿ぐりの縫い方［　　　，　　　］，テープ等［材料　　　　］

　肩縫いの縫い方［　　　，　　　］，テープ等［材料　　　　］，

　脇縫いの縫い方［　　　，　　　］，袖下の縫い方［　　　，　　　］

　裾の縫い方［　　　，　　　］，袖口の縫い方［　　　，　　　］

　その他の部分の縫い方［　　　，　　　］

⑥ ラベル付けと仕上げ

　衿ぐりのラベル［サイズ，取り扱い，生産者名］

　スクリーンプリント等の状態［　　　，　　　］

⑦ 総合的判断（購入価格　　　円）

　［　　　　　　　　　　　　　　　　　　　　　　　　　　　　　　　　　　　　　　　　　　］

## 実習 6
### 体表展開図からのデザイン

人体形態の3次元データから作成した体表近似展開図（⇨ 第3章 p.54）をデザインソースとし，さらに直接衣服パターンとして用いたドレスの例を示す。

下図は，成人女子の近似モデルとスカート型の基本体表展開図である。

**Fig. 6-1　近似モデルと基本体表展開図**

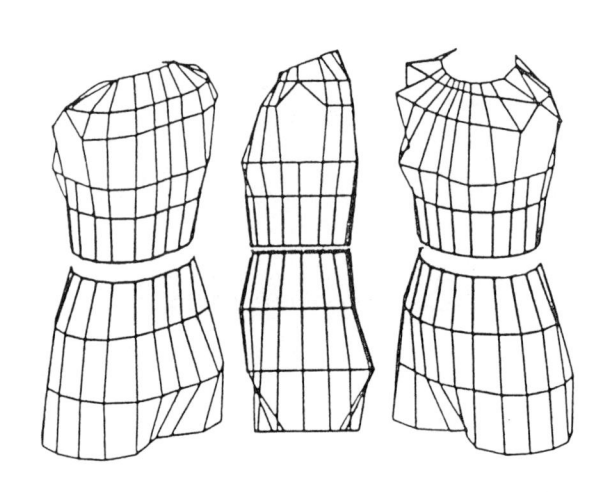

近似モデル（パンツ型） 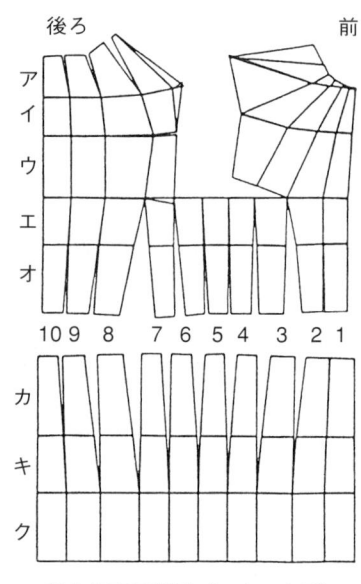　　　基本体表展開図（スカート型）

出典）石垣理子：図学研究，32, 35-44（1998）

●実習6　体表展開図からのデザイン

下図の作品Aは基本体表展開図の各段の四角いパッチを横へつなげ、各段のいずれかの端を交互に次の段につなげてパッチ同士が長く1枚につながるように展開したものである。その結果，水平断面の周径の差により各段の間に大きな三角形の空隙が生じている。この部分をダーツとし，表から縫い合わせているので，布目の方向がさまざまに変化し，衣服のデザインの上でも効果的である。

Fig. 6-2　作品A　Side Connection

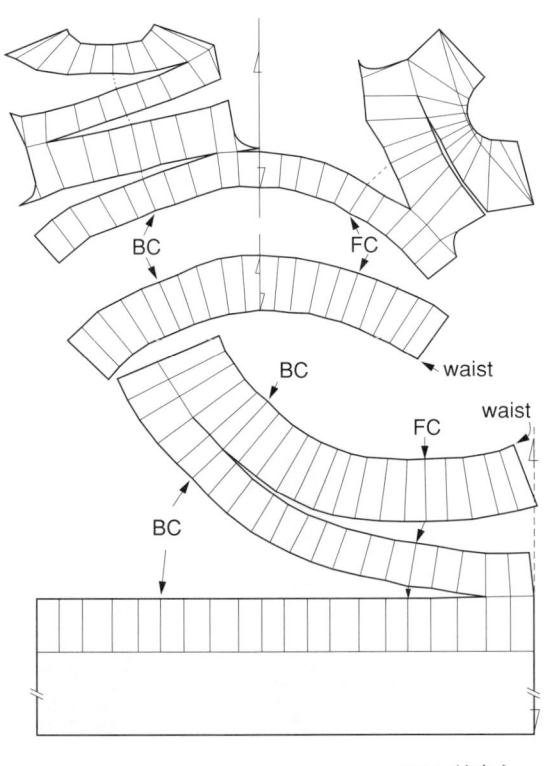

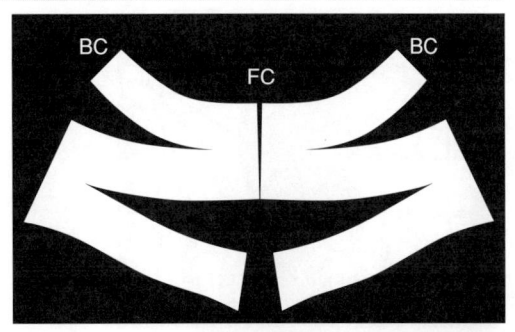

デザイン展開図

衣服パターン

FC：前中心
BC：後ろ中心

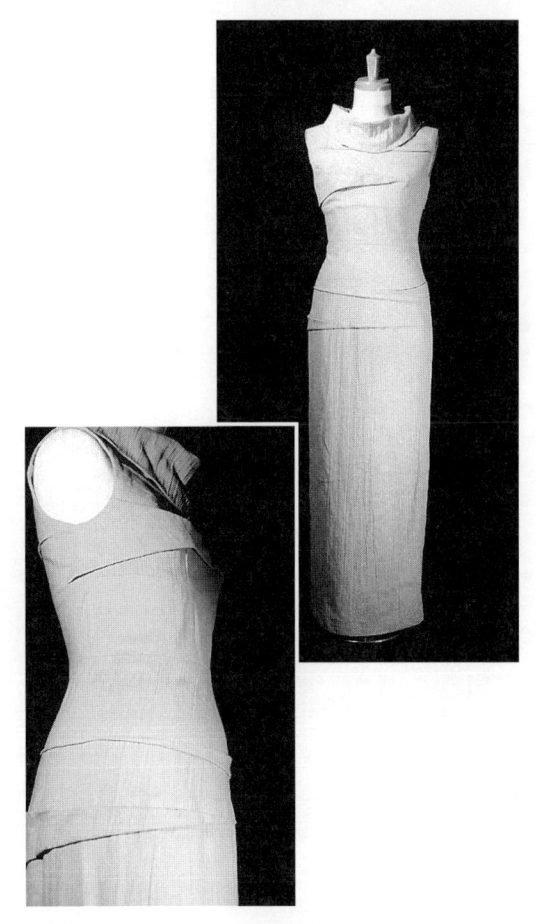

出典）Fig. 6-1と同じ。

実習6　体表展開図からのデザイン●

また，下図の作品Bではパッチをできるだけ長くつなげた作品Aと対照的に，四角いパッチを近似三角形に再構成してパターンとしている。基本展開図の四角いパッチは，体表面に位置する4つの計測点を頂点とするねじれ四辺形が基本になっている。このねじれ四辺形を対角線で分け平面に展開された三角形を，上下方向に2個ずつ接続し直して，大きな近似三角形パーツに再生している。およそ250個の三角形を縫い合わせたドレスである。

Fig. 6-3　作品B　Triangle Mariee

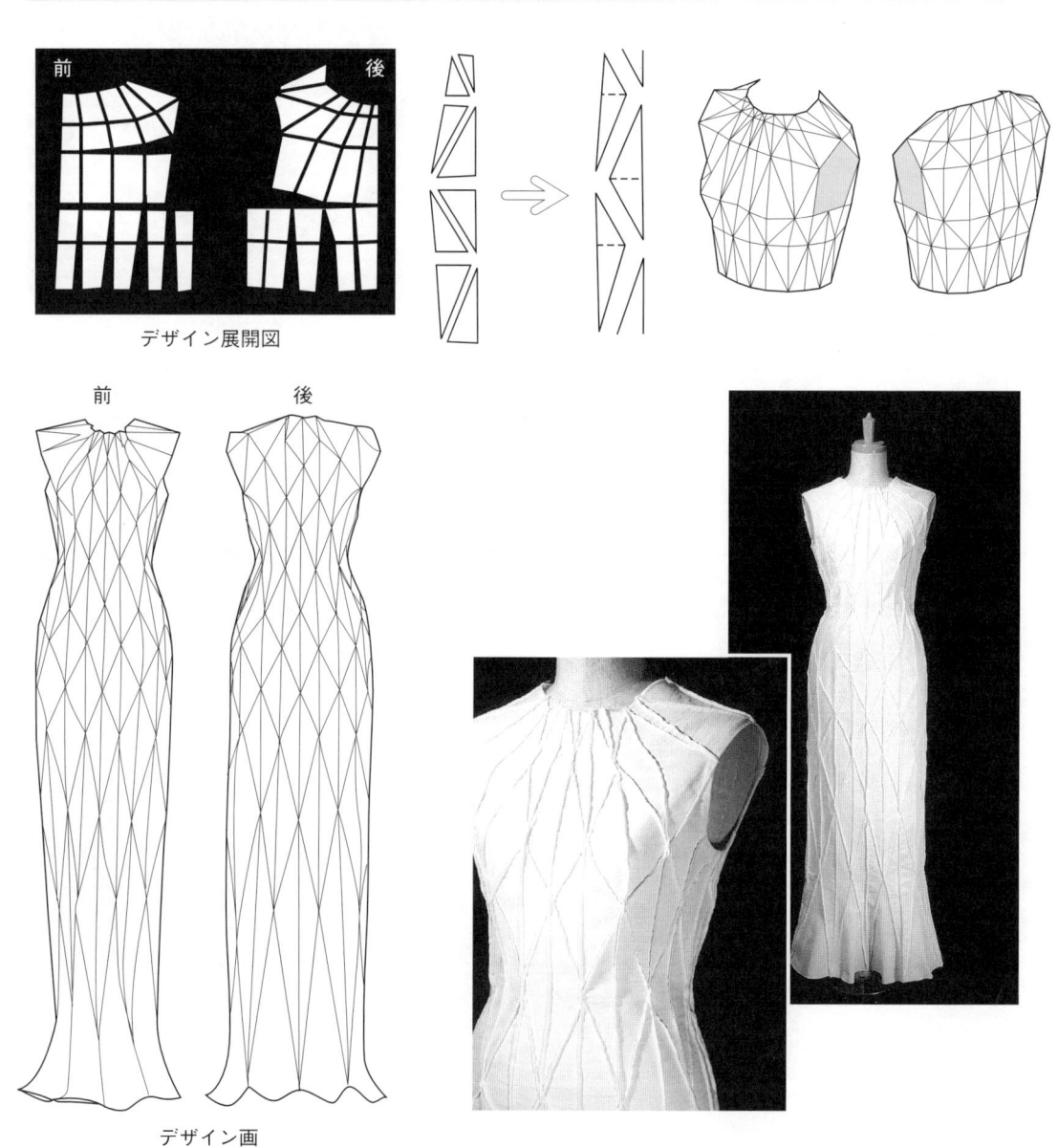

デザイン展開図

デザイン画

出典）Fig. 6-1と同じ。

●実習6　体表展開図からのデザイン

# 索 引

## 欧 文

- A-POC ………………… 146
- BMI …………………… 30
- CAD …………………… 133
- CAM …………………… 135
- ISO …………………… 46
- JIS 人体計測法 ………… 21
- JIS 法 ……………… 21, 153
- PL 法 ………………… 142
- POS …………………… 131
- QR …………………… 129
- SPA …………………… 129

## あ

- アームホール ……… 61, 66, 81
- あき …………………… 78
- 足くび線 ……………… 23
- アパレル ………… 125, 131
- アパレル産業 ………… 125
- アパレル製品 …… 127, 131
- ―― の分類 ………… 126
- アパレル分析 ………… 172
- アパレルメーカー …… 127
- 編物 …………… 109, 110, 111
- 綾織 ………………… 110
- あわせ仕立て ……… 95, 114

## い

- 怒り肩 ………………… 70
- 椅座位正常姿勢 ……… 21
- 居敷き当て ……… 167, 168
- 衣装 …………………… 95
- いせ込み ………… 68, 112
- 一対比較法 …………… 87
- 一点識別試験法 ……… 87
- 一般芯 ……………… 121

- 糸返り ……………… 141
- 糸こき …………… 107, 115
- 糸じるし ……………… 107
- 糸引け ……………… 141
- 衣服
- ――（和服） ………… 95
- ――（起源） ………… 3
- ――（機能） ………… 3
- ――（高齢期） ……… 10
- ――（児童期） ……… 9
- ――（身体障害者） … 11
- ――（成人期） ……… 10
- ――（青年期） ……… 9
- ――（乳児期） ……… 8
- ――（幼児期） ……… 8
- ―― の祖型 ………… 6
- ―― の廃棄 ………… 149
- ―― のリサイクル … 149
- 衣服圧 ………………… 92
- 衣服原型 ……………… 65

## う

- 後腕付根点 …………… 23
- 右衽 ………………… 100
- 腕付根線 ……………… 23
- 裏地 …………… 113, 120
- 裏付き仕立て ……… 114
- 裏布（スラックス） … 164
- 運針 ………………… 115

## え

- 絵羽模様 ……………… 97
- 衿 ………………… 82, 158
- 衿付け ……………… 160
- 延反 ………………… 135

## お

- 黄金分割 ……………… 33
- 横断的研究 …………… 37
- 大裁ち ………………… 95
- 送り機構（ミシン）… 138, 140
- おたいこ結び ……… 103
- オトガイ点 …………… 22
- 男袴 ………………… 103
- お端折り ……………… 99
- 表着 ………………… 4, 113
- 織り ……………… 97, 98
- 織物 ………………… 109
- 女袴 ………………… 103

## か

- 海外生産率 ………… 144
- 外果点 ……………… 23
- 回帰推定 ……………… 33
- 外側 ………………… 13
- 角帯 ………………… 103
- 角度計 ……………… 24
- 下肢 ………………… 18
- 下肢長 ……………… 30
- ガス針 ……………… 119
- 肩 …………………… 16
- 型入れ ……………… 133
- 型紙 ……………… 53, 65, 78
- ――（スラックス） … 162
- 肩先点 ……………… 23
- 肩縫目線 …………… 23
- 滑動計 ……………… 23
- 割烹着 ……………… 99
- カテゴリー尺度法 …… 87
- カノン ……………… 33
- ガラビア ……………… 7
- 感覚計測 ……………… 86

| | | |
|---|---|---|
| 眼窩点 …………………… 22 | 屈身体 …………………… 71 | コントロールディメンション … 46 |
| 関係偏差 …………… 32,155 | 頸付根線 ………………… 23 | **さ** |
| 関係偏差折線 …… 32,37,155 | グレーディング ………… 133 | サイズ間隔 ……………… 47 |
| 杆状計 …………………… 22 | **け** | サイズの呼称 ………… 47,51 |
| 関節 ……………………… 15 | 頸骨点 …………………… 23 | サイズピッチ ………… 47,51 |
| ――の可動域 …………… 16 | 頸側点 …………………… 22 | サイズ表示 ……………… 47 |
| 環縫い系縫目 …………… 138 | 頸椎点 …………………… 22 | 砕石混入洗い …………… 142 |
| 閂止め …………………… 117 | 褻着 ……………………… 99 | 裁断 ………………… 135,158 |
| 官能検査 …………… 86,142 | 原型 | 裁断機 …………………… 136 |
| 寛文模様 ………………… 96 | ――（衣服） | 採点法 …………………… 87 |
| **き** | ――（シルエット） | 最頻値 …………………… 31 |
| 着心地 ………………… 5,98 | ――（スカート） ……… 72 | 先染め …………………… 97 |
| 基準線（計測） ……… 21,23 | ――（スラックス） …… 74 | 作務衣 …………………… 100 |
| 基準点 ………………… 21,22 | ――（袖） …………… 56,71 | 三原組織 ………………… 110 |
| きせ ………………… 107,115 | ――（胴部） ………… 66,157 | 三次元計測法 ……… 20,153 |
| 既製服サイズシステム … 45,47 | ――（身ごろ） ……… 66,157 | **し** |
| 基礎線（製図） ………… 66 | 検反 ………………… 135,141 | 仕上げ（アパレル） …… 142 |
| 吉弥結び ………………… 98 | 原反 ……………………… 135 | シームパッカリング …… 118 |
| 拮抗筋 …………………… 15 | 肩峰点 …………………… 22 | 耳珠点 …………………… 22 |
| キトン …………………… 109 | **こ** | 市場調査 ………………… 131 |
| 基本身体寸法 ……… 46,48,49 | 工業用パターン ………… 133 | 矢状方向 ………………… 13 |
| 基本体表展開図 ………… 174 | 工業用ミシン …… 116,120,138 | 指先点 …………………… 23 |
| きもの …………………… 95 | 工程分析表 ……………… 130 | 下着 ……………………… 4 |
| 胸囲線 …………………… 23 | 後頭点 …………………… 22 | 児童期の衣服 …………… 9 |
| 胸郭 ……………………… 17 | 高齢期の衣服 …………… 10 | 斜文織 …………………… 110 |
| 強撚糸 …………………… 110 | 国際標準化機構 ………… 46 | 周径項目 …………… 24,28,29 |
| 協力筋 …………………… 15 | 腰 ………………………… 13 | 朱子織 …………………… 110 |
| 切り替え線 ……………… 53 | 個人対応の既製服 ……… 145 | 縦断的研究 ……………… 37 |
| 筋 ………………………… 15 | 小袖 ……………………… 96 | 順位法 …………………… 87 |
| 筋電図 …………………… 91 | 小裁ち …………………… 95 | 上肢長 …………………… 30 |
| **く** | 骨格 ……………………… 14 | 仕様書（既製服） ……… 134 |
| くけ ……………………… 116 | 骨格筋 …………………… 15 | 踵点 ……………………… 23 |
| くけ縫い ………………… 116 | ゴニオメーター ………… 90 | 触角計 …………………… 23 |
| くせとり …………… 112,164 | 衣替え …………………… 98 | 尻端折り ………………… 99 |

| | | |
|---|---|---|
| シルエッター法 ………… 20 | 成人期の衣服 ………… 10 | ダミー ………… 119 |
| シルエット原型 ………… 65 | 製造物責任法 ………… 142 | 単環縫い ………… 115,139 |
| しるし ………… 105 | 正中矢状面 ………… 13 | 単写真法 ………… 20 |
| シロセット加工 ………… 142 | 成長曲線 ………… 41 | 単数表示 ………… 51 |
| 仕分け ………… 137 | 青年期の衣服 ………… 9 | |
| シンクロ ………… 129 | 脊柱 ………… 16 | **ち** |
| 芯接着プレス ………… 137 | 石膏包帯法 ………… 20 | 地糸切れ ………… 141 |
| 人台 ………… 119 | 接着芯 ……… 118,121,122,159 | 着衣基体 ………… 13 |
| 人体計測 ………… 19,153 | 繊維需給指標 ………… 147 | 着装法（和服） ………… 98 |
| 人体計測記録表 ………… 154 | せん断性 ………… 111 | 中央値 ………… 31 |
| 身体障害者の衣服 ………… 11 | 前頭面 ………… 13 | 中古衣料 ………… 150 |
| 人体比例 ………… 30,155 | | 中裁ち ………… 95 |
| 芯地 ………… 113,114,121 | **そ** | チュニック ………… 7 |
| ── の接着 ………… 137 | 相関係数 ………… 32 | 腸棘点 ………… 23 |
| 身長計 ………… 22 | ソーパリング ………… 137 | 長径項目 ………… 24,26,27 |
| 甚兵衛 ………… 100 | 足先点 ………… 23 | |
| | 祖型 ………… 6 | **つ** |
| **す** | 袖 ………… 81 | 通過儀礼 ………… 7 |
| 水平断面形状 ………… 36,156 | 袖ぐり ………… 61,66,81 | 付下げ ………… 98 |
| 水平面 ………… 13 | 袖原型 ………… 56,71 | 包み（和服） ………… 98 |
| スカート ………… 85 | 袖付け ………… 161 | |
| ── の原型 ………… 72 | 染め ………… 97,98 | **て** |
| すくい止め ………… 117 | 梳毛織物 ………… 163 | 手くび線 ………… 23 |
| 裾回し ………… 102,121 | | 手くび点 ………… 23 |
| ステッチ ………… 115 | **た** | デザインパターン ………… 132 |
| ストーンウォッシング加工 … 142 | ダーツ ……… 53,68,73,78,80 | 手縫い ………… 114,115 |
| ストレート裁断機 ………… 136 | ── の移動 ………… 78,79 | 手縫い系縫目 ………… 138 |
| スライディングゲージ法 | 体幹 ………… 13 | 手縫い針 ………… 119 |
| ………… 19,20,153 | 体型区分表示 ………… 51 | 転子外側点 ………… 23 |
| スラックス ………… 162 | 体型分類 ………… 69 | |
| ── の型紙 ………… 162 | 体型変化 ………… 57 | **と** |
| ── の原型 ………… 74 | 体充実指数 ………… 36 | 胴囲線 ………… 23 |
| スローパー ………… 65 | 体表展開図 …… 53,54,56,174 | 動作適応性 ………… 64 |
| | 襷がけ ………… 99 | 頭頂点 ………… 22 |
| **せ** | たたみ（和服） ………… 98 | 胴部原型 ………… 66,157 |
| 正規分布 ………… 30 | 立ち上がり検査 ………… 141 | トーガ ………… 7 |

| | | |
|---|---|---|
| 止め …………………… 116 | 反身体 …………………… 71 | **へ** |
| **な** | バンドナイフ裁断機 ……… 136 | 平均値 …………………… 31 |
| 内臓筋 …………………… 15 | バンドリング …………… 137 | 兵児帯 …………………… 103 |
| 内側 ……………………… 13 | **ひ** | ベビーロックミシン …… 116,120 |
| 長着 ……………… 95,96,102 | ヒール囲 ………………… 77 | 変異係数 ………………… 31 |
| 長針 …………………… 119 | 比下肢長 ………………… 30 | 偏平縫い ………………… 139 |
| 梨地織 ………………… 110 | 皮下脂肪 ……………… 18,36 | **ほ** |
| なで肩 …………………… 70 | 皮下脂肪厚計 …………… 24 | 縫合 …………………… 114 |
| 並縫い ……………… 107,115 | 膝線 ……………………… 23 | 縫合形式 ………………… 117 |
| **に** | 肘線 ……………………… 23 | 縫製（アパレル）………… 137 |
| 二重環縫い ………… 115,139 | 肘点 ……………………… 23 | 縫製仕様書 …………… 134 |
| ニット ………………… 111 | ひとえ仕立て ………… 95,114 | 紡毛織物 ……………… 163 |
| 二点識別試験法 ………… 87 | 一つ身 ………………… 171 | 包絡面モデル …………… 54 |
| 二枚袖 …………………… 81 | 皮膚 ……………………… 18 | ポケット付け …………… 159 |
| 乳児期の衣服 …………… 8 | 標準偏差 ………………… 31 | ポストキュアーリング …… 142 |
| 乳頭点 …………………… 23 | 平織 …………………… 110 | ボタン付け …………… 161 |
| **ぬ** | 品質評価リスト ………… 173 | 歩幅（スカートの拘束）…… 61 |
| 縫い糸 ………………… 117 | **ふ** | 本だたみ ……………… 100 |
| 縫いずれ ……………… 141 | ファッションコミュニティー | 本縫い ………………… 139 |
| 縫い縮み ……………… 141 | センター ……………… 145 | 本縫い系縫目 ………… 138 |
| 縫目形式 ……… 115,137,138,139 | ファッション・ファクトリー・ | **ま** |
| 縫目構成 …………… 137,138 | ブティック …………… 145 | マーキング …………… 133 |
| **は** | ふき …………………… 102 | マーケットリサーチ …… 131 |
| 羽織 …………………… 103 | 幅径項目 ……………… 24,26 | 前肩 ……………………… 70 |
| 袴 ……………………… 103 | 複合縫い ……………… 139 | 巻尺 ……………………… 23 |
| 八掛 ……………… 102,121 | 副資材 ………………… 125 | マスターパターン ……… 133 |
| パッカリング ………… 141 | 服種 ……………………… 4 | まち ……………………… 61 |
| 初物検査 ……………… 141 | 不織布 ………………… 109 | まつりぐけ …………… 116 |
| 針目 …………………… 117 | 普段着 …………………… 99 | まつり縫い …………… 116 |
| 晴れ着 …………………… 99 | 縁かがり縫い ………… 139 | マルチン式人体計測法 … 19,20 |
| 範囲表示 ………………… 51 | 不縫衣 ………………… 114 | 丸縫い ………………… 129 |
| 半返し縫い …………… 115 | ブランド ……………… 131 | **み** |
| | 文庫結び ……………… 103 | 眉間点 …………………… 22 |

| | | |
|---|---|---|
| 身ごろ原型 …………… 66,157 | 湯帷子 ……………………… 166 | **ら・り・ろ** |
| ミシン（発明） …………… 114 | ゆき ………………………… 30 | ライフサイクル ……………… 7 |
| ミシン縫い ………… 107,114,116 | ゆとり ………………… 60,62,78 | 立位正常姿勢 ……………… 20 |
| ミシン針 …………………… 120 | ゆとり感 …………………… 89 | 輪郭線（型紙） …………… 68 |
| **む・め・も** | ユニバーサルウェア …… 11,144 | リンキング ………………… 139 |
| 結び（和服） ……………… 98 | ユニバーサルデザイン … 144,146 | ロインクロス ……………… 109 |
| 胸 …………………………… 17 | **よ** | ローレル指数 ……………… 36 |
| メリケン針 ………………… 119 | 腰囲線 ……………………… 23 | **わ** |
| メリヤス …………………… 111 | 幼児期の衣服 ……………… 8 | 脇縫目線 …………………… 23 |
| モアレ等高線法 …………… 20 | 洋服針 ……………………… 119 | 綿入れ仕立て ……………… 95 |
| **ゆ** | ヨーク ………………… 157,159 | 和針 ………………………… 119 |
| ゆかた ………………… 99,166 | 夜着だたみ ………………… 100 | 和服 ………………………… 95 |
| ──の製作 …………… 166 | 横矢指数 …………………… 30 | |

**執筆者**（執筆担当）

〔編著者〕

松山　容子　　元大妻女子大学家政学部教授・医学博士
　　　　　　　（第2章 1，第3章 3-1，4-1，第6章，
　　　　　　　　Ⅲ部 3，5）

〔著　者〕（五十音順）

猪又　美栄子　昭和女子大学生活科学部教授・学術博士
　　　　　　　（第3章 1，2，3-2，4-2，4-3，第7章 1，
　　　　　　　　第8章 2，Ⅲ部 6）

川上　　梅　　実践女子大学生活科学部教授・学術博士
　　　　　　　（第4章，第7章 2，Ⅲ部 4）

髙部　啓子　　元実践女子大学生活科学部教授・学術博士
　　　　　　　（第1章 3，第2章 2，3，Ⅲ部 1）

林　　隆子　　元広島大学教授
　　　　　　　（第1章 1，2，第5章，第8章 1，3，Ⅲ部 2）

衣の科学シリーズ
**衣服製作の科学**

2001年（平成13年）　3月22日　初 版 発 行
2016年（平成28年）　4月 5 日　第10刷発行

　　　　　　　　　　　　　編著者　松 山 容 子
　　　　　　　　　　　　　発行者　筑 紫 恒 男
　　　　　　　　　　　　　発行所　株式会社 建 帛 社
　　　　　　　　　　　　　　　　　KENPAKUSHA

　　　　　112-0011　東京都文京区千石4丁目2番15号
　　　　　　　　　　TEL　(03) 3 9 4 4 － 2 6 1 1
　　　　　　　　　　FAX　(03) 3 9 4 6 － 4 3 7 7
　　　　　　　　　　http://www.kenpakusha.co.jp/

ISBN 978-4-7679-1046-8　C 3077　　　　　幸和印刷／愛千製本所
©松山容子ほか，2001．Printed in Japan
（定価はカバーに表示してあります）

本書の複製権・翻訳権・上映権・公衆送信権等は株式会社建帛社が保有します。
JCOPY　〈(社)出版者著作権管理機構 委託出版物〉
本書の無断複写は著作権法上での例外を除き禁じられています。複写される
場合は，そのつど事前に，(社)出版者著作権管理機構 (TEL03-3513-6969，
FAX 03-3513-6979，e-mail:info@jcopy.or.jp) の許諾を得て下さい。